U0533595

地势坤，君子以厚德载物。

贾志刚 著

说春秋

吴越兴亡

History Stories on Spring and Autumn Period

5

Rise and Decline of Wu and Yue

花山文艺出版社
河北·石家庄

图书在版编目（CIP）数据

说春秋 . 5, 吴越兴亡 / 贾志刚著 . —石家庄 : 花山文艺出版社, 2024.4
ISBN 978-7-5511-6992-9

Ⅰ . ①说… Ⅱ . ①贾… Ⅲ . ①中国历史—春秋时代—通俗读物 Ⅳ . ① K225.09

中国国家版本馆 CIP 数据核字（2024）第 007370 号

书　　名：	说春秋 5——吴越兴亡
	Shuo Chunqiu5 Wu Yue Xingwang
著　　者：	贾志刚
责任编辑：	董　舸
责任校对：	李天璐
产品经理：	董懿德
装帧设计：	人马艺术设计·储平
美术编辑：	王爱芹
出版发行：	花山文艺出版社（邮政编码： 050061）
	（河北省石家庄市友谊北大街 330 号）
销售热线：	0311-88643221/34/48
印　　刷：	北京世纪恒宇印刷有限公司
经　　销：	新华书店
开　　本：	700 毫米 × 1000 毫米　1/16
印　　张：	26.5
字　　数：	424 千字
版　　次：	2024 年 4 月第 1 版
	2024 年 4 月第 1 次印刷
书　　号：	ISBN 978-7-5511-6992-9
定　　价：	58.00 元

（版权所有　翻印必究·印装有误　负责调换）

目录

第一六一章	吴国的来历	3
第一六二章	寿梦的梦想	11
第一六三章	拒绝被忽悠	21
第一六四章	还是被忽悠	31
第一六五章	忽悠害死人	41
第一六六章	崔家灭门案	52
第一六七章	两只鸡引发的血案	62
第一六八章	楚王好细腰	73
第一六九章	楚国四兄弟	84
第一七〇章	吓死胆小的	94
第一七一章	伪君子韩起	104
第一七二章	欺软怕硬的盟主	115
第一七三章	数典忘祖	126
第一七四章	偷袭专家	136
第一七五章	疯狂的报复	146
第一七六章	伍家父子	157
第一七七章	过昭关	167
第一七八章	剩女的软饭	179
第一七九章	楚国人在吴国	189
第一八〇章	谋杀开始了	200

第一八一章	专诸刺王僚	211
第一八二章	被忽悠的勇士	221
第一八三章	要离刺庆忌	232
第一八四章	孙武练兵	242
第一八五章	一件皮衣引发的战争	252
第一八六章	楚国沦陷	262
第一八七章	楚国光复	273
第一八八章	盟主变流氓	283
第一八九章	赵简子	294
第一九〇章	六卿咬起来了	304
第一九一章	犀利哥战术	314
第一九二章	养马尝粪	324
第一九三章	卧薪尝胆	334
第一九四章	折腾和被折腾	345
第一九五章	伍子胥的悲哀	355
第一九六章	夫差争霸	366
第一九七章	东郭先生和狼	377
第一九八章	吴亡	389
第一九九章	勾践称霸	399
第二〇〇章	越亡	410

第一六一章

吴国的来历

> 水是眼波横，山是眉峰聚。欲问行人去那边？眉眼盈盈处。
> 才始送春归，又送君归去。若到江南赶上春，千万和春住。
> ——宋·王观《卜算子·送鲍浩然之浙东》

按照《史记》的体例，帝王为"本纪"，诸侯为"世家"。

而"世家"排第一的不是辈分最高的姜太公所建立的齐国，也不是地位最高的周公旦所创立的鲁国，更不是爵位最高的商人后裔所创立的宋国，而是吴国。为什么？司马迁的亲戚是吴国人？

答案错误。

真正的原因是：周朝原本应该是吴国的。

335

商朝末年，周国国君是古公亶（dǎn）父。周国在古公亶父的时候已经是西部实力最强的国家了，因此商王任命古公亶父为周公。古公亶父有三子，大儿子叫太伯（又作泰伯），二儿子叫仲雍，因为封邑在虞，因此又叫虞仲，小儿子叫季历。

按照周的宗法制度，太伯是君位的继承人。可是，有一个问题摆在周公面前：太伯没有儿女。那么太伯之后，谁来继位？从前还没有遇上过这样的事情。

小儿子季历的长子叫作姬昌，聪明能干，用《史记》的说法叫"有圣瑞"。古公亶父于是有个想法：太伯之后，姬昌继位。

可是，问题来了。如果姬昌继位，他父亲季历怎么办？那么，是不是应该让季历先继位？

可是，问题又来了。如果季历继位，他哥哥仲雍怎么摆？按理说仲雍排在季历的前面。那么，仲雍继位之后再传给季历，季历再传给姬昌？

可是，问题又来了，仲雍有儿子，那么仲雍之后就应该传给儿子，而不是弟弟季历。

那么，不如干脆废了太伯和仲雍，直接让季历继位？可是这也不行，一来这是破坏规矩，二来太伯和仲雍本身也很贤能，没有理由废除他们。

古公亶父为了这个问题，绞尽脑汁，也没有想出什么好办法来。

父亲愁眉苦脸、心绪不宁，太伯和仲雍都看在眼里，二人问父亲怎么回事，父亲不说。兄弟两个都是孝子，于是悄悄地问母亲，结果母亲把原委对两人说了。太伯和仲雍于是去找父亲，提出愿意让弟弟季历接任国君，可是古公亶父没有同意，他知道两个儿子都很孝顺，不想让他们受委屈。

尽管拒绝了太伯和仲雍的请求，但是古公亶父心结未解，依然情绪不佳。过不多久，古公亶父就病倒了。

"兄弟，机会来了。"太伯对仲雍说。

"什么机会？大哥，你可不要乱来啊。"仲雍担心哥哥要对父亲不利。

"兄弟，你想哪里去了？"太伯瞪了弟弟一眼，有些不满意，"我说的机会是咱们两个人可以借口去衡山为父亲采药，趁机出走，那么，国君的位子自然就留给季历了。"

"原来如此。"仲雍恍然大悟。

于是，兄弟二人去见父亲，说是传说中南岳衡山有一种仙草包治百病，两人想去采药，为父亲治病。

古公亶父其实也猜到了两个儿子的意图，不过他没有阻拦，他觉得这样也许是最好的解决办法。

于是，太伯和仲雍离开了家乡，一路东行，来到衡山。那时的南岳衡山是哪里？不是现在的湖南衡山，而是现在安徽省潜山市境内的天柱山，那时叫作衡山。直到汉朝，南岳衡山都是这里。

兄弟两人晓行夜宿，一路奔波，终于到了衡山。那时候这里都是荒山野岭，人迹罕至。太伯和仲雍于是继续向东走，也不知道走了多少天，终于再次见到了平原。

越向东走，江河湖泊就越多。这一天，兄弟俩来到了现在的江苏无锡一带。

江南水乡，这里就是传说中的江南水乡了。

那么，那时的江南水乡是怎样的呢？

且看历史记载。

《论衡》："吴为裸国，断发文身。"

《列子》："南国之人，祝发而裸。"

《孔丛子》中孔子曰："夫吴越之俗，男女无别，同川而浴。"

那时的江南，还是荒蛮之地。男女相悦，出于天然，纯洁率真，与淫荡毫不相干。

这里的人都是裸体，男女都是裸体，顶多在腰间系上些树叶。天热的时候可以裸体，天冷的时候呢？找一块兽皮一裹，腰间系一根草绳。此外，没有城堡，甚至没有像样的房子，所有的房子都是草房，风来欲倒那种。人民散居，没有国家部族的概念。

没有人戴帽子，前面的头发被剪短，在前额留下刘海。后面的头发盘起来，盘成发髻，用一个棍子固定住。或者用草绳绑住头发，让头发披到脑后。

文身，无论男女，身上都刺着很多的花样。

用《左传》的话说："断发文身，裸以为饰。"

"野蛮啊。"兄弟两个感叹。好在，野蛮人还算友好，还算大方，兄弟二人受到尊敬。语言虽不通，比画比画也还能交流。时间长了，沟通都不是问题。

感叹归感叹，兄弟两个决定住下来，不走了。

住哪里？自然也只能住草房。吃什么？主要吃鱼，因为四处是水。兄弟两个很快学会了游泳，学会了打鱼。

所有人都是裸体，只有兄弟两个人穿着衣服，他们反而成了异类，他们看别人不顺眼，别人看他们更不顺眼。渐渐地，他们也觉得自己不顺眼了。除了不顺眼，还有不方便。别人下水捉鱼，随时跳下去，而兄弟二人要脱了衣服才能跳，捉了鱼上来还要再穿上。天热的时候，真是不想穿衣服，何况这里雨水也多，衣服总是湿的。

"嗯，看来，裸体是有道理的。"兄弟中一人说，于是也开始裸体。

既然裸体是有道理的，断发自然也是有道理的，而帽子根本就是累赘。

文身的好处很快也看出来了，因为这一带有鳄鱼，文身可以用来吓唬鳄鱼。

兄弟二人对于这里人没有房子始终不理解，终于，他们决定建一座房子。可是，刚刚开工，他们就发现为什么这里人没有房子了。按照周人的方式，一般是建窑洞和用土石盖房。可是在这里，没有合适的山来建窑洞，而雨水太多，土石结构根本无法成立。

"唉，看来草房也是有道理的。"兄弟中一人说。

于是，兄弟二人也逐渐断发、裸体、文身、住草房。

江南大地，就这样多了两个野蛮人。

不过，这两个野蛮人毕竟与当地的野蛮人不一样。

除了打鱼维持生计，他们开始种地。当地有水稻，但是当地人对于种水稻并不热衷。兄弟二人来自周国，是种麦子的高手，种水稻自然不在话下。

江南一带的土壤和气候条件都很好，兄弟两个的水稻也越种越好。短短几年，兄弟二人成了当地富豪，而且他们非常慷慨，总是周济周围的人。周济周济，就是从周国来的两个人救济大家。

兄弟二人的生活越来越幸福，随后，娶妻，生子。

江南大地，又多了两户人家。

也不知道过了多少年，这一天，来了两个人，两个什么人？老熟人。

"你们怎么找到我们的？"看着两个从周国来的人，太伯和仲雍有些诧异。

"你们不是说去衡山吗？我们就到衡山去找。可是找不到你们，正要回去，恰好有人从东面过去，说是有两个从周国来的人在东面教人种地，深受拥戴。我们一听，估计是你们，就这么找过来了。"

"那，找我们什么事？"

"你们的父亲病危了，吩咐要找你们回去见最后一面。"来人说。

"啊？！爹病危了？"太伯和仲雍一下子紧张起来。

兄弟两个草草地打点了一下行装，告别了老婆孩子，启程回国了。

第一六一章 吴国的来历

一路奔波，兄弟两人总算是回到了周国。

晚了三秋了。

"兄弟，爹呢？"两个野蛮人一把抓住季历高声问道，好像要杀人的样子。

季历吓了一跳，这两个野蛮人真野蛮，真没礼貌。可是仔细一看，才发现这两个野蛮人是自己的两个哥哥。

"大哥二哥，我总算把你们盼回来了。爹……爹他……他已经走了，呜呜呜呜……"季历说完，抱着两个哥哥放声大哭。

兄弟三人相拥，痛哭一场。

原来，派去找太伯和仲雍的人刚走没几天，古公亶父就去世了。可是，季历一直不肯为父亲下葬，一定要等到两个哥哥回来。

古公亶父终于下葬了，这个时候，距离他去世已经过去七个月了。后来周公制礼，天子死后七个月下葬，想必就是参照了古公亶父的先例。

父亲已经下葬，谁来继位就是个现实问题了。

"大哥，该你当国君了。"季历提出来要太伯继位。

"不可以，父亲的意思，是应该你继位的。"太伯拒绝。

"不，大哥，应该是你。"

"三弟，周国的兴盛一定是要靠姬昌的，你不要辜负了父亲的厚望。"

"大哥，我怎么可以做你的君主呢？"季历还是坚持。

"三弟，你看我和你二哥这个样子，我们现在是野蛮人啊，怎么能做君主呢？我们已经习惯了野蛮人的生活了，在那边也有家了。这次回来就是给爹下葬，之后我们还要回到那里去。"

从最早向父亲提出让位到出奔江南避让，再到现在让位，太伯已经是三让君位了。

后来孔子在《论语》中说道："太伯，其可谓至德也已矣，三以天下让，民无得而称焉。"

孔子认为，太伯具有无上的德行。

336

太伯和仲雍终于还是离开了周，回到荒蛮的江南。不过这一次，他们并不是只有两个人，除了家人，他们还带来了自己的族人和一批工匠。

回到江南，太伯和仲雍带领大家开始创业。周人的先进文化结合当地的气候地理条件，在入乡随俗的大背景下，对当地文化进行了有限改造，太伯和仲雍在荒蛮之地的事业越做越大，当地人都愿意接受他们的领导，用《史记》的话说，就是"从而归之者千余家"。于是，一个新的国家出现了。

太伯就是这个国家的第一任国君——吴太伯。

为了抵御周边国家的侵扰，太伯按照周国的方式，在梅里（今江苏无锡梅里）修建城池，这座城被称为"故吴"。此后，为了发展农业，太伯带领人们兴修水利，开凿河渠，称为太伯渎，又称伯渎河，流经坊前、梅村、荡口，直至漕湖，全长43公里，是中国古代历史上人工开凿的第一条河流。

后来太伯去世，就葬在梅里东的皇山（后名鸿山）南麓。

太伯没有儿子，因此太伯去世之后，弟弟仲雍继位。

因为仲雍在周的封邑为虞，因此把这里命名为"勾吴"，勾是牵连的意思，又写作"句"，吴就是虞。此后，简称为吴国。

这就是吴国的来历了。

到仲雍三传到周章的时候，周武王灭了商朝。随后，周武王按照父亲的遗嘱，寻找太伯和仲雍的后人，结果发现他们已经建立了吴国。于是，周武王把周章的弟弟封在了虞国，后人也称之为虞仲。

封在虞国的虞仲为公爵，而周章仅仅被封为伯爵。

于是问题出来了，为什么周章的吴国仅仅被封伯爵，而他的弟弟的虞国被封为公爵？大致是因为仲雍的封国本身就是虞国，虞国才算是仲雍的正宗，因此封为公爵。而吴国只能算是仲雍的一个分支，因此只能是伯爵。

事实上也是，周朝跟吴国的关系大概也就是这一次了，此后再也没有来往。别说吴国跟周朝没来往，就是跟虞国也没来往了。

到春秋中期，虞国被晋国所灭（详见第二部第五十二章）。

第一六二章

寿梦的梦想

吴国的周边都是蛮夷国家，因此吴国与周朝几乎没有往来，而是不断地与周边蛮夷国家交战。到春秋时期，吴国的疆界已经非常大，基本占据了江苏的大部分、安徽和浙江的小部分，成了一个东方大国。也不知道在哪一代，吴国开始称王。

国家强大了，想法就多了。就如同有钱了，就想进入上流社会一样。楚国是这样，秦国是这样，吴国也是这样。

转眼间到了晋景公十五年（前585年），这时候晋国正好是栾书执政。这一年，吴国传到了吴王寿梦。

"我有一个梦想。"吴王寿梦说。什么梦想？到中原去转转，看看上流社会怎么个玩法，看看传说中的周礼是个什么东西。

吴国是周朝的同族，不懂周礼？当然不懂，因为"周公制礼"，周公已经是太伯的孙子辈了。

337

寿梦上路了，带着六岁多的小儿子季札。

寿梦的夫人一共为他生了四个儿子，大儿子诸樊、二儿子余祭、三儿子余昧、四儿子季札。四个儿子中寿梦最喜欢的就是季札。所以这次出去见世面，就带着小儿子去了。

先去哪里？寿梦决定溯长江而上。为什么这样呢？因为顺着江水常常有些看上去很文明的东西漂下来。

溯江而上的结果就是寿梦来到了楚国。这时候楚国恰好是楚共王时期，楚国在与晋国的角逐中占据上风，楚共王正以华夏正统自居。

吴王寿梦到了楚国首都郢，请求会见楚王。

楚共王的眼睛瞄着北方，对于这个来自东面的蛮夷国家完全没有兴趣。

"吴国？吴国是什么国？蛮夷小国，边上凉快去。"楚共王拒绝接见吴王寿梦，他觉得跟蛮夷为伍是一件让人耻辱的事情。

吴王寿梦兴冲冲而来，却吃了个闭门羹，灰溜溜而去，自尊心大受打击。

"咦——狗屁倒灶（吴方言，意为吝啬，小气）瞧不起我？我还瞧不起你呢！"吴王寿梦大骂起来，好在楚国人听不懂。

离开楚国，吴王寿梦决定向北走。于是，一行人来到了洛邑。在这里，受到的接待又不一样。

"哎哟，伯父来了，快请快请。"这一年，恰好是周简王元年。周简王想不到自己刚上任，吴国国君就来朝拜。虽然是个几百年没打交道的亲戚，可是越是这样的亲戚就越难得啊！

吴王寿梦很高兴：连周王都要叫我伯父。他不知道，周王看见哪个诸侯都是伯父伯舅这么叫着。说起来，吴王倒是最正宗的伯父了。

周简王非常热情地接见了吴王,说起来,同宗同源,分外亲热。双方就共同关心的问题进行了交谈。为什么不是广泛的交谈呢?因为双方确实没有多少共同关心的问题,而且交流上有障碍。想想看,一个洛阳人和一个无锡人交流起来有多么费劲?

不管怎么说,吴王寿梦在周朝王室受到了热情的接待。

"大侄子,一刮两响,爽快,不像楚国那些人狗屁倒灶。"吴王寿梦夸奖周简王,周简王转转眼珠子,没听懂,不过还是客气地点点头。寿梦不管那些,接着说:"我有一个梦想,我知道我们家跟你们家原来是兄弟,你们这里有很多好东西,还有周礼。所以,我想来看看,有用的话,也学学。"

这一回,周简王听懂了。

按理说,这年头有人愿意来学周礼,周简王应该非常高兴。事实上他也确实有些高兴。不过呢,他不想答应吴王寿梦的请求,原因很简单:这里都是天子之礼,给这蛮夷国家学去了,到处乱用,岂不是要闹出笑话来?

再者说了,教给他们天子之礼,不就等于承认他们也是王了?

所以,周简王说了:"伯父,说来惭愧,自从我们从西边搬过来之后,周礼就不全了。伯父要看,我们当然很高兴,可是怕伯父看不全。这样好吧,周礼最全的都在鲁国,伯父不如再走几步,去鲁国看看。"

周简王把吴王寿梦推到鲁国去了。

吴王寿梦以为周简王是好心好意,也没多想。第二天,吴王寿梦就前往鲁国了。

鲁国这时候正是鲁成公,见吴王寿梦来了,也非常欢迎。

两国国君亲切会见,连比画带说,勉强也能沟通。

"我有一个梦想。"吴王寿梦的梦想又来了,把自己想看看周礼的想法说了一遍。

"咳,你已经看到周礼了啊。"鲁成公心说你这土包子什么都不懂啊,周礼是随处都在的啊,"我们接待你,包括现在吃饭等,都是遵循周礼来的。等一会儿还有音乐、舞蹈,也都是按照周礼来的。周礼,就是贯穿在每时每刻的行为规矩啊。"

"噢。"吴王寿梦恍然大悟,看看周围,井然有序,再回想这一路,人们都很有礼貌,很有规矩,"周礼真好,看看我们吴国,没什么规矩,简直就是一帮乌合之众、盲流。"

吴王寿梦喜欢上了周礼,于是,鲁成公安排季文子全程陪同吴王寿梦,详细介绍周礼并进行演示。

"孤在夷蛮,徒以椎髻为俗,岂有斯之服哉!"(《吴越春秋》)寿梦感慨,他已经迷上了周朝的东西。

寿梦非常高兴,提出派人来鲁国学习周礼的请求,鲁成公当即答应,心说这年头中原诸国不把周礼认真看待,还就是楚国感点儿兴趣,现在吴国这个野蛮国家自己送上门来,真是太好了。

双方就这样达成了一致,吴王寿梦得到了他梦想中的东西,而鲁成公得到了现实中的实惠:吴国将会向鲁国赠送大量礼品作为学费。

"大兄弟,我还有一件事情想要问问你。我只知道我祖上是从周朝过去的,可是传了这么多代,当时究竟是怎么回事,我真弄不清楚,你能否给我说说?"吴王寿梦又提出一个要求,吴国没有史官,他弄不清自己的祖先是怎么从西边跑到了东边的。

鲁成公也不太明白,于是把季文子找来。幸好季文子学问比较深,把事情的来龙去脉介绍了一遍。

"这么说,我们吴国是正宗华夏?哈哈,楚国人真牌潮(吴语,意为丢人),还说我们是蛮夷,想不到我们才是正宗文明人啊!哈哈哈哈……"吴王寿梦哈哈大笑,满嘴粗言鄙语,听得季文子直皱眉。

鲁成公倒不觉得什么,反而觉得这个八竿子才能打得着的亲戚直爽得可爱。

骂完了楚国人，吴王寿梦突然想起一件事情来。

"大兄弟，听你们刚才这么一说啊，我就知道我们吴国嫡长子继位的规矩是怎么来的了。不瞒你们说，我有一件事情正发愁呢。"吴国人直性子，说话不带转弯的，吴王寿梦刚才还挺高兴，转眼之间竟然开始发愁。

"有什么发愁的事情？"鲁成公问。

"我遇上咱们老祖宗同样的问题了，我现在有四个儿子，都不错，可是这个小儿子我最喜欢，也最看好，我想让他继位，可是又不好改规矩，你们替我想想办法。"吴王寿梦说，原来他也想把王位传给小儿子。

吴王寿梦一说，鲁成公和季文子想起来了。吴王寿梦是带着小儿子季札来的，大家都见过，对那个小孩的感觉就是乖巧得人见人爱，小孩不仅皓齿明眸、聪颖机灵，更难得的是彬彬有礼、举止得体，完全不像是一个来自野蛮国家的人。

"嗯，你家小王子真的招人喜爱。"季文子忍不住说了，他不喜欢吴王寿梦的粗鲁，但是真的喜欢季札。

尽管大家都喜欢季札，可是说到正题，却没有人支持吴王寿梦的想法。

"唉，我的儿子要是我祖宗就好了。"末了，吴王寿梦突然蹦出来这么一句，大家都笑了。大家知道他想要说的是什么意思，就是想三个大儿子能主动让位给小儿子。

338

吴王寿梦回到了吴国，很快派出一个"留学团"前往鲁国学习周礼，同时带去了大量的礼物，包括一座铜鼎。这座铜鼎后来被鲁襄公拿来贿赂了荀偃，这是后话（详见第四部一四八章）。这也说明，鲁国人对吴国人不过是虚情假意。否则岂能把吴王的礼物随便送人？

寿梦把自己在鲁国学习到的知识讲给自己的儿子们听，说到老祖宗当

第一六二章 寿梦的梦想

初让位的事情，颇为深情地说："看看老祖宗，说让位就让位了，杀杀辣辣（吴语，意为爽快）。"

儿子们一开始听得稀里糊涂，听得多了，年长的几个儿子就听出话外音了。他们对寿梦都很崇拜，觉得老爹去了一趟中原回来，变得特有学问，特有修养。

"周礼考察团"很快从鲁国学成归来，按照吴王寿梦最初的想法，就要全盘周化。可是真的把周礼学回来之后，吴王寿梦就发现这套东西太复杂、太烦琐。

"周礼好是好，可是结葛缕兜（吴语，意为多而乱），太麻烦。"最终，吴王寿梦放弃了全面周化，只是选择了一些简便易行的并且适合于吴国国情的内容进行推广。

不管怎样，从吴王寿梦开始，吴国重新回到了祖国的大家庭，文化上开始与周朝接轨。

除了派出留学人员之外，吴王寿梦修建了都亭，用来接待各国前来吴国的人才。如今，苏州还有都亭桥。

在吴王寿梦访问鲁国之后的第二年，北方来客人了。说起来，这是北方第一次来客。谁来了？巫臣。

巫臣干什么来了？

原来，巫臣拐带夏姬逃往晋国（详见第三部第一一五章）之后，子重、子反非常恼火，于是把巫臣整个家族都给灭了，并且瓜分了其财产。

巫臣万万没有想到，为了这个老婆竟然牺牲了整个家族。

"老婆啊，为了你，我整个家族都完蛋了。"巫臣对夏姬说，他哭了。

"老公啊，别伤心，想想那些为了女人把国家都丢掉的人吧，你这算不了什么，想开点儿吧。花这么大代价得到我，以后更要好好爱我哦。"夏姬安慰他说，顺便试图提升自己的地位。

巫臣想想也是，总的来说，还是很值的。不过，他咽不下这口气，他要找子重、子反报仇。于是，巫臣写了一封信让人带给子重、子反。信是这么写的："尔以谗慝（tè，意为邪恶）贪惏事君，而多杀不辜，余必使尔罢（通疲）于奔命以死。"

什么意思？你们邪恶贪婪，滥杀无辜，我一定要让你们疲于奔命而死。

疲（罢）于奔命，这个成语源于这里。

巫臣是什么人？有理想、有志气、有办法、有能力的人。

在听说吴王寿梦访问鲁国的事情之后，巫臣就去找晋景公了，请求出使吴国，联络吴国来夹击楚国。晋景公当即同意，于是派巫臣为晋国特使，出使吴国。

巫臣带了三十乘战车，带上儿子巫狐庸上路了。为了防备路上被楚国人截击，巫臣没有取道宋国，而是向东取道齐国和莒国，沿海岸南下。

巫臣的到来，给了吴王寿梦意外之喜，他万万没有想到中原老大会主动派人出使吴国。

吴王寿梦给了巫臣隆重的欢迎仪式。巫臣是个走南闯北、见多识广的人物，见什么人说什么话是他的特长。三言两语之后，就摸清了吴王的底牌。

"土老鳖，容易欺骗。"巫臣为吴王寿梦做了定位，他知道吴王寿梦很急于与中原诸侯交往，很渴望获得承认。

巫臣首先代表晋景公问候了吴王寿梦，然后说了一堆两国历史上血浓于水的兄弟情谊的故事，说到听说吴王最近访问了鲁国，非常关注吴国的发展，希望能够尽一点儿绵薄之力为大哥国家的繁荣强盛做出贡献。

随后，双方就诸侯间的事务进行了交流，说着说着，说到了楚国。

"楚国太傲慢了，蛮夷。"吴王寿梦提起楚国就是一肚子火，嘴上也就不干不净起来。

"大王，您说得太对了，楚国就是蛮夷。不瞒您说，根据我们最近的情报，楚国正准备吞并吴国呢。而我家主公这次派我来，就是为了提醒您要提高警惕。"巫臣先把自己的祖国骂了一通，然后把话引到了正题上。

"不怕，吴、楚之间山水相隔，我们不怕他们。"吴王寿梦没当回事。

"话不是这么说，楚国灭了这么多国家，哪个不是山水相隔的？何况，吴国腹地都是平原，万一被楚国攻破了屏障，岂不是无险可守？"

"那，那我们也不怕，顶多跟他们拼了。"

"大王，别这样，有我们晋国在，怎么能坐视大哥国家的危险于不顾呢？这不，我带来了三十乘战车，我家主公说了，只要您一声令下，我们愿意帮助你们建立军队，教授战法。您也知道，晋国的战术打法是最先进的，只要我们帮助你们建立起军队来，加上大王您的英明领导和吴国人民的尚武精神，还怕楚国人吗？"巫臣提出了建议，顺便拍了一通马屁。

吴王寿梦被感动了，血浓于水啊！尽管血的浓度已经稀释到跟水差不多了，可是还是浓于水啊！

"晋国兄弟的恩情，我没齿不忘啊。"吴王寿梦表示。他没有想到的是，晋国人来帮他并不是因为他也姓姬，而是想利用他对付楚国人。

不管怎样，现在巫臣成了吴国的总军事顾问。

吴国人此前打仗是不用马也不用车的，自然也就没有战车，甚至连盔甲也没有。打仗的时候就是大家手持刀叉棍棒，一边吼一边冲杀，直到消灭对手或者被对手消灭。

不过，吴国人对死看得不重，打仗十分勇猛。

巫臣把吴国的贵族们集中起来，进行军事训练，教给他们怎么驾车，怎么在车上射箭，怎么在车上格斗。此外，还教给他们怎么布阵，怎么进攻和怎么防守。巫臣还带来了战鼓和战旗，告诉吴国人怎么统一指挥。

巫臣还给大家讲述了晋、楚大战，讲一鼓作气。

吴国人这下算是开了眼了，这不就是传说中的先进文化吗？

对于战车的应用，其实巫臣比纯粹的晋国人更有心得，因为南方山多，巫臣具有各种地形下使用战车作战的经验。

在巫臣的悉心指导下，吴国人迅速学会了车战，学会了排兵布阵。

巫臣知道，这帮不要命的蛮子一旦掌握了先进的战法，其战斗力将是令人恐怖的。

"蛮子不可怕，就怕蛮子有文化。"巫臣暗自感慨。

三个月过去了，巫臣决定回到晋国复命。

临行前，巫臣留下了十五乘战车以及战车上的乘员，作为晋国军事顾问。此外，他把儿子巫狐庸也留给了吴王寿梦。

"大王，为了表达吴、晋两国之间的兄弟之情，我把儿子留下来为大王效力。"巫臣说。

"好，好，你放心，你儿子就是我儿子，我会好好待他。"吴王寿梦再一次被感动了。

巫臣走了，因为夏姬盼着他回去。时间长了，要是夏姬再跟别人跑了，那不是亏大了？巫狐庸留下来了，他成为吴国的外交官，专门负责与北方诸侯之间的联络。

巫臣走后，按照巫臣临行前的建议，吴王寿梦出兵攻打楚国的附庸国巢国（在今安徽境内巢湖一带）。一来演练先进打法，二来配合中原诸侯的抗楚战争。巢国一开始并没有把蛮夷小国吴国放在眼里，看着吴国人驾车的技术都很拙劣，以为这就是一支乌合之众。谁知道一交锋，吴国士兵都是些不要命的，巢国哪里见过这样的，惨败而归，立即向楚国求救。

于是，子重、子反急忙率军来救巢国，等他们到了，吴国人已经撤了——屁股一歪，攻打楚国的另一个附庸国徐国（今徐州境内）去了。没办法，子重、子反领兵支援徐国去了。

等到楚军到了徐国，吴国人又转而攻打楚国的州来（今安徽凤台县）了。

第一六二章　寿梦的梦想

于是子重和子反又去救援州来，可是吴国人又撤了。

一年当中，吴国人七次入侵徐国、巢国以及州来，子重、子反也奔波了七次，真的是疲于奔命了。

现在楚国人真的麻烦了。北面有强大而狡猾的晋国人，东面有蛮横而不要命的吴国人。最糟糕的是，吴国人现在和晋国人勾结在了一起。

关于州来，顺便说说。

州来原本是个小国，春秋时被楚国吞并，一度被吴国占领，后来又被楚国夺回，再后来又被吴国夺去。吴王夫差把蔡国迁到州来，因此州来改名为下蔡。再后来，吴国灭亡之后，州来又成了楚国的地盘。再后来，在秦的打击下，楚国东迁，这里又成了秦、楚必争之地。早晨，秦兵打过来了，百姓们便说自己是秦国的良民，把秦国的门牌翻过来，晚上楚军攻过来了，百姓们便说自己是楚国的顺民，把楚国的门牌翻过来，以此保护自己的生命财产。这也是"朝秦暮楚"这个成语的来源之一。

第一六三章

拒绝被忽悠

敌进我退，敌驻我扰，敌疲我打，敌退我追。

这是毛泽东的战略战术，但是，这不是他的发明，谁的发明？是吴国人。

吴国人尽管不够文明，但是他们很聪明。他们知道自己不是楚国人的对手，但是，他们知道该怎样对付楚国人。

339

吴国人与鲁国人的交往比较频繁，一来是吴王寿梦对鲁国的印象非常好，二来是两国之间的距离比较近，三来是鲁国不是强国，吴国在与他们交往中心理上不会有负担。

吴王寿梦十六年（前570年），也就是晋悼公三年，晋国又开始强大起来，在中原与楚国争夺霸主。楚国令尹子重决定对吴国进行一次"外科手术式"的打击，以便让吴国停止侵扰，从而让楚国可以集中精力对付晋国人。

春天，楚国人出兵了，子重亲自挂帅，还专门挑选了善于山地作战的精兵。此前，吴、楚双方并没有实质性的交手，而这一次，子重是下定决心要给吴国人一点颜色看看的。

楚国大军进入吴国境内，第一目标为鸠兹（今安徽芜湖市东南）。楚国人一举拿下鸠兹。随后楚军进逼衡山（今安徽当涂县横山）。

吴军主力并没有出现，只有小股部队在楚军侧翼骚扰。吴军都是轻装，再加上周围地形不是山就是湖泊，吴国人来去如风。这么说吧，吴军就是抗楚游击队。而楚国人行动迟滞，感到应付起来非常费力。

"令尹，此地地形复杂，我们大军行动不便，再加上雨季就要到来，这样下去不是办法，不如让我率领小股精兵插入吴国腹地，扫平道路。"子重手下悍将邓廖提了这么个建议。

于是，子重给了邓廖一百乘战车、三千步卒，让他率先出发。子重率领大军就驻扎在衡山之外，等待消息。

三天之后，消息来了。不是一个消息，是一群消息，因为残兵败将逃回来一群。原来楚军在山水之间盘旋前进，道路十分艰难，不是高低不平就是泥泞不堪，不说走路，就是推车都已经把大家搞得筋疲力尽。等到大家累得半死的时候，吴国人出现了。本来吴国人就是以逸待劳，再加上其凶狠程度远远超过楚国人，这仗还怎么打？邓廖被活捉，楚军几乎全军覆没，只有不到三十乘战车和三百名步兵逃回。

子重现在傻眼了，邓廖算得上自己手下第一战将了，既勇猛又有智谋，如今邓廖被俘，军心震动。而眼前非山即水，又开始下雨，自己车多人多也没有用。进攻没有把握，留守则缺乏意义。

"撤！"子重下令撤军了。

回到楚国，子重不敢说这次出兵损兵折将。

"我们一举拿下了吴国的鸠兹，打得蛮子们抱头鼠窜、心惊胆战，再也不敢来犯了。"回到朝廷，子重这样自我安慰。

为了显示这一次的胜利货真价实，子重设庆功宴，宴请高级将领。

按照子重的计划，庆功宴将一连进行十天。可是实际上只进行了三天，因为第三天的时候东面传来消息：吴国人攻打楚国，夺取了驾。驾是哪里？今天安徽无为市境内。

子重即便脸皮够厚，可是到这个时候也挂不住了。

"算了，庆功宴结束了，该回哪儿回哪儿吧。"子重撤销了庆功宴。

第二天开始，整个楚国都在流传子重的故事：大将被捉，重要城市被占，还要开庆功宴。

"你这人真子重。"楚国人骂人不要脸的时候，都这么说。

子重受不了了，终于在一个没有月亮的晚上，突发心肌梗死而死。

吴国大胜楚国并且气死子重的消息很快传遍了华夏，晋悼公非常高兴，于是决定当年在鸡泽（今河北邯郸）举行盟会，特邀吴王寿梦参加，并派荀会到淮河北岸迎候吴王（详见第四部第一三八章）。

晋国特使把邀请函送到了吴王寿梦手中，寿梦非常高兴，当即应允。晋国特使高高兴兴回去复命，那一边晋国人开始筹备会议。

送走了晋国特使，吴王寿梦盘算着这一次带谁去见世面，想来想去，觉得该把老大带去。要不怎么说吴国人没文化呢！按照中原的规矩，国君出国，国家留给太子监守，国君绝不与太子同时出动，怕的就是发生意外的时候被全窝端了。

可是吴王寿梦不懂这些，准备带着太子诸樊前往鸡泽。

"爹爹，我觉得咱们还是小心点儿，我听说越文明的人越促掐（吴语，意为奸诈），两国相距这么远，咱们又没有跟晋国打过交道，别稀里糊涂去了，被人家算计了。"诸樊提出一点儿反对意见来，他听说过不少晋国人的故事，感觉晋国人不太靠谱。

吴王寿梦一听，觉得有道理，于是他把巫狐庸找来了。虽说名义上是在吴国和晋国之间行走,但巫狐庸实际上基本就待在吴国了,因为父亲巫臣发现晋国的权力斗争比楚国还要激烈,所以留了个后手,等于是把儿子安置在了吴国。

"小巫,有件事情我拿不定主意,晋国在鸡泽召开盟会,请我参加,我也答应了,你看看,我是该去还是不该去?"吴王寿梦问巫狐庸。

巫狐庸一听,笑了。从前,吴王寿梦有点儿一根筋,现在看来有进步了。

"大王,该不该去,问您自己啊,您要是去,想干什么呢?"巫狐庸反问了一句。

"哎,对啊,你等等,我再想想。"吴王寿梦还真没有想过这个问题,当时想了想,说,"其实我也不想干什么,就想看看盟会是怎么回事。"

"那我告诉您盟会是怎么回事。盟会,就是所有国家聚到一起,其中一个国家是老大,其余国家都要跟着老大混。虽然都是国君参加,但是老大的国君才算国君,其余国家的国君只能拍马屁,说好听的。大王,我再问你,您能当老大吗?"巫狐庸继续提问。

"我,我当不了。"

"那,您会拍马屁吗?"

"我,我不会。"

"那您去干什么?"

巫狐庸最后这个问题把吴王寿梦给问得愣住了,他想了又想,实在想不出答案,只好反问:"那,那别的国家为什么要去?"

"但凡去的国家,要么邻近晋国,不敢不去;要么是需要晋国的保护,也不敢不去。咱们吴国既不邻近晋国,也不需要他们保护,为什么要去拍他们的马屁呢?"

吴王寿梦听着有道理,他开始犹豫了。

"再说了,大王,中原诸侯自以为正统,乱七八糟的规矩多了去了,周礼就不说了,还要对诗,您行吗?恕我直言,到时候显出咱们是土包子,是蛮子了，那岂不是自找丢人？您要不去，您就始终是个神秘人物，谁也不敢小看您。您要去了，基本上就是见光死。"巫狐庸的话说得够直接，但是也切中要害。

吴王寿梦听到还要对诗的时候，就已经下定决心不去了。

"嗯，小巫，不愧是走南闯北的人，老掐辣（吴语，意为有见识的人），我听你的，不去了。"吴王寿梦决定爽约。

说去又不去，找什么借口？

蛮子国家，不去就不去，不用找借口，没有文明国家那么虚伪。

盟期已到，荀会没有等到吴王寿梦。

吴王寿梦没有去参加鸡泽盟会，他觉得这是巫狐庸的功劳，所以他决定重用这个楚国裔晋国人。

"小巫，来吴国一转眼十五年了啊，生活上还适应吧？"吴王寿梦请巫狐庸吃饭，随便问起来。

"适应，适应。"巫狐庸不知道吴王寿梦找自己来是什么意思，很小心地说。

"不想回晋国了？"

"不想了。"

"真不想了？"

"真不想了。"

"为什么啊？"

"不瞒大王，这里美女多啊，我不想走。"

"那为了女人，抛弃国家？"

"咳，这有什么？我爹就是这样的啊，为了我后娘，把什么都抛弃了。"

"嗯，直爽。"吴王寿梦赞赏起来，他最不喜欢中原的就是他们的虚伪，所以听到巫狐庸说实话，非常高兴，"小巫，我喜欢你。我再问你，我要找一个人帮我管理国家，这个人应该叫什么？"

"这个人，在楚国呢，叫令尹；在晋国呢，叫中军元帅；在鲁国呢，叫上卿。"巫狐庸解释说，吴国是个没有官制的国家，因此没有相对应的职位。

"好了，不管叫什么，今天我就任命你担任这个职务了，你想叫什么就叫什么。"吴王寿梦就这么下达了任命。

《吴越春秋》记载："寿梦以巫臣子狐庸为相，任以国政。"

之所以叫相，是因为巫狐庸都不知道自己算是个什么职位。

340

转眼间，到了吴王寿梦二十五年（前561年），吴王寿梦驾鹤西去了。此前，晋国又来邀请过两次，吴王寿梦都没有赏脸，只是派巫狐庸前去应付。

吴王死了，谁来继位？

临死之前，吴王寿梦把小儿子季札叫来了，要把王位传给他。

"爹爹，不可以。按照周礼，嫡长子继位，不可以坏了规矩。"季札拒绝了。

"可是，咱们是蛮夷啊。"

"不，咱们是周人。"

吴王寿梦没有坚持，他喜欢小儿子，也就喜欢他的决定。他知道自己无法说服小儿子，因为小儿子是个周礼迷，对周礼非常痴迷。

于是，吴王寿梦又把大儿子诸樊叫来。

"儿啊，我想把王位传给季札，可是他拒绝了。我想着，今后你就把王位传给弟弟吧，我看好他，他会让吴国变得文明强大起来。"吴王寿梦叮嘱诸樊，之后闭上了眼睛。

办完了父亲的丧事，诸樊把弟弟季札请来了。

"兄弟，父亲的意思是让你当国君，哥哥我也是这个意思。"哥哥要让位，而且态度很诚恳。没办法,老爹几十年来就教育几个儿子要学习老祖宗主动让贤的精神。

"大哥,不能这样。我听说曹宣公去世的时候,国人都想立子臧,结果子臧跑了,大家只好立了曹成公,因为曹成公才是太子。大哥,你才是太子,我则对国君没有兴趣,请让我学习子臧吧。"季札推辞。

诸樊一听,你这意思不是说大家都不欢迎我吗?

"兄弟,你就让我做子臧吧。"诸樊还要让。

"不。"季札继续拒绝。

这样,兄弟两个一个非让不可,一个则坚决不接受。

到最后,季札告辞出来,回到家里收拾收拾,跑郊区找了个房子,种地去了。

到这个时候,诸樊知道再让也没用了,只好自己登基了。

吴国,一个淳朴的国家,一个有礼让传统的国家。

吴王诸樊登基的第二年,楚共王薨了。

诸樊把巫狐庸和弟弟余祭找来,商讨一件事情。

"阿巫、老弟,去年这个时候,你们知道我最担心什么吗?"诸樊提出一个问题。

巫狐庸和余祭大眼瞪小眼,心说:是不是担心季札会接受你的让位啊?虽然这么想,但不敢这么说。

"担心,担心收成不好?"巫狐庸试探着问。

诸樊没有回答他,问余祭:"你呢?"

"是,是担心咱娘的身体?"余祭也试探着问。

"你们都说错了,去年这时候我最担心楚国人趁我们的国丧之时来进攻我们。"诸樊对两个人的回答有些失望。

为什么事情过去了一年,诸樊又突然想起来了呢?巫狐庸和余祭迅速地猜测着，而诸樊用锐利的眼光扫视着他们，却不说话。

余祭想不出所以然，于是讪讪地说："大王，今年不用担心了。"

诸樊咂了咂嘴，意思是你这都是废话。然后，他望向巫狐庸。

巫狐庸猛地回过神来。

"大王，我知道你的意思，你去年担心的事情，就是楚国人现在担心的事情，我没有说错吧？"巫狐庸说。从诸樊的笑容中，他知道自己说对了。

"楚国人担心的事，就是我们应该做的事，对不对？"诸樊说，这是他今天叫这两位来的主要意图。

"大哥高明。"余祭立马赞同。

"好主意，打楚国。"巫狐庸略显迟缓，但是很坚决地表示。

诸樊很高兴，他决定派党去打楚国。党是谁？公子党，诸樊的异母弟弟。

就在吴国军队出发的前一天，季札来了。

"大哥，你不能攻打楚国。"季札开门见山地对诸樊说。

"为什么？"诸樊有些惊讶，他没有想到季札会来管这件事情。

"因为这不合周礼啊，不可以乘别国国君之死发动攻击的。"季札搬出来周礼。

"咳，我们是蛮夷，管他周礼不周礼的。"

"这样不行啊，我们是正宗周人啊。"季札不同意诸樊的说法。

"那，那，那楚国人是蛮夷啊，跟他们讲什么周礼？"

"不对啊，人家楚国人已经不做蛮夷好多年了。去年，人家不也没有来攻击我们？"季札坚持。

正在这个时候，巫狐庸来了。看见他，诸樊高兴了。

"阿巫，来得正好，我弟弟正在说咱们现在打楚国不合周礼呢，你怎么看？"诸樊急忙说，要让巫狐庸说服季札。

巫狐庸笑了,他就知道季札会来阻止,所以他早就想好了怎样对付季札。他也知道这个时候攻打楚国是违背周礼的,可是,对楚国的深仇大恨让他无条件支持诸樊的决定。

"公子,我知道您说得对。可是,楚国人是不讲什么道义的,当初他们怎么对人家宋襄公的?怎么对我们家的?怎么对咱们先王的?对他们,就不能客气。去年他们没有趁火打劫我们,那不是因为他们讲周礼,而是他们正在北面欺负郑国人,顾不上这边。咱们要是不打他们,他们才不会说咱们是讲周礼,而是笑话咱们新鲜活死人(吴语,形容知觉迟钝的人)。"巫狐庸滔滔不绝,口若悬河。

"唉。"季札摇了摇头,他知道自己说不过巫狐庸,转身走了。

吴国军队浩浩荡荡,讨伐楚国,直逼楚国的庸浦(今安徽无为市境内)。

楚国令尹子囊得到消息。由于楚共王去世不久,子囊不便亲自出动。

"养将军,麻烦你走一趟。"子囊派谁?养由基,著名的养一箭。

养由基此时官居宫厩尹,属于楚国的卿,尽管岁数大了一些,好在经验丰富,尤其擅长箭法,派他去,子囊非常放心。

养由基点了兵马,前往庸浦。

养由基走后,子囊觉得还不放心,因此,又派司马子庚率领大军随后出发,接应养由基。

养由基的队伍先到,离庸浦三十里安营扎寨,并不急于与吴国人交手。第二天,子庚的大队人马来到,两军合为一军。

与吴国人作战,楚国人都感到很头疼,为什么头疼?

首先,吴国人打仗非常勇猛,个个都不怕死。本身楚军与中原国家的军队相比已经是非常强悍了,可是跟吴国人相比,就显得太斯文了。因此,楚军对吴军都有些忌惮。

其次,就算是楚军占了上风,吴国人见势不妙也会逃跑,跑得又快,上山下水都是好手，追都追不上。消灭不了他们就罢了，讨厌的是，他们会来纠缠你，趁你不注意打你一下。

怎么对付吴国呢？

第一六四章

还是被忽悠

公子党,诸樊的弟弟,不过仅仅是庶弟。在所有的兄弟当中,公子党算是最勇猛的。不仅如此,公子党还是正儿八经的"海龟",他曾经前往齐国学习战法。

公子党与楚国人交手的次数不算少了,多半是率领"游击队"与楚国人打游击。上次拦击楚军,活捉邓廖,就是他的功劳。在他看来,楚国人胆小怕死、行动迟缓,打仗完全仗着人多。

"嘿嘿,楚国人嘛,绣花枕头一包草,中看不中用的。这一次,让他们有来无回。"公子党说,他根本没有把楚国人放在眼里。

吴国人攻城能力一般,毕竟从前没有攻过,连用什么工具都没搞懂,所以攻城多日没有进展,公子党正恼火呢。如今楚国援军来了,双方可以放开手脚大战一场了,他非常高兴。

341

吴楚两军对阵，这是吴国军队有史以来第一次打正规战。

楚军阵地一面大旗，旗上一个大字："养"。

"养由基？"公子党脱口而出，养由基他自然是知道的，他也知道即便是晋国人也对养由基敬畏三分。

"公子，养由基都老掉牙了，怕他干什么？"虎儿是吴国的勇士，现在是公子党的车右，一边说，一边指指点点，把养由基指给公子党看。

公子党顺着虎儿的手指看过去，只见养由基胡子眉毛都已经白了，确实是老了。

养由基看见对面有人对自己指指点点，猜到旁边的人就是公子党，于是拈弓搭箭，非常吃力地拉开弓，一箭射来，只见那支箭在空中晃晃悠悠，划出一道并不美丽的弧线，坠落在了公子党的战车前。

"哈哈哈哈……"虎儿大笑起来，他觉得很好笑。

公子党的表情轻松了一些，但是他还是有些紧张，毕竟这是自己第一次独立指挥这样的战斗，手忙脚乱是可以理解的。

"那什么，鼓掌。"公子党下令。

"鼓掌？"虎儿没听明白，要打仗了，这时候鼓掌干什么？给谁鼓掌？难道齐国人冲锋之前要先鼓掌？

"啊，那什么，错了，掌鼓。"原来，公子党刚才太紧张，下错令了。

吴军开始擂鼓，准备冲锋。

按照规矩，楚军随后擂鼓。

吴军向前冲锋了。

公子党的战车冲在最前面，吴军一阵龇牙咧嘴地乱叫，亡命徒一般冲杀过去。

楚军看上去有些惊恐，他们并没有按照常规战术进行冲锋，而是在犹豫了一下之后，掉转车头向后逃去。好在后面的步兵逃得更快，楚军的战车并没有冲撞到自己的队伍。

按照《左传》的标准写法，楚军在"奔"，吴军在"驰"，一个没命地跑，一个舍命地追。

公子党毕竟是学过兵法的，他有些担心狡猾的楚国人可能会布下埋伏。

事实证明，他的担心是有道理的。追了一程，楚军果然设了埋伏，埋伏的楚军让过了养由基的逃兵，然后截击吴军。可是，吴军势头正猛，直接将楚军的伏兵冲得七零八落。

"哈哈哈哈，楚国人真是不懂兵法，连埋伏也不会。"公子党笑了，吴军继续追击。

过不多远，又是一处埋伏，又被吴军冲散。

现在，公子党算是彻底看清楚国人贪生怕死的嘴脸了。吴军已经不仅是"驰"，而是"奔驰"了，队伍拉得很开，跑得快的跑到了很远，其余的人远远地落后，队形已经完全不是队形了。

当"驰"变成了"奔驰"，问题就来了。

楚军的第三处埋伏终于出现了。

与前两处不同的是，这一处埋伏并没有从正面阻击吴军，而是从侧面拦腰杀来，将原本就已经前后脱节的吴军拦腰截成两段。更加不同的是，这一队楚军由子庚亲自率领，十分勇猛，并不逊色于吴军。

随后，原先被击溃的两路楚军伏兵从后面杀来，而养由基的队伍掉转身来，从前面夹击吴军。

这个场景，令人想起城濮大战中先轸为楚军布置的口袋阵。

"公子，不要怕。"到了这个时候，虎儿依然不惧怕楚国人。可是，话音刚落，他就看见一支利箭带着风声向自己飞来，他来不及躲，只来得及用最后一眼看养由基有些得意的笑，随后便感到脖子一阵冰凉，栽下了战车。

战斗很快结束，吴军全军被歼，公子党被楚军活捉。

这一仗是吴、楚交战以来楚国的第一场大胜，由司马子庚指挥。

吴军大败，整个吴国震动，好在楚军并没有乘胜追击。

吴王诸樊非常害怕，于是找来巫狐庸商量对策。

"大王，我错了，我只知道要找楚国人报仇了，疏忽了楚国人的实力。"巫狐庸上来先认了错，倒不是为了求得原谅，而是确实反思了。

"算了，阿巫，这不怪你。现在我们大败，如果楚国人来进攻，形势就不太妙了。所以我想，我们要向晋国人求援了，请求他们的帮助。"诸樊是真的害怕了，想到了这样一个主意。

原本，诸樊以为晋国人巫狐庸会支持这个想法，可是，这一次他又想错了。

"大王，大国都是没有什么信用的，他们只会利用别人，不会帮助别人。我看，咱们还是靠自己吧，晋国人靠不住。"出乎意料的是，巫狐庸表示了反对。

"不会吧？他们不是很希望跟我们合作吗？而且我们一直也在配合他们攻打楚国啊！他们会见死不救？不会，他们是文明人，跟楚国蛮子不同的。"

诸樊终究还是没有听巫狐庸的，派人前往晋国通报战败以及请求支援。

晋国人很爽快地答应了，并且决定在第二年的春天在宋国的向召开盟会，商讨怎样帮助吴国。

"嘿嘿，看来，组织还是靠得住的。"诸樊很高兴。

原本是准备派巫狐庸去参加这次会议的，巫狐庸以痔疮发作，受不了舟车之苦为由拒绝了。于是，诸樊派自己的弟弟余祭前往参加盟会。

342

鲁襄公十四年（前559年）春天，也就是晋悼公十四年，这时候晋国中军帅和中军佐是荀偃和范匄。

盟会如期举行。

余祭提前一天来到，他有些紧张，因为他从来没有参加过这样的会议，他怕自己会出丑。临行之前，他跟弟弟季札学了些周礼，但是心里还是没有底。

不过让他略微放心一点儿的是，晋悼公没有来，甚至晋国的中军帅荀偃也没有来，这次主持会议的是范匄。相应地，各国都是上卿或者公子来参加会议。

其实，这样的会议规格已经决定了不可能产生什么有意义的决议。从另一个角度来说，如果余祭是一个职业外交家，他就应当明白，晋国人根本没有诚意帮助他们。问题是，这里的所有人都比他职业，每个国家的代表都看出来了，只有余祭没有看出来。

余祭安顿好了之后，范匄派人来请，说是要提前沟通，以便在明天的会议上有的放矢。余祭非常高兴，觉得还是晋国人想得周到。

"范元帅，真是感激不尽啊。"余祭首先表达了感谢。

"咳，一方有难，八方支援，这是我们华夏人的传统美德嘛。再说了，我们还是盟主呢。"范匄假惺惺地说。

两人寒暄之后，开始进入正题，就晋国以什么方式支援吴国进行了深入探讨。最后双方达成一致，晋国向吴国提供一百乘战车，并且派出军事顾问团。同时，晋国在宋国南部驻军，随时支援吴国。

"对于晋国无私的帮助，我们没齿难忘啊！真是血浓于水啊！那什么，我走了。"余祭感动得一塌糊涂，说完这些，觉得事情既然都办好了，可以走了，于是起身告辞。

"哎，慢着慢着。"范匄急忙拦住了，心说这蛮子就是蛮子，亲戚帮忙就不要报酬了？再者说了，普天之下，谁跟谁不是亲戚啊？这门子亲戚算个屁。

余祭有点儿激动，他以为范匄要留他吃饭。

"公子，咱们明人不说暗话吧。你也知道，晋国的事情就是荀偃元帅和我说了算，支援吴国呢，也就是我们两人一句话的事。临出来的时候荀元帅交代过了，说是听说吴国有许多宝物，托我带几件给他，嘿嘿，不知道公子带来没有？"范匄倒挺直爽，也没有拐弯抹角。

"这？"余祭一愣，弄来弄去，原来世上没有免费的午餐啊，"范元帅，还真没带，我，我不知道还要带这个啊。"

"嘿，我们晋国虽然是盟主，但也不能无缘无故为别人干活啊。其他国家都要向我们进贡的，你知道吗？"范匄的脸色一沉，很不高兴地说。

余祭本来就有点儿失望，见范匄这么说，忍不住脱口而出："元帅，话不能这么说吧。心勿拉肝浪（吴语，形容忘性大的人）。你们晋国让我们吴国在东面打击楚国人，我们就三天两头跟楚国人开战，什么时候问你们要过报酬？如今为了你们，我们被楚国人打败了，请你们帮忙，你们就要这要那，你，你，你寿头码子（吴语，意为不知好歹的人）。"

这一番话，范匄没有听得太明白，不过猜也能猜出来对方说的不是好话。眼看再这样下去要吵起来，没办法只好忍住火，挤出一丝笑容来："嘿嘿，公子，你再回去好好考虑下，明天会上见。"

余祭气哄哄地走了，他不知道该用什么词来形容晋国人。后来他知道，这就叫腐败，而范匄叫腐败头子。

第二天会议举行之前，范匄又派人来找余祭索要贿赂。

"没门儿。"余祭直接把来人骂了回去。昨晚上他想了一个晚上，越想越想不通，正憋着火呢。

盟会开始了。

一通简短的开场白之后，范匄简单介绍了召开这次盟会的目的。

"这次我们要讨论的，就是吴国被楚国击败，我们要不要救援吴国的问题。大家说，救，还是不救？"范匄提出问题。

没有人说话，因为大家都听说了昨天发生的事情，也都看到范匄脸上的怒气。而且，原本通知大家的议题是"怎样救援吴国"，可是现在成了"该不该救"。参会的都是老油条，大家都看在眼里，所以大家都不说话。

文明人就是这样，心里明白，就是不说。

"救，怎么不救？不救叫我来干什么？外香骨头臭啊（吴语，意为暗地搞鬼）。"见大家都不说话，余祭有点儿急了，高声吼了起来。

大家都看看他，然后叹一口气，不知道是觉得他很野蛮还是觉得他很可怜。

没有人应声。

范匄清了清嗓子，说话了。

"吴国被楚国击败了，按理说，吴国是我们的盟友，我们责无旁贷，应当救他们。可是，吴国人为什么被楚国人击败呢？因为吴国人在楚国人的国丧期间进攻楚国，这是不道义的。《诗经》说得好：'不吊昊天，乱靡有定。'如果上天认为你不善，你的动乱就不会停止。对于这样不道义的行为，我们作为文明国家，难道要帮助他们吗？我们晋国，历来是以道义服人的。"范匄说得慷慨激昂、大义凛然。说到这里，范匄伸手指指余祭，大声说道："公子余祭，请你回去转告你家大王，凡事绕不过一个理字，尽管咱们是兄弟，尽管我们很想帮你们，可是，不合道义的事情我们晋国绝不会做，在座的国家也都不会做。现在，请你离开。"

余祭听得目瞪口呆，半天才反应过来，回了一句："我们吴国虽然野蛮，可是我们也没有你这么不要脸啊，你个暗毒老虎（吴语，意为阴险狡诈的

第一六四章　还是被忽悠

人），帮你们打楚国你们不给报酬，求你们帮忙就索要好处，老子走，不靠你们了行吗？"

盛怒之下，余祭转身走了，头也不回。

赶走了吴国人，范匄也是憋了一肚子的火，好处没捞到，还被骂了一顿。回晋国之后，还不知道怎么去向荀偃交差，怎么向晋悼公汇报呢。

"嘿嘿……"有人笑出声来，随后大家都忍不住笑了出来。

事情确实很好笑，原本来商量怎样救援吴国，结果会议一开始就先把吴国人赶跑了，这会还怎么开？

范匄恼羞成怒了。

"务娄，你笑什么？"范匄大声呵斥，他看见莒国的公子务娄在笑，决定拿他出气，"告诉你，不要以为你们私通楚国人的事情没人知道。来人，把他给我拉下去，关起来。"

这一回，轮到公子务娄瞠目结舌了。

是辩解，还是不辩解？

辩解也没用。

公子务娄明白，性命无忧，只是又得破财了。

公子务娄老老实实地被押了下去，他相信，自己绝不是唯一的倒霉蛋。

公子务娄猜对了。

范匄的火气还没有消，而这种情况下是不可能无缘无故拿齐、鲁这样的大国开涮的，怎么办？范匄扫视一圈，最后把眼光留在了戎子驹支身上。

"你过来，野蛮人。"范匄说话没有一点儿客气，驹支是一支戎人部落的首领，居住在晋国南部的荒山野岭中，有的时候也来参加晋国的会议，"从前你们祖先吾离被秦国人从瓜州赶出来，身穿蓑衣、头戴草帽来投奔我们的先君。那时候是我们惠公可怜你们，把南部的土地给你们居住。如今，诸侯们侍奉我们不像从前那么小心了，肯定是有人在暗中挑拨，不用说了，肯定是你们。你呀，明天不要来参加会议了，否则把你也抓起来。"

驹支一听，心说：你这不是摆明了欺负老实人吗？该贿赂你的也贿赂了，还拿我们开刀？驹支愤愤不平，也不去想后果了，直接开始反驳。

"祖先的事情就不说了，我们始终心怀感激。我们现在那块地方，豺狼出没，鸟不拉屎，可是我们直到现在也没有二心。范元帅，你摸着良心想想，但凡用得上我们的地方，什么时候我们落在后面了？如果诸侯离心离德，恐怕是贵国自己出了问题，怎么赖到我们头上呢？我们戎人的衣食语言都跟中原各国不同，平素也没有往来，我们能做什么坏事呢？我们怎么可能挑拨离间呢？即便不让我们参加会议，我们也问心无愧。"驹支一口气说完这些话，还念了一首《诗经》里的《青蝇》。

《青蝇》原诗不录，诗是什么主题呢？就是说谗佞小人像苍蝇一样到处嗡嗡乱飞，挑拨离间，用来奉劝范匄不要听信谗言。

驹支背完了诗，大家忍不住又笑了，因为这个挑拨离间的人不是别人，就是范匄。再说了，连野蛮人都会背《诗经》了，说明这世界上人不太容易被忽悠了。

笑声让范匄十分尴尬，因为这表示大家都已经看得清清楚楚。

"你，你说得有道理。坏人的谗言确实不能相信，好了，没事了，明天你继续参加会议吧。"范匄做出一副有过则改的样子来。

"范元帅真是胸怀广阔啊！"有人拍起马屁来，于是，大家纷纷开始拍马屁。

盟会在祥和的气氛中结束，只不过没有任何成果。当然，范匄的收获不少。

余祭回到了吴国，把事情经过讲了一遍，诸樊这才知道巫狐庸是对的。

"老巫，你是对的。晋国人忽悠我们。"诸樊说起来，很是气愤。

"不奇怪啊，国家之间，只有永远的利益，没有永远的亲戚啊。大国都这样，别看他们人模狗样、衣冠楚楚，动不动还念首诗。用得着你的时候，你就是朋友；用不着你的时候，你就是狗屎。"

"可是，现在晋国人指望不上了，怎么办？"

"没什么啊，别说晋国人靠不住，就算靠得住，我们也不能永远靠他们啊，任何时候，我们都要靠自己。"巫狐庸并没有得意，一切都在他的意料之中。

"那，怎么靠自己？"

"虽说庸浦一战我们损失惨重，但是也并没有伤筋动骨，眼下，我们一面派遣精兵准备迎击楚国人，一面训练新兵。据我推算，一旦楚共王下葬，楚国人就会来攻击我们。阵地战我们不是楚国人的对手，还是用游击战来对付他们吧。"

"你说楚国人会来打我们？"

"一定会。"

"什么时候？"

"秋天，秋收之后。"

巫狐庸猜对了，秋天的时候，楚康王命令令尹子囊讨伐吴国。

这一次，战争会怎样？

第一六五章
忽悠害死人

　　子囊率领楚军，浩浩荡荡，讨伐吴国。在子囊看来，吴军主力已经被歼灭，眼下元气大伤，一定没有什么战斗力。

　　果然，楚军挺进到了吴国的棠（今江苏南京六合区西边），吴军不敢出战，据险自守。

　　"令尹，我们还是引蛇出洞吧。"养由基建议。

　　引蛇出洞的结果是蛇不出洞，怎么引也不出洞。

　　楚军人多，人多固然力量大，可是也吃得多、用得多。转眼十天过去，眼看吴军不出战，而楚军又无法前进，子囊决定撤军。

　　俗话说：伏虎容易纵虎难。

　　跟吴国人打仗，进攻容易撤退难，因为吴国人最喜欢的就是"敌退我追"。

　　"令尹，要当心吴国人从后掩袭啊。"子庚提醒子囊，对付吴国人，他算是有经验的。

"不碍事,吴国人已经被我们吓破了胆,不用怕他们。你领军先撤,我殿后。"子囊的心里有些瞧不起吴国人。不过,他还是决定率领精兵在后掩护大队人马撤退。

子庚和养由基率领大队人马先行撤退,子囊率领精兵在后。

果然不出意料,吴军尾随而来,不过看见楚军保持警惕,吴军始终不敢接近楚军。

前面的楚军担心吴军追上来,因此撤得快;而后面的楚军因为时刻准备迎击吴军,所以走得慢。渐渐地,楚军前后两军拉开了距离。

子囊率领殿后的精兵小心翼翼地走着,不久来到了皋州。此处是一处山隘,两山之间夹着一个隘口,只能容一乘战车通过。

"好了,过了这里,砍伐些草木来,就在隘口点一把火,吴国人就没办法追了。"子囊盘算,主意是个好主意。

确实是个好主意。

天上开始掉草木了,子囊吃了一惊,难道老天爷听见自己的自言自语了?

不仅掉草木,而且掉火把了。

很快,隘口一片火光。

山上的呐喊声传来,子囊这个时候知道掉草木、火把的不是老天爷,而是吴国人。

吴国人封锁了隘口,并且从山上冲了下来。后面,尾随的吴军也怪叫着,扑了上来。

子囊现在知道了,吴国人不仅会玩"敌退我追",也会玩拦腰截击、包围聚歼了。

"可恶的吴国人,聪明!"子囊感慨一声,他知道自己低估了吴国人。

到了这个时候，除了逃命，还能有什么办法？

楚军冒着大火和吴军的箭雨，保护着子囊从隘口向外冲，公子宜穀断后，拼死抵抗吴军。

子囊弃车而行，在部下的保护之下，虽说免不了狼狈逃窜、灰头土脸，但总算是出了隘口，落荒而逃。而公子宜穀被吴国人团团包围，生擒活捉。

此战，子囊所率断后的楚国精兵损折过半。

子囊逃出去数里，才遇上率领楚军回来救援的子庚，算是又坐上了车。

连惊带怕还带恼火，回到郢都之后，子囊就病倒了，而且病情急剧恶化。仅仅一个多月，就病入膏肓。

临死之前，子囊找来了子庚，他有话要交代。

"子庚，当今世界，虽然晋国比我们强，可是那个国家已经腐败了，没有人愿意为晋国出力，所以晋国并不可怕。可怕的是吴国这样的国家，他们狡猾而残忍。我死之后，你要加固首都的城墙，因为吴国人迟早会打过来的。"子囊吩咐，说完，咽了气。

《左传》评价说："子囊忠。君薨不忘增其名，将死不忘为社稷，可不为忠乎？"

如果不知道古人说的"忠"是什么意思，参照子囊。

基本上，吴国和楚国现在算是打成平手了。

此后一连九年，两国再也没有发生过战事。对于楚国来说，主要敌人是晋国，而且楚国内部也很腐败；对于吴国来说，自从看清晋国人真面目之后，打楚国人的热情就降低了很多。

直到诸樊登基十一年（前550年），这时候晋国国君已经是晋平公，而中军元帅是范匄。那一年，范家陷害栾家，栾盈出逃，晋国陡然感觉实力大损。

晋国六卿会议，除了栾盈，其余五卿出席，晋平公也亲自参加。

"各位，如今栾盈出奔到楚国边境，而栾家的实力庞大，如果栾盈投奔

第一六五章　忽悠害死人

楚国，到时候里应外合，晋国就将陷入危险。今天我们特地请来主公，商讨对策。"范匄这样做了开场白。

没人发言，因为没人真正关心这个事情，大家都关心自己家族的利益。

晋平公有点儿不高兴了。

"那什么，赵武，你先说说。"范匄见冷了场，指定赵武发言。

"那，那什么，老韩，你先说说吧。"赵武没主意，索性推给韩起。

韩起一看，好嘛，推给我了，我哪知道啊？

"那，那什么，中行，中行有什么看法？"韩起推给了中行吴。

中行吴一看，你们会推，我也会啊。

"那，那什么，魏舒，你点子多，你说说。"中行吴又推给了魏舒。

魏舒左右看看，这里就自己级别最低了，没法儿推了。

"那，那什么，我，我年龄小、资历浅，我，我还是听范元帅的。"魏舒没办法，硬着头皮，把球踢回给了范匄。

除了晋平公，大家都想笑。

现在没办法了，只好范匄先发言了。其实，他早就想好了办法。

"各位，从前悼公在的时候咱们能够让楚国人服软，除了咱们自己的实力之外，很重要的是吴国人在东面牵制楚国人。可是，最近这些年，吴国人言而无信、背信弃义，不去骚扰楚国人了，简直就是个流氓国家。"范匄说到这里，扫视了众人一眼。

大家都想笑，可是都忍着，大家都在想到底谁是流氓国家。

"我们晋国是个大国，是讲信用、有度量的国家。我看，咱们再给他们一个改正错误的机会，联络吴国人，让他们在东面继续威胁楚国，楚国人就不敢来对付我们了。"范匄的主意，就是要再利用吴国。

又说人家是流氓国家，又要利用人家。

"好主意,好主意。"大家都说是好主意,不是拍马屁,确实认为是好主意。

好主意虽然是好主意，可是会不会有难度呢？

"范元帅,当年咱们可是忽悠过人家啊,人家还会愿意听我们的吗?"赵武提出一点儿顾虑来。

"咳,蛮夷国家,不就是用来忽悠的吗?继续忽悠啊。"

"怎么忽悠?"

"对付蛮子,派人去说几句好话就能让他们分不清东西南北了。"范匄说。

好主意还是好主意,可是没人愿意去。

没办法,范匄最后决定派自己的儿子范鞅前往吴国,忽悠吴国人。

"好像这个国家是我们家的一样。"范匄暗骂,不过想想,如果这个国家真是自己家的,倒也不错。

范匄说对了。

诸樊这些年其实也挺怀念晋国人,毕竟那也是门亲戚。刚接见范鞅的时候,还拿腔拿调,说几句风凉话。可是范鞅搞了几首《诗经》,狠狠地拍了一顿马屁,又说了些血浓于水之类的话之后,诸樊就有点儿感动了,有点儿云里雾里了。

"嗯,嗯,对,那叫什么?非、非我族类,其心必异,我们还要联手对付楚国人。"诸樊表态了。

范鞅很高兴,心想蛮子就是好忽悠。

诸樊好忽悠,可是巫狐庸就没有那么好忽悠了。

"且慢啊,范鞅,十年前我们王子余祭向你们晋国求援,结果被你爹一顿臭骂回来。你说,我们怎么还能相信你们?"巫狐庸也不客气,哪壶不开提哪壶。

范鞅笑了,这个时候,除了笑,也没有别的办法。

"老巫,那是一场误会。其实,我爹是无辜的,都是荀偃在后面操纵啊!这你爹最清楚啊!再说了,彼一时,此一时,难道对抗楚国不是我们共同的利益吗?"范鞅说得很明白,大家都是为了利益,就不要纠缠于过去的

第一六五章 忽悠害死人

事情了。之所以要提到巫狐庸的爹，意思就是你不要忘了自己全家都在我们手里，小心点儿。

巫狐庸当然明白这个道理，但是他知道，既然是你们自己找上门来的，不敲诈你一下，你们会更加瞧不起我们。

"那这样，为了表达你们的诚意，也为了吴、晋两国更加亲近，我家大王的长子公子光已经到了娶亲的年纪，就向贵国求亲，请你转达。"巫狐庸给范鞅出了一个难题，因为晋、吴两国同姓，按周礼不能通婚。

诸樊瞪了巫狐庸一眼，心说：你这不是要让人家笑话咱们吗？晋国人肯定不同意。

出乎巫狐庸的意料，也出乎诸樊的意料，范鞅竟然毫不犹豫地答应了："亲上加亲，好啊，我代表我家主公应承了。"

巫狐庸和诸樊大眼瞪小眼了。

"看来，为了利益，文明人也不讲文明了。"范鞅走后，诸樊和巫狐庸相顾感慨。

对于这桩婚事，晋平公表示反对。

"范元帅，同姓不婚啊！"晋平公有些不愿意。

"主公，说起来，同姓不婚。可是，想想看，当初文公的娘也姓姬啊，不是挺好吗？再说了，看看人家宋国，不都是同姓通婚，又怎么样了？退一步说，就算有什么问题，今后生个弱智什么的出来，那也是吴国人倒霉啊，我们怕什么？"范匄早就想好了说辞，吴国让儿子忽悠了，晋国这边，就是自己来忽悠。

"这个……"晋平公还是有点儿犹豫，毕竟现在跟从前不一样了，现在晋国是盟主，要以身作则才好啊！

"主公，舍不得孩子套不住狼啊！"范匄又说。

在晋国人的眼里，吴国根本就不是兄弟，而是狼。

"那，好吧。那就悄悄地送过去，别让人家知道了笑话。"晋平公被说服了。

"别这样，要大张旗鼓地嫁过去啊！"

"为什么？"

344

范匄是什么人？著名腐败分子啊！

腐败分子的最大特点是什么？他的是他的，别人的也是他的。所以，他是绝对不会吃亏的。

范匄派人去齐国和宋国求媵，请两国派公主陪嫁。随后大张旗鼓，将公主送去了吴国。于是，所有人都知道晋国和吴国通婚了。同时，范匄放出风声，说是晋、吴联姻之后，吴国将从东面发起猛烈进攻，与晋国前后夹击楚国。

楚国驻晋国的地下办事处很快得到情报，说是吴国将重新开始进攻楚国，于是急忙回国报告。

"令尹，吴国人又要来攻打我们了，怎么办？"楚康王请来令尹芳子冯紧急商讨这件事。

"这，吴国人呢，说聪明他们很聪明，跟我们打仗一套一套的；说傻他们很傻，总是让晋国人忽悠，这事情，还真难办。"芳子冯也挠头，这几年国家搞廉政风暴，总算过了几年安生日子，这下又不得安生了。

"你看，咱们是不是先发制人，索性先给他们点儿颜色看看？"楚康王有点儿沉不住气，毕竟他的斗争经验不足。

"那，好吧。"芳子冯也没有更好的办法，同意了。

不过，芳子冯还是有些怀疑，于是，一面点兵攻打吴国，一面分别派人前往吴国和晋国，继续打探消息。

第一六五章　忽悠害死人

尽管很多年不跟吴国打仗了，但楚军在这些年里也没有闲着，他们操练了一支水师，专门用来对付吴国。这次，芎子冯率领水师顺水而下，直抵楚、吴边境。

吴国人还是死守不战，芎子冯也命令不许冒进，等候消息。

不久，派往吴国和晋国的密探先后回来，报告了情况。

吴国方面的情况是，吴国人根本没有进攻楚国的打算，因此对于楚国的讨伐非常意外。

晋国方面的情况是，在他们得知楚国进攻吴国的消息后，非常高兴，中军元帅范匄宴请六卿，在宴席上说："喝我们的酒，让楚国人和吴国人狗咬狗去吧。"

"唉。"芎子冯叹了一口气，自言自语道，"说吴国人傻，其实我们也够傻的，防着防着，还是被晋国人忽悠了，防不胜防啊！"

芎子冯没犹豫，楚军立马撤军。

《左传》记载："楚子为舟师以伐吴，不为军政，无功而还。"

成语无功而还、无功而返，都出于此处。

不过，楚军无功而还不是因为"不为军政"，而是因为被晋国人忽悠了。而之所以有"不为军政"的记载，那是因为楚国人不愿意承认自己被忽悠了。

从士芎、荀息到阳处父、赵盾，再到范家父子，晋国真是个忽悠大国。

芎子冯及时撤军，避免了一场战争。

在楚国，楚康王松了一口气。

在吴国，吴王诸樊也舒了一口气。

在晋国，范匄叹了一口气："这年头，忽悠人越来越难了。"

"爹，那怎么办？"范鞅也有点儿失望。

"怎么办？接着忽悠，你再去趟吴国。"

范鞅又到了吴国。

吴王诸樊正纳闷呢，正想不通楚国为什么无缘无故来攻打自己。

"大王，知道楚国人为什么攻打你们吗？"范鞅似乎知道诸樊的困惑。

"为什么？"

"就因为你们十年前打败了他们，气死了子囊，他们憋着气要来报仇啊！"

"可是，这口气怎么憋了十年？"诸樊将信将疑。

"那是因为我们一直在北面牵制他们啊！最近听说我们两国联姻了，楚国才忍不住来打吴国啊！"

"嗯，有道理。"诸樊觉得有道理。

"大王，你知道楚国人为什么自己又撤回去了吗？"

"为什么？"

"因为我们出兵了。我们听说楚国进攻吴国，我们是兄弟加亲家，亲上加亲啊！我们能坐视不管吗？吴国的事情就是我们晋国的事情啊！所以，没等你们来求援，我们就出兵了。要不是楚国人撤得快，我们都快打到楚国国内去了。"范鞅一通忽悠，其实晋国根本没有出兵，根本就没有打算出兵。

"是吗？真够兄弟啊！"诸樊感慨，觉得范家父子真是不错。

"那什么，楚国是我们的共同敌人。我们觉得吧，帮人帮到底，既然楚国悍然挑起了战争，我们相信吴国也不会就这么忍气吞声，所以，我们支持吴国反抗侵略的正义斗争。如果吴国发动反击，我们晋国就陈兵晋、楚边境，随时加入战争。"看着忽悠的效果不错，范鞅继续。

"想不到你们真够意思啊！我们吴国肯定咽不下这口气，我们一定要向他们讨回公道。那什么，你帮我出出主意，怎么收拾楚国人？"

基本上，到这个程度上，诸樊就已经被忽悠得差不多了。

"大王，办法呢，我路上就已经想好了。在楚国境内，有一个蛮夷小国叫作舒鸠，一向是楚国的附庸，根据我们的谍报，这个国家对楚国那帮腐败分子非常不满。如今，只要大王您拿出些财宝去贿赂他们，他们一定跟你们共同对付楚国。这个主意，您看怎么样？"范鞅这个主意，不是路上想的，而是在家里跟他爹商量好的。

"好，就这么定了。"诸樊不假思索，大声叫好。

落后国家的一大特征就是：轻易相信别人，很容易被忽悠。

尽管总体上是在忽悠吴国，可是范鞅的情报还是准确的，舒鸠人确实对楚国人很不满。

诸樊按照范鞅的指点，派人暗中联络舒鸠，承诺保护他们，并且拿了些财宝贿赂他们，果然舒鸠就背叛了楚国，也不进贡了，也不贿赂了。

到楚国进攻吴国之后的第二年，楚国又出兵了，不过这一次不是进攻吴国，而是攻打舒鸠。舒鸠在哪里？在现在安徽省舒城县。

吴王诸樊说话算数，立即派余祭率领吴军驰援舒鸠。

吴、楚两军在舒鸠再次碰面。

这一次，余祭犯了当年公子党同样的错误，中了楚国人的诱敌之计，结果再次惨败，余祭弃车而逃，翻山越岭逃回吴国。

随后，楚国大军趁势灭掉了舒鸠国。

诸樊很恼火，现在他发现，每次进攻楚国，最终结果都是大败。而战胜楚国，每次都是靠游击战术。

"难道我们天生就是要防守的？难道我们就不配进攻？"诸樊决定，要亲自统军进攻楚国，看看楚国人有什么能耐。

在秋天被楚国人击败的两个月后，诸樊亲领大军进攻楚国。

楚国人根本没有料到吴国人在被击败之后这么快就卷土重来，因此楚国大军来不及出动，吴国军队就已经攻打到了楚国的巢（今安徽巢湖市）。

吴军这次来势汹汹，诸樊下了决心要跟楚国人决一死战。巢地只有楚国的边防军守卫，当然不是吴军对手，只得全军退守巢城。

"谁说我们吴国人不会攻城？我要让你们看看吴国人是怎么攻城的。"诸樊下令攻城。

三天时间，吴军没有拿下巢城，反而死伤累累。

尽管守住了城池，但楚国守军知道，以吴军这样的进攻架势，守是守不了多久的。

巢城守将名叫牛臣，他知道目前摆在自己面前的其实就是两条路。第一条，投降，不过投降吴国蛮子既没有面子，而且很可能还是要死；第二条，死守，直到被攻破，也是个死。

算来算去，死路两条。

当一个人只有死路可走的时候，他会想什么？拉一个垫背的。

"反正都要死，老子死，也要让你死。"牛臣下定了决心。

第二天，吴军准备攻城，却看见巢城城门大开。

"守不住了，要逃跑？快，攻进城门。"诸樊命令自己的御者向城门冲去，他一向就这样，打仗都是冲在最前面的。

诸樊的战车冲了过去，身后是吴国的大部队。

战车冲进了城门，一根圆木横躺在路中间，战车不得不停了下来。诸樊在车上没动，他在等着后面的步兵上来搬走圆木。

就在这个时候，不远处的矮墙上悄悄地露出了一个人头，然后是一把弓和一支箭，箭瞄准了诸樊，然后有力地射了出来。

这么近的距离，不必养由基，牛臣就够了。

箭，从诸樊的脖子穿了过去。

已经很长时间没有诸侯死在战场上了，现在，终于有了一个。

吴王诸樊就这样倒下了。吴军蜂拥而入，牛臣被砍成了肉酱。

诸樊死了，死在楚国人的箭下，更是死在晋国人的忽悠之下。

第一六五章　忽悠害死人

第一六六章

崔家灭门案

诸樊就这么死了。

好在,吴国人对于生死不是太在意。

"兄弟,大哥没了,你来当国君。"余祭把季札给找来了,二话不说,要让他当吴王。

"二哥,大哥没了,就该你了,轮不到我啊!"季札拒绝了。

"不行,爹的意思,就该让你当。"

"不行,我不当。"

"你真不当?"

"我真不当。"

"你别后悔。"

"我不后悔。"

"好,你不当,我就当了。"

这就是兄弟两个的对话,一点儿也不矫情。吴国人,直爽得厉害。

345

吴王余祭登基，立即加强了吴、楚边境的防守。

"当初我们趁他们丧期攻击他们，如今他们一定也会趁我们丧期来攻击我们。"余祭断言。

果然，第二年（前547年）夏天，楚军联合秦军前来攻打吴国，见吴军早有防备，于是撤军。

余祭与诸樊不同，他对晋国人没有一点儿好感，经常痛骂晋国人是大忽悠，自己的哥哥就是被晋国人忽悠死的。

"我们跟楚国有什么仇恨？我们缺心眼啊？我们再也不跟文明国家打交道了。"余祭决定不再跟晋国人来往，也不再攻打楚国，他把眼光移向南面的越国。

没有了吴国这个替死鬼，似乎晋国和楚国之间也觉得没什么意思了。于是，第二年，晋、楚实现和平（详见第四部第一五六章）。

树欲静而风不止。

吴王余祭三年（前545年），中原来人了。哪个国家的？

"不要跟我说是晋国的。"余祭说，他讨厌晋国人。

好在，不是晋国人。

"不要跟我说是楚国的。"余祭又说，他憎恨楚国人。

好在，也不是楚国人。

"也不要跟我说是鲁国人。"余祭又说，他也不喜欢鲁国人。

好在，也不是鲁国人。

那么是哪国人？齐国人。

余祭喜欢齐国人，他觉得齐国跟吴国有很多相似的地方，譬如都被晋国人忽悠得很惨。

那么，齐国的什么人呢？

庆封。

庆封来干什么？移民，不是一个人移民，而是全家移民。

庆封不是在齐国过得好好的，怎么移民了？

看来，要说说齐国最近发生的事情了。

自从崔杼娶了棠姜回家，又为了棠姜杀了齐庄公，立了齐景公之后，崔杼和庆封强强联手，崔杼出任右相，庆封出任左相，崔、庆两家成了齐国势力最强大的两个家族（详见第四部第一五二章）。

崔杼和庆封私下里盟誓，要像从前国家和高家一样，互相提携、互相帮助，永远雄霸齐国政坛。

崔杼过得很幸福，因为棠姜让他很满足。棠姜也很争气，改嫁崔杼不到一年，就为崔家生了个儿子，名叫崔明。

崔杼的前妻为他生了两个儿子，大的叫崔成，小的叫崔强，都已经成人。崔成的身体一向不太好，崔强也有些脑子不太好使，所以齐国人戏称"崔成不成，崔强不强"。

相反，小儿子崔明看上去十分机灵，崔杼越看越爱。

后来崔杼就废了大儿子，把崔明立为继承人。

棠姜改嫁崔杼的时候，把跟前夫生的儿子棠无咎也给带来了，爱屋及乌，棠无咎在崔家也混得有模有样，后爹对他也不错。而棠姜的哥哥东郭偃不用说了，他以大舅哥的身份就任了崔家的大管家，在崔家呼风唤雨，连崔成、崔强也要让他三分。

崔成、崔强眼看着后娘那一边得势，干着急没办法，怎么办呢？崔成决定，退休算了。

于是，齐景公二年，也就是吴王余祭二年，崔成向父亲提出请求，想要把崔地要过来,从此之后自己就去崔地养老。崔杼没有多考虑,当时就同意了,然后让大管家东郭偃和棠无咎去办理这件事情。

"不行,不能给他,崔地是崔家的宗庙所在,一定要给继承人啊!"东郭偃和棠无咎强烈反对,也是,他们自然要向着崔明。

崔杼想想,觉得也有道理,实际上确实有道理。于是,崔杼拒绝了崔成的请求。

崔成很郁闷,崔强也很郁闷。兄弟俩本来就对棠姜那几个人不满意,如今好事又平白被东郭偃和棠无咎给破坏了,换了谁都会郁闷。

"怎么办?"兄弟两个大眼瞪小眼,不知道该到哪里讲理去。

商量来商量去,兄弟两个觉得一定要把东郭偃和棠无咎给除掉,否则今后的日子更难过。可是怎么除掉他们,兄弟两个没有主意。

商量来商量去,兄弟俩觉得应该去找庆封帮忙,看看庆封有什么办法。

于是,兄弟两个来找庆封。

"庆叔啊,你给评评理,评评理啊!"崔成、崔强哭哭啼啼,添油加醋,把自己在崔家所受到的非人待遇讲述了一番,说是自从棠姜来当后妈之后,兄弟两个就成了前娘养的,地位越来越低,待遇越来越差。相反,棠姜的哥哥和大儿子鸡犬升天。

"叔啊,再这么下去,我们兄弟两个受点儿委屈无所谓啊,就怕他们找机会害了我爹,霸占了崔家的财产啊!"

对于崔家的事情,庆封自然知道得清清楚楚。其实,早在崔杼强娶棠姜的时候,庆封就知道迟早会有这么一天。

"两位大侄子,清官难断家务事啊!这事情你们要我怎么做?"庆封问。

"我们就是不知道,才来请教您啊!"崔成说的倒是实话。

"那,那你们先回去,让我想想。"庆封打发了崔家兄弟俩,倒不是托词,他确实需要想一想。

对于庆封来说，眼前有两条路可以走。第一条，帮助崔家维持稳定，劝说崔家兄弟俩认命，找个不算太好但是能够养活自己的地方养老算了；第二条，支持崔家兄弟，引发崔家内乱，趁机摧毁崔家，自己独揽大权。

庆封有些拿不定主意，因为他曾经与崔杼盟过誓要互相帮助，两家共荣共损，如果崔家倒了，庆家有好处吗？

想来想去，庆封也没想明白。于是，他也找人去了。找谁？他的朋友卢蒲嫳。

"好机会啊！崔杼本来就是弑君的人，名声不好，迟早要倒霉的。趁这个机会干掉崔家，一来算是替民除害，免受连累；二来崔家没落了，庆家不就是齐国第一家了？"卢蒲嫳不假思索，建议庆封落井下石，趁机灭掉崔家。

"可是，要是没有了崔家，庆家也就失去了支援啊！"庆封有顾虑。

"咳，没有崔家，还有我们卢蒲家啊！我们卢蒲家与庆家联手不就行了？"卢蒲嫳一边说，一边笑了。

庆封也笑了，他就知道卢蒲嫳打的是这个算盘，崔家完蛋了，卢蒲家就能替补上来。想想看，现在虽然是崔、庆两家执掌齐国大权，可是崔前庆后，听起来就不爽。如果今后成了庆、卢两家掌权，感觉不是更好？

几天之后，崔成和崔强兄弟俩又来找庆封了。

"庆叔，那什么，替我们想好主意了吗？"崔成问。

"按理说呢，家务事我不好管。不过呢，这事情确实关乎你爹的性命，我还不能不管。俗话说：一不做，二不休。你们要是只赶走东郭偃和棠无咎，等以后崔明长大了，他们不是照样回来？我看啊，干掉他们。啊，主意就这个主意了，你们自己掂量着办吧。"庆封做出一副深思熟虑的样子，缓缓地说。

"这，庆叔，这就闹大了吧？"崔成和崔强对视一眼，弱弱地问。

"哎，我不是说了吗？我出主意，你们拿主意，随便你们啊！"庆封喝了一口水，站了起来，转身要走，一边转身，一边自言自语，"唉，崔成不成，崔强不强啊！"

崔成和崔强这辈子最不爱听的就是这句话，放在别人嘴里说出来，早就翻脸了，可是今天这样的场合被庆封说出来，却是正戳在他们的软肋上。

兄弟二人在一瞬间下定了决心。

"我们窝囊了一辈子，这回我们要做件大事。"兄弟两个急忙拉住了庆封。

"去吧，放手干，叔就是你们的后盾。"庆封忍住了笑，抬头向远处看去，似乎看到了光明的未来。

346

得到了庆封的支持，崔成和崔强开始准备了。

"以后，我要改名叫崔有成。"崔成说。

"那，我就叫崔大强。"崔强也表示。

兄弟两个在崔家的势力还是不差的，毕竟经营了这么多年。而东郭偃和棠无咎怎么说也是外来户，再加上过于嚣张，得罪了不少人。因此，当崔家兄弟准备动手的时候，应者如云。

用《水浒传》的话说叫"话休絮烦"。

兄弟二人准备停当，就在崔家的议事大厅布下埋伏，请东郭偃和棠无咎来商量家事。舅甥二人稀里糊涂而来，稀里糊涂而死。

杀了东郭偃和棠无咎，兄弟二人还不罢休，还要扫荡东郭偃和棠无咎的党羽。这下热闹了，东郭偃和棠无咎被杀，大快人心；又听说要扫荡东郭偃和棠无咎的党羽，整个家族群情激奋，拎着家伙都出来了。一开始还好，是杀东郭偃和棠无咎的党羽，但是随后有人趁火打劫，借机报私仇。

崔家成了战场，是个男人都拎着刀到处找人杀。

崔杼到了这个时候才发现家里已经成了战场，一打听，说是两个儿子作乱。

"别打了，别打了。"崔杼急忙出来叫停，可是到了这个时候，谁听他的？

怎么办？危急关头，崔杼想起一个人来，谁？庆封。

"套车套车。"崔杼要去找庆封来调解。

可是，御者都不见了，都杀人去了或者被杀了。最后，还是一个养马的人驾车，送崔杼去了庆封家里。

"老庆，不得了了，家里闹翻天了。"来到庆封家，崔杼开口就说，说得眼泪都快下来了。

"老崔，别急，看把你急的，来来，喝口水，坐下慢慢说。"庆封假装惊讶，心里却乐开了花。

崔杼哪里还有心思喝水，就站着把家里的事情说了一遍，最后说："老庆啊，帮帮忙去调解一下啊！唉，我老了，无所谓了，可是别让孩子们遭罪啊！"

"老崔，崔家和庆家是一家啊！崔家的事就是庆家的事啊！你坐着，我这就派人去，一定给你调解好了。"庆封说得好听，让人安排酒水招待崔杼，然后自己悄悄地出来，派卢蒲嫳率军前往崔家。

卢蒲嫳早已经调集了临淄守军，单等庆封下令。此时得到命令，更不迟疑，立马杀奔崔家。

崔家正在收拾战场，就听说外面来了军队。

"嗯，庆叔说话算数，帮我们来了。"崔有成高兴地说，他现在已经叫崔有成了，"那什么，大强，你去迎接一下。"

崔大强高高兴兴，出去迎接。卢蒲嫳也没客气，当场拿下、砍头。

"奉国君之命，讨伐叛贼崔成、崔强。"卢蒲嫳率领军队把崔家团团包围，宣告罪名。

到这个时候，崔成还不知道自己被庆封给忽悠了。

那么，卢蒲嫳分明可以趁乱进攻，捉拿崔家兄弟，为什么不呢？因为他要彻底摧毁崔家。

崔成一面急忙布置防守，一面紧急派人去找庆封求救。

看看火候差不多了，卢蒲嫳一边开始进攻，不过都是佯攻，做做样子而已；另一边，派人满世界宣扬崔家内乱，有仇报仇，有冤报冤，没冤没仇的也可以凑凑热闹。

"窝囊了一辈子，难道不想去杀个人放把火？"卢蒲嫳的手下竟然这样煽动老百姓。

百姓的情绪被点燃了，于是一传十，十传百，墙倒众人推，全临淄的老百姓都拿着武器杀到了崔家。

"攻门。"卢蒲嫳一声令下，两根大圆木就撞向了崔家的大门，就一下，大门被撞开了。

后面的故事不用多说，回想一下当年华父嘉家怎样被灭门的吧。

整个都城的人冲进了崔家，等到人群散去的时候，就像蝗虫散去一样。崔家剩下的除了尸体之外，能搬走的全都搬走了，能砸烂的全都砸烂了。

"老崔，我帮你把事情都搞定了，让人送你回家吧。"庆封对崔杼说，然后派人送他回家。

"老庆，够意思，有情后补啊！"崔杼满口的感激。

可怜的崔家父子。

崔杼急急忙忙回到了家，可是，眼前的一切让他目瞪口呆。

"崔成。"崔杼喊，他看到了崔成的尸体。

"东郭偃。"他又看到了东郭偃的尸体。

"崔强。"崔强没有尸体，只有一个脑袋。

崔杼欲哭无泪。

第一六六章　崔家灭门案

走一路，叫了一路，就是没有一个活人。

"崔明，崔明。"崔杼高声叫着，他没有看到崔明的尸体，不知道小儿子是生是死。不过看这架势，估计是九死一生了。

"我，我不想活了。"崔杼自言自语。

不过，他还没有下定决心，直到他喊出最后一个名字。

"夫人，夫人，呜呜呜呜……"崔杼失声喊道，他看见棠姜了，棠姜没有躺在地上，但是这不代表她还活着，因为她挂在房梁上，她上吊自杀了。

崔杼泪水夺眶而出，他再也忍不住了，上前抱住棠姜的腿，失声痛哭。

夕阳、破败的家园、绝望的哭泣声、挂在梁上的尸首和一个佝偻着不断颤抖的身躯。

绝望，痛彻心扉的绝望，这样的场景，只能这样来形容了。

到凌晨的时候，第一缕阳光发现房梁上多了一具尸体。

那么，崔明去了哪里？

早在崔成、崔强杀东郭偃和棠无咎的时候，棠姜就安排了心腹，抱着只有两岁的崔明躲到了崔家的墓地里。还好，由于躲得早，所以躲得隐秘，崔明竟然逃过一劫。

趁着夜色，棠姜的心腹抱着崔明逃走了。后来，崔明逃到了鲁国，崔家从此在齐国消失，在鲁国发芽了。

按照政治避难的准则，崔明在鲁国享受大夫待遇。

回顾崔家被灭，与当年华父嘉家被灭竟是如此相似。

崔家被灭，大快人心。

可是，问题随即而来。

崔家为什么被灭？崔家的罪名是什么？如果这个问题不解决，那么，崔明就有权回到齐国来继承崔家的权力。

所以，庆封和卢蒲嫳要想瓜分崔家的财产和土地，首先就要解决这个问题。

看上去，这是一个简单的问题，因为崔杼曾经杀了齐庄公，可以定罪名为"弑君"。并且，事实上，齐庄公是个不错的君主，齐国人很怀念他，此时为齐庄公平反，似乎是水到渠成的事情。

可是，事情远远没有这么简单。为什么？

因为在崔杼杀齐庄公之后，庆封声援崔杼，因此算得上是崔杼的同谋；此外，庆家是崔杼杀齐庄公的直接受益者。

如果为齐庄公平反，如果崔杼算弑君，也就等于庆封承认自己有罪。

"崔杼家教不严，导致几个儿子骨肉相残，惊扰首都，惑乱百姓，死有余辜。"庆封给崔杼安排了这样一个罪名，算是蒙混过关。

当年崔杼之乱，许多人流亡在外，其中包括齐庄公的几个儿子。原本他们都以为现在可以回国了，可是庆封没有为齐庄公平反，因此谁也不敢回国。

有人提出这个问题，希望能够让流亡在外的人回来。

庆封会让他们回来吗？当然不会，因为崔杼的敌人，就是庆封的敌人。不过，庆封找了一个冠冕堂皇的理由拒绝让他们回来。

"崔杼虽然死了，但他的余党还有很多。这样，如果当年逃亡出去的人能够捉到崔杼的余党，就可以将功抵罪，回到齐国。"这就是庆封提出的条件，一个基本没有可能完成的条件。

不过，还是有一个人回来了。谁？卢蒲癸，因为他是卢蒲嫳的哥哥。卢蒲癸是齐庄公的近侍，当年因为拉肚子请假逃过了齐庄公之难，随后逃往莒国。

高傒当初迎立齐桓公有功，因此得到了卢地为封邑，后人有以卢为姓。卢姓出于姜姓，得姓始祖为高傒。卢姓在宋版《百家姓》排名第167位，郡望有范阳郡、河南郡、河间郡、淮阳郡、弋阳郡、顿兵郡。

第一六六章　崔家灭门案

第一六七章

两只鸡引发的血案

庆封现在是齐国的老大，实际的老大。

可是庆封对当老大兴趣不是太大，他觉得人活着应该享受生活。于是，他把管理齐国的任务交给了自己的儿子庆舍，自己专门打猎和喝酒，因为这是他的两大爱好。

问题是，自己玩总归没啥意思，于是庆封索性搬到了卢蒲嫳的家里去住，一块儿打猎，一块儿喝酒。

庆封的日子过得很爽，直到有一天发生了一件时髦的事情。

347

这一天，打猎很爽，然后喝酒，就用新鲜的猎物下酒。什么猎物？鹿，雄鹿，鹿血和鹿鞭都做成了菜。

酒下肚，鹿血下肚，鹿鞭下肚。

这三样中，酒是用来壮胆的，用《水浒传》的话说，就是"酒壮色胆"。

而鹿血和鹿鞭都是起性的，也就是"性药"。这三样东西在一起食用，一定会有故事发生。

酒足鞭饱。

"小……小卢，你老婆真……真好看啊！"庆封说话了，他早就觉得卢蒲嫳的老婆温柔漂亮。

"老……老庆，嫂……嫂子才是国色天香啊！"卢蒲嫳也喝得不少，跟庆封称兄道弟起来。

"你……你骗我。你嫂子那么老了，什么国色天香？"

"我……我没骗你，我……我恋母情结。"

庆封的原配是庆舍的母亲，早已经去世，现在这个夫人也已经四十多岁，而卢蒲嫳二十多岁的年纪，所以要说恋母情结了。不过说起来，卢蒲嫳母亲去世得早，倒真有恋母情结。

"那……那咱们换换？"庆封说。

"换……换就换。"卢蒲嫳欣然同意。

"那……我上你屋？"

"好，我……我上你屋。"

两人说到做到，换了卧房。他两个换了，可是两人的老婆没换。当天晚上，算是颠鸾倒凤，各逞英雄。

这就是中国历史上有记载的最早的"换妻游戏"。

从那之后，两人觉得"换妻游戏"其乐无穷，于是索性把小老婆也都拿来换。

"交换产生价值，信夫？"庆封做了一个伟大的结论。

"分享更有乐趣，然也。"卢蒲嫳发出这样的感慨。

庆封和卢蒲嫳，换妻游戏的祖师爷。

庆封在卢蒲嫳家里过得很开心，按他的说法，这是这辈子最开心的一段日子。就因为这样，庆封就住在卢蒲嫳家了，自己家也不回去了。

庆封不回去了，朝中的大臣们就麻烦了，毕竟有些大事是庆舍决定不了的，于是大夫们常常要到卢蒲嫳家来请示庆封。

这一天，庆封和卢蒲嫳正玩得高兴，一位叫作析归父的大夫来了。

"我要汇报一下关于公务用餐的事情。"析归父叙了礼，就进入了正题，"是这样的，公务用餐原本应该有两只鸡，可是最近被主管伙食的给换成两只鸭了。"

原来，按规定，朝廷每天中午要为上朝的大夫提供免费午餐，按惯例有两只鸡。一般来说，多数人住在都城，上午上朝没事，早早就回家了，也就不吃这个免费午餐了。而这段时间庆封在卢蒲嫳家换妻兼办公，基本上就没什么人上朝了。

"换就换吧，鸡和鸭有什么区别吗？鸡鸭鸡鸭，本是一家，啊，换换口味不是挺好？交换产生价值啊，你看看我跟卢蒲嫳，啊，那什么……"庆封说得口顺，差点把换妻的事说出来了。他觉得鸡换鸭这样的小事也来找自己，有些不高兴。

"可是事情没这么简单啊！那送饭的把鸭肉都给贪污了，只剩下肉汤了。"

"这有什么？没听说营养都在汤里吗？"庆封说话更没好气了。

"可是，喝汤喝不饱啊！"

"哎，饿不着就行了，晚上回家再吃不就行了？再说了，现在还有谁上朝啊？"庆封这火不打一处来，要不是析归父一向主动巴结自己，早就直接把他赶走了。

"别人是不上朝了，可是子雅、子尾天天中午准时去啊！一开始一人一只鸡，现在成了一人一碗汤，这两位气得半死，直骂您祖宗呢！"

"这两个王八蛋，真会过日子。"庆封脱口而出，他一向就瞧不起这两个人，只要管吃管喝，这两人千山万水都要赶来，免费午餐当然不会放过。

子雅和子尾是什么人？这两位是堂兄弟，都是齐惠公的孙子，现在是大夫。

说起来呢，庆封、子尾、子雅都是齐桓公的后代，大家本应该亲近一些。问题是，同是齐桓公的后人，贵贱不同，地位不同，自然就有人不满了，譬如子尾和子雅，自认为是正儿八经的公孙，反而不如庆封混得好，难免有些愤愤然。

"别理他们，有免费鸭汤喝就不错了。"庆封接着说。

卢蒲嫳跟子雅、子尾一向不和，如今听说这两个不满，当时大怒："就他们还想吃鸡肉？老子还想吃他们的肉呢！大哥，咱们收拾他们吧。"

现在，卢蒲嫳叫庆封大哥。

"为了两只鸡就收拾他们？"庆封有点儿犹豫。

"没错啊，为了两只鸡他们就怨恨你，那要是更大的利益呢？岂不是要来杀了你？别犹豫了，动手吧。"

"有道理啊。"庆封点头了。

"那什么，你去联络其他大夫，让他们跟我们联合出兵，讨伐子雅、子尾。"庆封给析归父布置了任务。

析归父走了，庆封和卢蒲嫳继续去玩换妻游戏了。

析归父看到了升官发财的希望。

可是，令析归父失望的是，他所找的人没有一个愿意加入讨伐子尾和子雅的队伍。

任务完成得很差，析归父不敢去找庆封复命，不但不敢复命，他还要担心庆封会来找自己。谢天谢地，庆封竟然没有找过自己。到这个时候，析归父才明白，庆封要讨伐子尾、子雅不过是一时心血来潮，说过了就过了，全部精力都用在换妻游戏上呢。

于是，析归父总算松了一口气。

第一六七章　两只鸡引发的血案

析归父松了一口气,可是有人不敢松气。谁?子尾和子雅。

析归父满世界找人讨伐子尾和子雅,这哥儿俩也不是傻瓜,早就听到了风声。一开始挺害怕,后来见没什么动静,总算把心放下来一点儿。可是,既然庆封放了话,保不定什么时候动手啊。

怎么办?先下手为强。

自古以来,都是先下手为强。

那么,对谁下手?

庆家父子中,庆封权力虽然大,却沉迷于换妻游戏;而庆舍目前实际执掌庆家,并且庆舍本人就是个大力士。综合来看,对庆舍下手更好。

问题是,怎么干掉庆舍?

"我有两个朋友,找他们帮忙,一定成功。"子雅说。

子雅的两个朋友是谁?卢蒲癸和王何。

自从卢蒲癸从晋国回来,仗着卢蒲嫳的关系,做了庆舍的家臣。卢蒲癸从前做过齐庄公的近侍,身高体壮,又会察言观色,所以做了庆舍的家臣之后,深得庆舍欢心。后来庆舍一高兴,把卢蒲癸招为自己的上门女婿了。

你看这事情,听起来有些乱了。

卢蒲癸是卢蒲嫳的哥哥,庆舍是庆封的儿子,卢蒲癸做了庆舍的女婿,可是庆封跟卢蒲嫳玩换妻,两人称兄道弟。从辈分上说,算是哥哥跟孙女上床,弟弟跟奶奶睡觉。

不仅辈分乱了,卢蒲癸跟庆舍还是同宗,同姓都不婚,同宗就更不能婚了。可是,庆舍不管这些,卢蒲癸就更不管这些。

"哎,你们是同宗,不避讳一下?"有人问卢蒲癸。

"咳,有什么好避讳的?他不避讳,我吃饱了撑的去避讳?这就像读《诗》一样,需要哪一段就读哪一段,我不过是取我所需的而已。"卢蒲癸回答,典型的实用主义者。

最后两句，《左传》的原话是"赋诗断章，余取所求焉"。

断章取义，这个成语，出自这里。

做了庆舍的女婿，卢蒲癸更得信任。卢蒲癸有一个做侍卫的同事名叫王何，当初也因为崔杼之乱而逃到了莒国，卢蒲癸请求庆舍让王何也回来，于是王何也回到齐国，再次成为卢蒲癸的同事，两人充当了庆舍的贴身侍卫。

有两名高手侍卫的贴身保护，庆舍觉得自己的安全不成问题，可以高枕无忧了。

可是庆舍万万没有想到，这两个人竟然是卧底。

348

卢蒲癸和子雅本来就是朋友，现在他们则是同谋。

子雅和子尾要杀庆舍，是因为自己的安全受到威胁。

卢蒲癸和王何要杀庆舍，则是要为齐庄公报仇。

里应外合，典型的里应外合。

动手的时间定在了十一月七日，这一天将是齐国冬祭姜太公的日子，四人决定就在太公庙下手。由于这一天是乙亥，因此命名为"乙亥事变"。

有趣的是，这四人为乙亥事变占了一卜，然后把占卜的龟兆拿去给庆舍看，卢蒲癸说这是准备攻打仇人，请老丈人帮着看看。

"嗯，好卦啊，一定能成，仇人必死。"庆舍倒是个占卜的高手。

现在，卢蒲癸们更有信心了。

准备工作紧锣密鼓地进行中，转眼间就到了十一月六日。

卢蒲癸准备刺杀老丈人的行动尽管进行得非常诡秘，瞒过了几乎所有人，可是，有一个人他是无论如何瞒不过去的。谁？老婆。

女人，对自己的老公一向就有一种特殊的敏感，自古以来都是这样。所以，偷情的男人最终都会败露。

卢蒲癸老婆名叫卢蒲姜，就是庆舍的女儿，眼看老公整天神神秘秘，卢蒲姜就看出一点儿苗头来了。

"老公，你们在筹划什么大事吧？"卢蒲姜问，看得很准。

"没，没有。"卢蒲癸急忙否认。

"老公，别骗我了，我都是你的人了，你干什么我都支持啊。告诉我吧，要是不告诉我，肯定不能成功的。"

想当年雍纠要害老丈人祭足，就是因为告诉了老婆，反而被老丈人杀了。如今卢蒲癸面临当初雍纠同样的境地，他会吸取雍纠的教训，还是走雍纠的老路？

"好，我告诉你。"卢蒲癸选择了学习雍纠好榜样。

到这里其实我们可以看出，春秋时期女人在家里的地位是很高的，怕老婆是比较常见的现象。

卢蒲姜听卢蒲癸把乙亥事变的计划大致讲了一遍，沉思了一阵，然后说："你们男人就是没大脑，你们的计划看上去挺好，实际上根本就行不通。"

"啊？为什么？"卢蒲癸吃了一惊。

"我爹这人，最讨厌的就是参加祭祀活动，这么多年，一次也没去过，所以，这次也不会去。我爹不去，你们杀谁去？"

卢蒲癸一听，有点儿傻眼，回想一下，似乎还真是这样。所有的意外都想到了，可是独独这最重要的一点没有想到。

"那，那怎么办？"卢蒲癸问。

"我爹这人很好强，很要面子，如果有人阻止他去参加祭祀，他反而一定会去。不如这样，我回娘家去阻止我爹，那他一定就会去了。"卢蒲姜说。

"好主意。"卢蒲癸大声叫好。

当晚，两人好好地亲热了一番。

十一月七日。

庆舍准备去太公庙参加祭祀，他从前没有去过，不过这次要去，因为这次是自己担任主持。

不过，他还是有些犹豫，因为他讨厌祭祀这一类的活动。

就在他犹豫的时候，女儿卢蒲姜回来了。

"爹，你要去参加祭祀吗？"卢蒲姜问。

"对，对啊。"

"千万别去，有人要害你。"卢蒲姜急忙阻止父亲，但是不好直接说要害老爹的就是自己老公。

"害我？谁敢害我啊？本来我还不太想去，既然有人想害我，我倒要看看谁有这么大胆量。"庆舍说。别说，还真被卢蒲姜说对了。

"爹，是真的。"卢蒲姜急了。

"我也是真的，来人，走。"庆舍不管女儿说什么，登车走了。

卢蒲姜目瞪口呆。

这件事情后来就成了悬案，也不知道卢蒲姜是真想帮自己的亲爹，还是想帮自己的老公。

也许，就连卢蒲姜也不知道该帮自己的老爹，还是该帮自己的老公。

庆舍带着庆家的精兵到了太公庙，在太公庙的周遭都布置下人马，自己的身前身后是卢蒲癸和王何。

在庆舍来之前，子雅、子尾，陈家和鲍家的人都已经到了，其他家族都没有来，因为大家都知道这不是一个好日子。陈家、鲍家为什么来？因为他们与子尾、子雅已经串通好了。

庆舍一看，这几家来的人不少，不过都是穿着便服，所以并不害怕。

齐景公也已经等在了庙里，庆舍不来，他也不能开始。

庆舍在太公庙里主持祭祀。外面，陈家和鲍家的艺人们开始表演，戴着面具穿着虎皮，结果庆舍手下的马都有些受惊。于是，庆舍的手下纷纷脱下皮甲，然后把马具解下来，远远地拴住。

"兄弟们，来，喝酒喝酒。"有人专门招待庆家的手下，端上酒肉。

于是，大家喝酒吃肉。

酒过三巡，又有人说话了：

"兄弟们，看这个表演多没劲？附近的鱼里正表演胡人歌舞呢，胡妞露肚皮的，扭一扭，迷死人哪！"

大家一听，这么好的事情，还等啥啊？

于是，大家一哄而起，去鱼里看表演去了。

所以，自古以来，色情表演害死人。

庆家的人走了。

皮甲、大戟扔了一地。

子雅、子尾、陈家、鲍家的人纷纷走了过来，地上有现成的皮甲和大戟。

现在，四家的人都不再是便服了。

一切准备就绪。

太公庙里，庆舍在主持祭祀，身边，只有卢蒲癸和王何手握大戟保护着。

子尾轻轻地叩了三下庙门。

这就是暗号。

卢蒲癸举起了大戟，向庆舍前胸刺来。

庆舍已经本能地感到危险就在身边，看见卢蒲癸举戟，他在一瞬间想起了女儿的话。所以，当卢蒲癸的大戟刺来时，庆舍一个闪身就躲开了。

躲过了卢蒲癸的胸袭，庆舍没有能够躲过王何的劈肩，王何的大戟砍在庆舍的左肩上，左肩被砍落在地。

庆舍险些摔倒，不过他用右手牢牢地抓住了庙里的椽子，发出了怒吼："你们敢害我！"

整个太公庙被震撼了，卢蒲癸和王何吓个半死，急忙退后。此时，四家的家兵冲了进来，庆舍用盛肉的器具和酒器向他们扔去，但终究寡不敌众，惨遭杀害。

齐景公被吓得半死，赶紧脱下祭服，回宫压惊去了。

庆封还在玩换妻游戏，直到有人来报告庆舍被杀的消息。

"不好，我要赶紧走，老婆，赶紧跟我走。"庆封知道事情不妙，赶紧上路。

老婆都没有动。

"大哥，是你老婆还是我老婆啊？"卢蒲嫳忙问，现在他们两人的老婆不分彼此，所以他也弄不明白谁跟庆封走。

"咱老婆啊！"庆封脱口而出。

"咱老婆？那究竟是你老婆还是我老婆啊？"

"我老婆！"庆封吼了起来，这时候，他已经没心思玩换妻游戏了。

带着自己的老婆和小老婆，庆封火速赶回了自己的封地。

十二天之后，也就是十一月十九日，庆封率领着庆家的家兵攻击齐国首都临淄。

庆家的战斗力不弱，一举攻克临淄的北门，随后开始进攻内宫。

内宫的防守明显要强很多，庆封拿不下内宫，又听说其他大夫正在整顿军队，准备讨伐自己，于是，庆封落荒而逃，一路逃到了鲁国。

在鲁国没待几天，齐国向鲁国发出外交照会，希望鲁国按照有关罪犯引渡条例，将庆封遣送回齐国。

鲁国人当然不会遣送庆封，不过庆封也不能再在鲁国待下去了。

就这样，庆封继续南下，来到了吴国。

"中原人不讲义气，我们吴国人讲义气。庆封落难来投，别人不敢收留，我们收留，看看谁敢动我们？"吴王余祭毫不犹豫地收留了庆封，将他安置在了朱方（今江苏镇江）。

在吴国站住脚之后，庆封将自己的家族都招到了朱方。由于这里四通八达，是南来北往的交通要道，而齐国人又善于经商，因此没有多长时间，庆封家族在吴国成为首富，重新过上了花天酒地的生活。

到这里，顺便交代一下"换妻游戏"的另一位男主角卢蒲嫳，在卢蒲癸的力保之下，卢蒲嫳总算是保住了身家性命，不过在齐国不能待了，被驱逐到了莒国。

第一六八章
楚王好细腰

> 人人尽说江南好，游人只合江南老。春水碧于天，画船听雨眠。
> 垆边人似月，皓腕凝霜雪。未老莫还乡，还乡须断肠。
> ——唐·韦庄《菩萨蛮·人人尽说江南好》

庆封在吴国过上了幸福生活，吴王余祭竟然还把自己的女儿嫁给了他。

此前，尽管也有些乱七八糟的人才从中原来到吴国，可是庆封毕竟是大国上卿，属于大号人才，余祭对他相当看重，经常请他到宫里议事。每逢祭祀，余祭一定会请庆封进行现场指导。

"哈哈哈哈……此间乐，不思齐。"庆封在吴国过得充实而快乐，再也不想回齐国了。

可是，好日子总是很容易到头的，就如同坏日子总是望不到头。

终于有一天，庆封的好日子到头了。

349

吴王余祭十年（前538年）八月，也就是庆封逃到吴国的第八年。楚灵王为了在诸侯面前炫耀武力，在召开了和平大会之后，率领楚军攻击吴国，包围了朱方。

由于多年没有与楚军交手，吴国措手不及，在吴军出兵增援之前，楚军就拿下了朱方，庆封被楚军活捉（详见第四部第一六〇章）。

按理，捉住了其他国家的叛臣，要么释放，要么交给这个国家以表示尊重。可是，楚灵王不这样，他要显示自己的霸主地位，于是决定替齐国处置庆封。

"灭族。"楚灵王下令，于是庆封全族被杀。所以，如今姓庆、姓贺的，当年都是从朱方城里侥幸逃生的。

灭了庆封全族，楚灵王还不过瘾，他下命令把庆封五花大绑，背上插上大斧去游街示众，一边示众，还要一边大声说："大家不要像庆封那样杀死国君，欺负幼君，私自跟大夫结盟。否则，就是这个下场。"

庆封被推上了车，游街示众，不过庆封可没有按楚灵王的台词去说话，而是这么说："大家不要像楚共王的庶子公子围那样杀死他的国君，然后又和诸侯订立盟约。"

满大街的人都笑了。

说来说去，楚灵王和庆封属于一类货色。

楚灵王听说之后，赶紧下令："快砍了，快砍了，别让他喊了。"

就这样，庆封被杀。

朱方被毁，庆封被杀，吴王余祭十分恼火。

当年，吴国进攻楚国，夺取楚国两座城邑。第二年，楚军进攻吴国，却被吴国的"敌进我退的战术"击败。

从那之后,吴、楚之间战事再起,楚国胜少负多,好在吴国没有晋国的支持,也不敢深入楚国。

现在的形势是这样的:晋国和楚国之间实现了和平,中原诸国暂时没有战事,而吴国与楚国之间偶有战争,与晋国之间完全没有往来。

转过头来,看看楚灵王在干什么。

在拿下吴国朱方之后的四年,楚灵王灭了陈国,并且封穿封戍为陈公(详见第四部第一六〇章)。为什么楚灵王要灭陈国?晋国有什么反应?

说起来,陈国也算是自取灭亡。

陈哀公这人身体不好,属于那种活着不如死了舒服的人。陈哀公有三个儿子,夫人郑姬生了大儿子偃师,另外两个小妾生了公子留和公子胜,陈哀公不喜欢太子偃师,喜欢公子留,因此就安排自己的两个弟弟公子招和公子过辅佐公子留。

公子招和公子过一点儿也没客气,找个机会把大侄子偃师给变成"腌尸"了,立公子留为太子。陈哀公对大儿子心存愧疚,病情加重,干脆自挂东南枝,上吊自杀了。

现在,公子留就成了陈国国君。

老国君死了,新国君登基,陈国就派大夫干征师去楚国报告。

干征师来到楚国,向楚灵王报告了陈国发生的事情。原本呢,一切顺利就可以回家了。可是就在干征师准备回家的时候,公子胜来到了楚国,见到楚王之后痛哭流涕,把大哥如何被害、父亲怎样被逼上吊的事情添油加醋地说了一通。

"大王,您是盟主,您要主持公道啊!"公子胜希望楚灵王能够讨伐陈国,然后扶立大哥偃师的儿子公孙吴为陈国国君。

"我答应你,反正闲着也是闲着。"楚灵王高高兴兴地答应了,这么多年没出去打仗了，正憋得慌呢，"那什么，把干征师先给蒸了。"

干征师就这么成了"干蒸尸"。

所以，取名字是个学问活儿，自古以来都是。

听说楚国人要来讨伐，公子留叫了一声"妈呀"，连夜逃到了郑国。

公子招第二天才发现公子留跑了，怎么办？公子招想了一个办法，他把公子过给杀了，然后把人头送去了楚国，说当初害死偃师的是公子过，如今已经惩治了凶手，欢迎公孙吴回国继位。

楚灵王直接把人头扔出去了，说了句："骗谁啊？找替罪羊这样的活儿谁没干过？"

楚灵王派自己的弟弟公子弃疾率领楚军讨伐陈国，陈国自然不是对手，被楚国大军三下五除二拿下，公子招被杀。

这个时候，就该公孙吴做国君了？

"奉大王之命，陈国君弱臣乱，无法管理好自己的国家，为了陈国人民的安宁，大王特决定，陈国从此并入楚国，为楚国的陈县。"公子弃疾宣布灭掉陈国。

得，什么叫引狼入室？

此后，楚灵王封穿封戌为陈公。

楚灵王以镇压乱臣的名义吞并了陈国，等于是忽悠了全世界。

作为另一个霸主，晋国什么反应？

晋国这个时候的六卿分布是这样的：中军帅韩起、中军佐赵成（赵武之子）、上军帅中行吴、上军佐魏舒、下军帅范鞅、下军佐智盈。

晋国早就知道楚灵王要讨伐陈国，但是直到楚国灭了陈国，他们才恍然大悟。于是，召开六卿会议。

到会人员只有四名，范鞅因为女儿出嫁请假，智盈说是拉肚子而没有来。

韩起一看，三分之一缺席，怎么办？照常开会，实际上最近几年的六卿会议就没有凑齐过人，不是你有事就是他不来。

"各位，楚国人灭掉了陈国，作为盟主，我们应该怎么应对？"韩起提出问题。

大家你看看我，我看看你，没人接茬。

过了半天，赵成终于说话了：

"楚国人一点儿面子也不给我们留。"赵成的意思是，楚国人有点儿过分了。

"就是，太不够意思了。"中行吴说。

魏舒还是没有说话。

韩起想了想，说了："我想，陈国本来就是楚国的属国，楚国灭自己的国家，好像跟我们也没有什么关系。"

"就是就是，他们这样做，不得人心，只能让自己众叛亲离。"赵成接口说。

"是啊，那就让他们多行不义必自毙吧，哈哈哈哈……"中行吴说，笑了起来。

"哈哈哈哈……"大家都笑了。

散会。

"今天晚上到底吃什么呢？"魏舒一边起身，一边自言自语，开会的时候，他就在想这个问题。

楚灵王灭了陈国，原本以为晋国至少会提个抗议什么的，因此都准备好了派人去晋国解释。可是他没想到的是，晋国人竟然连个屁也没放，倒弄得楚灵王觉得很没趣。

转眼间过了三年，这一天蔡国派了两名使者前来进贡，这两名使者的名字叫王坚、师强。

"王坚、师强？这两个名字听起来很牛啊，太坚强了。来人，立即召见，按大国上卿的规格。"楚灵王很高兴，他喜欢这两个名字。

王坚、师强来了，楚灵王一看之下，大失所望，什么王坚、师强？最多是两个猪坚强。只见这两个人外形猥琐、言语卑微、目光游离，楚灵王当时就有一种上当受骗的感觉。想想中原诸国的使者，韩起、叔向自不必说，就是齐国、鲁国、郑国、宋国的使节也都是气宇轩昂、进退自如的，哪里见过这么两个龌龊鼠辈？

正是：闻名胜似见面，见面不如闻名。

打发走了王坚、师强，楚灵王越想越生气，越想越窝火。

"难道蔡国没有人了吗？那这个国家还有什么存在的意义？如果还有人，故意派这么两个东西来，岂不是羞辱我？那是不是也应该灭掉他们？"楚灵王自言自语，虽说以貌取人不应该，但是楚灵王的逻辑思路很清晰。

所以，自古以来，外交官一定要注意形象气质，王坚、师强之流就别到处逛游了。

同时这也再次说明，取名字一定要认真，要紧贴自己的实际情况。

问题是，就因为人家的名字和长相就讨伐人家，好像有点儿说不过去。不过这难不倒楚灵王，他有办法。

第二天上朝，面对着满朝大夫，楚灵王突然冒了一句话出来："妹妹啊，妹妹啊，哥哥想你啦。"

乍一听，好像楚灵王怀春了。

其实，不是。

350

十三年前，蔡国国君蔡景公为他的儿子太子般来求亲，楚康王就把自己的小女儿嫁了过去，就是楚灵王的妹妹。谁知道老故事又发生了，蔡景公一看儿媳妇长得如芙蓉出水，于是据为己有了。太子般可不是晋国的申生，他也没客气，找个机会把老爹给弄死了，自己当了国君，就是蔡灵公。

原本，于公于私，蔡灵公都该把原本属于自己的女人给抢回来。可是蔡灵公缺心眼，竟然让后妈守活寡，一守就是十多年，大好青春都白耗了。

"蔡国人虐待我妹妹，打。"楚灵王就是这么个想妹妹的想法。

于是，楚灵王派人前往蔡国，请蔡灵公前往楚国叙一叙"舅甥之情"。

蔡灵公不想去，可是又不敢不去，于是硬着头皮到了楚国，结果被楚灵王设宴灌醉之后，一刀砍了，七十多个随从也都一并被杀。

杀了蔡灵公，又是公子弃疾率领楚军，浩浩荡荡讨伐蔡国。

晋国再次召开六卿紧急会议，这一次，赵成和魏舒请假。

"各位各位，楚国人太不给面子了，又要灭蔡国，怎么办？"韩起有点儿急了，毕竟自己是中军元帅，从前就听说过赵盾和荀林父不爽快，再这么下去，自己就要创新纪录了。

"元帅，让他们狗咬狗去吧。"范鞅满不在乎地说。

"小智，你怎么看？"韩起没接范鞅的茬，他问下军佐智跞。

智跞是智盈的儿子，智盈在两年前去世，智跞就接任了下军佐，刚到二十岁。

"那，那什么，叔，你看呢？"智跞支支吾吾，没有主意，所以去问中行吴。

"元帅，我们当初没有救援陈国，现在又不救援蔡国，我们这个盟主当得还有什么用呢？这事儿我看要管。"中行吴察言观色，投韩起所好。

"好，立即召集盟会。"韩起决定了，不过他实在没有胆量率领晋军救援蔡国，准备忽悠大家伙儿并肩上。

在此前一年，晋平公薨了，现在晋国的国君是晋平公的儿子晋昭公。

楚军六月包围蔡国，晋国八月就在卫国召集了盟会，速度倒不慢。

参加盟会的照例是齐、郑、宋、卫、鲁等国的卿，主持会议的则是晋国中军元帅韩起，会议议题是救援蔡国。

韩起把楚国攻击蔡国的情况简要介绍了一下，随后请大家发言，看看怎样救援蔡国。

"噢。"大家都假装恍然大悟，其实都等着看笑话。

齐国的国弱第一个发言："韩元帅，我觉得我们可以采用当年城濮大战的策略，我们只要攻击楚国的盟国，楚国就不得不从蔡国撤退。"

国弱话音刚落，哄堂大笑，因为楚国的盟国现在就只剩下蔡国了。

韩起的脸憋得通红，国弱分明就是在讽刺自己不敢跟楚国人正面交锋，他笑也不是，不笑也不是。

随后，大家踊跃发言。

有人建议向楚国发最后通牒，威胁楚国人；有人建议派范鞅去忽悠吴国人，让吴国人出兵；有人建议晋国直接攻击楚国，给楚国人一点儿颜色看看。

基本上，每个建议都是在讽刺晋国不敢对抗楚国。

"散会，散会。"韩起宣布散会。原本想争点儿面子回来，反而更丢面子了。

诸侯的大夫嘻嘻哈哈走了，他们觉得这是自有盟会以来最爽的一次会议。

万般无奈之下，韩起决定派大夫狐父前往楚国，为蔡国求情。

昔日与楚国分庭抗礼甚至稍占上风的晋国，如今竟然到了要去向楚国求情的地步。

晋国的特使在楚灵王面前很没有面子，因为楚灵王没有给他面子。

"不好意思，蔡国国君杀了其亲生父亲，这样的国家难道不该讨伐吗？"楚灵王直接拒绝了狐父。

十一月，楚军攻破蔡国，楚灵王将蔡国太子杀了祭祀冈山之神，同时任命弟弟公子弃疾为蔡公。之后，楚灵王命令在蔡、陈和不羹（今河南襄城县）修建大城，以便今后抵御可能来自北面的攻击。

对于任命公子弃疾为蔡公这件事情，楚灵王征求过申无宇的意见。

在楚国，姓申的人通常都很聪明，前面说过的申叔时、申叔豫就都是聪明人，这个申无宇也是个聪明人。

"择子莫如父，择臣莫如君。大王，您是最了解您弟弟的啊！当年郑庄公修建了栎城给公子突，结果是郑国因此而兄弟相残；齐桓公加固了小谷城给管仲，结果管仲遗德一直到现在还在造福齐国。我听说五种人不宜外派，就是太子、母弟、贵宠公子、公孙和几代正卿；五种人不适合留在朝廷，即卑贱、年少、疏远、弱小及新人。所谓亲不在外，羁不在内。现在让公子弃疾在外镇守蔡，让郑国来的子革在内担任右尹，恐怕不太合适。"申无宇讲了一通，就是反对让公子弃疾担任蔡公。

楚灵王想想，申无宇的话有理，但是也无理，边疆重镇不给自己亲近的人镇守，难道给外人来守？

"我不能使中原各国归附楚国，他们只侍奉晋国，是什么原因呢？只是晋国离他们近而我国离他们远。现在我修筑三处的城墙，各派一千乘战车镇守，合计三千乘，也相当于晋国了。再加上楚国国内的兵力，诸侯们该来归附了吧？"楚灵王换了一个话题，等于否定了申无宇的意见。

"不好。俗话说：末大必折，尾大不掉。树枝太大了，就会折断；动物尾巴太大了，就不能灵活摇摆。都城之外修建大城历来都不是好事，以前郑国有京城、栎城，卫国有蒲城、戚城，宋国有萧城、亳城，齐国有渠丘城。而这些大城，最终都成了动乱的根源。"申无宇说道。

尾大不掉，这个成语的贡献者就是申无宇，旧时通常用来比喻部下实力太强，不听从指挥调动，现在比喻机构庞大，指挥不灵。

"嘿嘿。"楚灵王不置可否。

最终，楚灵王任命公子弃疾为蔡公。同时，按照自己的设想，在这三个地方筑大城，各派驻战车一千乘。不久，陈公穿封戌病逝，楚灵王干脆将陈蔡合并，任命公子弃疾为陈蔡公。这样公子弃疾麾下的军力已经占有楚国的一半。

楚灵王这个人，虽说有些暴虐，有些贪得无厌，但是，说起来还有可爱的地方，譬如胸怀。楚灵王是著名的吃硬不吃软，不喜欢别人拍马屁。

当初穿封戌的故事说过了，穿封戌追杀他，当面骂他，他喜欢穿封戌，还给他加官晋爵。

楚灵王有个非常信任的人名叫倚相，职位是左史，这人很有学问。有一天，楚灵王愁眉苦脸地对倚相说："白公子张这人很讨厌，总是来劝谏我，怎么才能让他闭嘴呢？"

楚灵王其实很喜欢子张敢说实话，不过不喜欢他总是说。

"接受劝谏很难，让他闭嘴很容易啊！如果他再劝谏你，你就说你左手握着鬼的身子，右手抓着鬼的家，所有的什么警告劝诫，你都早就听到了。所以啊，别劝了，有这工夫，讲几个段子吧。"倚相确实有学问，想了这么个主意。

过了两天，子张又来进谏，楚灵王按照倚相的话说了，然后看子张还有什么话说。

子张一听，你这不是忽悠我吗？于是，子张讲了一通商朝时候高宗武丁的事迹，最后说了："现在您还赶不上武丁，却讨厌规谏您的人，要治理好国家不是太难了吗？"

"那，那你爱说就说吧，反正就是那些车轱辘话，我都记住了，可是我就是不照你说的做，你自己看着办吧。"楚灵王被子张说得没脾气了，干脆开始耍无赖了。

"唉。"子张叹了一口气，走了，从此再也不来劝谏楚灵王了。

虽然楚灵王不喜欢拍马屁的人，可是拍马屁的人还是主动会来拍。

在中国历史上最著名的拍马屁的故事，叫作"楚王好细腰"，就是说楚灵王的。

楚灵王生得人高马大、膀大腰圆，可是他偏偏喜欢细腰，喜欢自己的部下和后宫的妻妾们把腰束起来，越细越好。

楚灵王的这个爱好很快流传了出去，于是大夫纷纷主动向这个方向发展。

于是，在楚国的上流社会掀起了一股减肥热潮。一般来说，大夫们每天就吃一顿饭，而且绝对绿色食品，绝不吃肉。一段时间之后，全国性减肥大获成功，基本上，大夫们的腰都很细了，夸张一点儿说，细到从席子上站起来要扶着墙，从马车上站起来要扶着轼。看见好吃的，要忍住不吃。就算饿死，也绝不多吃一点儿。

《战国策》上如此写道："灵王好小要，楚士约食，冯而能立，式而能起。食之可欲，忍而不入；死之可恶，然而不避。"

第一六九章

楚国四兄弟

> 祈招之愔愔（yīn yīn），式昭德音。思我王度，式如玉，式如金。形民之力，而无醉饱之心。
>
> ——秦·佚名《祈招》

这首诗，是当年祭公谋父写给周穆王的，劝他不要再无节制地公费出国旅游了。诗的大意是这样的：《祈招》的声音和谐安详，周朝的美德万众敬仰；大王的风度如金似玉，没日没夜散放光芒。公费旅游浪掷公帑，百姓负担无法估量；就如吃喝需要节制，撑坏肚皮自己遭殃。

351

楚国灭掉蔡国的第二年，也就是楚灵王十一年（前530年），这一年冬天，楚灵王前往州来打猎，同时下令楚军在荡侯、潘子、司马督、嚣尹午和陵尹喜的率领下进攻徐国，楚灵王随后率领卫队赶到乾溪作为后援。

现在看看楚国的军队部署情况。

陈，一千乘战车；蔡，一千乘战车；不羹，一千乘战车；攻打徐国，一千乘战车。

四千乘战车在边境地区，楚国国内成了空城。

四千乘战车，按照标准配置，就是三十万将士。

冬天，雪花飘飘，看上去很美。可是，三十万将士的心情很不美，将士的家属的心情更不美。怨声载道，这个成语不是这里出的，但是却很适合这里。

楚灵王的心情很美，他戴着晋国生产的裘皮帽子，穿着秦国进口的鹅绒大衣，披着齐国迟来的翠羽披肩，脚踏燕国进贡的豹皮靴子，手提着越国赠送的皮鞭，站在雪地里欣赏着这场大雪。

"江山如此多娇，引无数英雄竞折腰。"楚灵王诗兴大发，高声吟诵，还拖着尾音。当然，肯定不是这首诗，不过也差不多是这样的意思。

正在这个时候，右尹子革前来朝见。

"子革来了？"楚灵王看见子革，非常高兴，他很喜欢这个郑国人，觉得他很有学问而且很正直。所以楚灵王摘下帽子，脱下披肩，放下鞭子，以表示对子革的尊重，然后说："我正有事要请教你呢。"

"大王请讲。"子革连忙说，就站在雪地里，与楚灵王说话。

"当年我们的先王熊绎曾经和齐国、鲁国、卫国和晋国的先君一道在周朝辅佐周康王，当时这四个国家都被赐予宝物，可是我们的先王什么都没有。那如果我现在派人去周王室，要求周王把荆州的宝鼎赐给我们，他们会给吗？"楚灵王又想要周朝的鼎了，当年楚庄王没要到，楚灵王又想要了。

"那还用说？肯定给啊！当年我们的先王虽然也是周朝的重臣，可是人家齐国是周朝的娘舅，鲁国、卫国、晋国都是周朝的兄弟，所以他们有礼物也很正常。如今我们强大了，谁也不敢不听我们的，要个鼎他们当然不敢不给了，要是不给，打，看他给不给。"子革拍了一通马屁，拍得楚灵王很高兴。

"那，还有啊。许国的旧地（今河南许昌）如今被郑国人占了，可是当初那是我们老祖宗的哥哥昆吾（楚王祖先季连的大哥）的地盘，如今我们去要回来，郑国人肯给吗？"楚灵王又想要郑国的地盘了，还把那门夏朝的亲戚给搬出来了。

"那肯定给啊！周王连鼎都献出来了，郑国人还在乎一块地？"子革眼睛都没眨一下，那意思是好像周王已经把鼎给运来了。

楚灵王更加高兴了。

"从前诸侯都投靠晋国，不理睬我们。如今我们在陈、蔡、不羹都修筑了大城，各驻兵千乘，那么，诸侯们会惧怕我们吗？"楚灵王接着问。

"那还用说？大王您一声吼，地球也要抖三抖啊！"

"哈哈哈哈……好一个地球也要抖三抖，好！"

楚灵王心花怒放。

正说得高兴，工尹路来请示楚灵王，说是装饰斧柄的玉已经选好了，请楚灵王看看怎么修饰。于是，楚灵王跟着工尹路走进了屋里。

子革原本也要跟进去，被楚灵王的近臣仆析父一把拉住了。

"右尹啊，您是楚国有声望的人啊，大王喜欢听您的话，您要是这样对大王的话随声附和，国家可怎么办啊？"仆析父等到楚灵王进了屋里对子革说。

仆析父是在为国家考虑。

"摩厉以须，王出，吾刃将斩矣。"（《左传》）子革回答，什么意思？我刚刚把刀磨好，等大王出来，就会斩落下去。

磨砺以须，这个成语出自这里，意思是已经做好准备，时机一到就动手。这是个比较少用的成语，不过是个不错的成语。

难道子革要谋杀楚灵王？当然不是，他只是打个比方。

子革是个聪明人,他知道要让楚灵王听得进自己的话,首先就要把他哄得高兴。他所说的"摩厉",就是刚才那一通马屁。

很快,楚灵王从屋里出来,继续和子革聊起来。刚要说话,看见倚相走过来,楚灵王就对子革说:"这是个很好的史官,你要好好对待他。他能读《三坟》《五典》《八索》《九丘》,很厉害的。"

"嘿嘿,吹牛吧?"子革这一次没有顺着楚灵王的话说,这让楚灵王小吃了一惊,"我曾经问过他,当年周穆王爱好旅游,要游遍全世界,祭公谋父就写了一首诗给周穆王,劝他收心,后来周穆王听从了劝说,最终才能死在宫里而不是死在路上。这首诗叫作《祈招》,我问他知不知道,他竟然不知道。连这都不知道,更久远的怎么会知道呢?"

《三坟》《五典》《八索》《九丘》都是周代以前的经典,如今都失传了。

"那,那你知道这首诗吗?"楚灵王掉进了子革的圈套,问起这首诗来。

"当然知道。这首诗是这样的:祈招之愔愔,式昭德音。思我王度,式如玉,式如金。形民之力,而无醉饱之心。"子革念道,随后解说了一遍。

楚灵王是个聪明人,他的脸色一下子变得很难看,随后,他向子革作了一个揖,一言不发,自顾自走进屋里去了。

楚灵王生气了?不是,他反省了。他尊重子革,他知道子革是在劝谏自己,他也知道子革的话是对的。

那么,反思的结果如何?

《左传》记载:"王揖而入,馈不食,寝不寐,数日,不能自克。"

吃不好,睡不好,就这么反思了数日,可惜最后没有能够战胜自己的贪欲。

那么,反思的正确结果应该是什么?立即从徐国撤军,裁减陈、蔡、不羹的驻军,给老百姓休养生息的机会。

对于这一段故事,孔子有这样的评说:"古也有志:'克己复礼,仁也。'信善哉!楚灵王若能如是,岂其辱于乾溪?"

第一六九章 楚国四兄弟

352

楚灵王不知道，这次反思实际上是他最后的机会。

可惜的是，他没有抓住。

转眼过了冬天，时间来到了第二年的春天。楚灵王依然在州来，而楚军三十万将士依然在边境苦苦地熬着。春天来了，大地万物都在复苏，只有楚军将士们的心情还留在冬天。

楚灵王放走了机会，仇人们却在抓紧机会。

说起来，楚灵王的仇人很多。而这些仇人中，有几个人聚在了一起。当仇人们聚在一起的时候，就非常可怕了。

还在做令尹的时候，楚灵王就抢夺了芳掩的家产，当上楚王之后，又抢了芳掩弟弟芳居的封邑；当年楚灵王把许国迁走，却把许国的公子许围扣押在郢都做人质；楚灵王在举行的那次盟会上，又找借口杀了越国的使节；楚灵王夺取了斗韦龟的封地，之后又把他儿子蔓成然（因封邑在蔓）的封邑给夺走了；蔡洧（wěi）是蔡国人，可是在楚国混并且受到楚灵王的宠信，谁知道楚灵王灭蔡国的时候，把蔡洧的老爹给杀了。

就因为这几桩怨恨，芳居、许围、蔓成然、蔡洧联合了被杀的越国大夫的儿子常寿过，一共五个人，率领各自的家臣，竟然攻占了楚国的固城和息舟。这两座城市都在楚国的北部，离蔡不远。一时间，楚灵王顾不上去讨伐他们，而手握重兵的公子弃疾也不讨伐他们，为什么？因为公子弃疾跟蔓成然的关系很好，蔓成然从前跟公子弃疾混过。

除了这些人痛恨楚灵王之外，陈国和蔡国的故民也都有亡国之恨。

但是，最危险的并不是他们，而是另一个人：观从。

观从是谁？

观从是观起的儿子，观起在楚国的廉政风暴中被从严、从快、从重处理了（详见第四部第一五四章），好在观从那时候在蔡国跟着那个发明了"楚才晋用"的声子的儿子朝吴混，躲过了一劫。从那之后，观从就对楚国心怀仇恨。

此外，观从跟子干是朋友。自从楚灵王当上楚王，子干就逃到了晋国。暗地里，子干和观从还有些来往。

楚灵王在乾溪，而楚军攻打徐国没有进展，这个时候观从看到了机会。

"公子，恢复蔡国的机会到了。"观从对朝吴说，他们是朋友。

"说说看。"朝吴一直就在寻找这样的机会。

"楚王穷兵黩武，搞得楚国民怨沸腾。如今楚军分散在边境，而且士气低落，我们为何不趁楚国国内空虚，联合流亡在外的子干、子皙，再加上蔓成然那一伙人，乘虚攻入楚国呢？郢都防守薄弱，再加上大家都很讨厌楚王，我们必然能够攻占郢都，然后立子干为王。那时候，我们对子干有恩，就可以请求他恢复蔡国了。"观从的思路很清晰，也很大胆。

"这个主意不错，可是子干、子皙有没有这个胆量？"

"这些都不重要，这是蔡国复国的唯一希望了。这样，你不要管了，看我的安排吧。"观从看见朝吴犹豫，索性自己来做。

观从派人去晋国和郑国，冒用公子弃疾的名义，就说请两位哥哥到蔡国小叙。

两个国家都不远，于是子干从晋国出发，路过郑国的时候叫上子皙，兄弟两个结伴就到了蔡。

观从在城郊迎接他们，然后就在城郊进行了会谈。

"什么，要造反？不干不干。"子干、子皙听说要造反，立马反对，真的是应了朝吴的判断。

"不干？不干也得干。"观从早就料到了这一点，也早就想好了办法。

当时，观从带着朝吴家的家兵，不管三七二十一，挟上子干、子皙，就进了城，然后杀向蔡公府，要捉拿公子弃疾。

公子弃疾正准备吃饭，听到外面有人大声喊杀，一问，说是子干、子皙带人来杀自己，怎么办？他的家族都在楚国，身边只有几个侍卫，而楚国驻军都在城外。没办法，除了逃命之外，还真没有别的办法。

公子弃疾落荒而逃了。

其实，观从根本就没有想要捉到他或者杀他的意思，就是要吓跑他。

观从带着子干、子皙杀进蔡公府，一看，人没了，饭菜还是热的。

"正好，你们两人先吃饭。"观从挺高兴，这下连饭钱都省了。

子干、子皙在这边吃饭，另一边，观从也没闲着，让人赶紧在院子里挖了坑，杀了一条狗，再放上盟书，伪造了一个结盟的现场。

这边现场伪造完毕，那边饭也吃完了。

"那什么，你们赶紧回郑国去，有消息我再通知你们。"观从赶紧打发了子干、子皙。这两位早就惦念着回去，也不用催，急急忙忙回郑国去了。

公子弃疾是一个好人，自从当上了蔡公，对蔡国的老百姓非常好。所以，看见有人攻打蔡公府，蔡国的老百姓自发起来去帮助公子弃疾，整城的老百姓都扛着武器杀奔了蔡公府。

观从送走了子干、子皙，自己就在这里等待蔡国老百姓。

老百姓包围了蔡公府，大声喊叫着，准备攻进来。这时候大门开了，观从出来了。

"观从，你要是动了蔡公一根汗毛，我们就把你剁成肉酱！"大家呼喊着，要上来捉拿他。

"乡亲们，别急，事情是这样的。蔡公呢，把子干、子皙请来，准备送他们回楚国。现在呢，他们已经结了盟，并且已经上路了，蔡国也准备出兵帮助他们。喏，大家跟我来，看看结盟现场。"观从转身向府内走去，大家呼啦啦跟着进去。

伪造的结盟现场还是很有说服力的,多数人相信了。可是,还有少数人有怀疑。

"蔡公去哪里了?我们怎么能相信你的话?"有人质疑,大家还不肯散去。

就在这个时候,有人出现了。谁?朝吴。

如果说蔡国人不相信观从的话,那么他们实在没有理由不相信朝吴。

"乡亲们,观从说的都是实话,我可以做证。如今楚王暴虐,楚国国内已经乱成一团,各位,如果大家想要效忠楚王,那么各位就回家去,等局势明朗了再说;如果大家想要早点儿安定下来,恢复自己的国家,那么就跟随蔡公。说句大实话,其实,除了跟随蔡公,大家还有什么选择呢?"朝吴父子本来就是蔡国名望最高的人,如今这一通忽悠也是在情在理,蔡国人自然深信不疑。

"我们愿意跟随蔡公!跟随蔡公!蔡公!"群情激奋。

观从笑了。

观从和朝吴很快找到了公子弃疾,很容易就达成了共识:会合子干、子皙,打回楚国。

公子弃疾早已经看清了形势,他知道楚灵王必有这一天。

于是,观从去郑国把子干、子皙再次请来,两人与公子弃疾结盟,会合芳居、许围、蔓成然、蔡洧、常寿过、朝吴,率领六家的家族兵力以及陈、蔡、不羹、许、叶的楚国驻军,浩浩荡荡向郢都挺进。

一路上,无人抵抗,因为楚王的军队都已经到了边境,而三位公子率领的部队就超过了一大半。

大军进入楚国的时候,陈国人和蔡国人请求在这里建造壁垒,以宣示这里是楚国边境,陈、蔡两国复国。

"算了，兵贵神速，我们的部队连夜行军，已经很疲惫了，不要再修筑壁垒了。这样，我以人格担保恢复陈、蔡两国。"公子弃疾劝止了陈国人和蔡国人。

随后，公子弃疾派出小股部队，在务须牟率领下进入郢都。此时的郢都完全没有防备，务须牟兵不血刃，占领了王宫，将楚灵王的两个儿子太子禄和公子罢敌双双杀死，然后控制了后宫，并且布置郢都城防。

大军挺进到鱼陂（今湖北天门），这里距离郢都还有将近三百里路。

"咱们歇歇吧。"子干提议，大家知道他是什么意思，于是停了下来。

子干的意思很简单：先把猪肉分了吧。

因为兄弟三个中子干年纪最大，其次是子皙，因此大家公推子干为楚王，子皙为令尹，公子弃疾为司马。

尽管从实力和从能力来说都是公子弃疾更强，但公子弃疾并没有争夺王位。

公子弃疾不想当王？当然想。为什么他不争？或者为什么不借着实力杀掉两个哥哥，自己强行上位？

因为公子弃疾知道，不用自己动手。

"郢都目前非常乱，人心不稳，再加上楚王还在外面，我建议我们暂时不要进入郢都。"公子弃疾建议，子干、子皙都表示同意。

随后，公子弃疾派观从前往乾溪，试图分化瓦解楚灵王的卫队。

此时，楚灵王已经带领亲随卫队向回赶，准备讨伐叛逆。

刚刚启程，观从已经来到，他宣布："子干、子皙和公子弃疾兄弟三个已经带领驻陈、蔡、不羹的部队以及陈、蔡两国人民起义了，大军已经攻到了郢都，郢都人民也都起义了。如果你们现在回去，那么一切待遇照旧；如果还要为楚灵王卖命，不肯回去，不好意思，将来就要割掉鼻子。是起义还是割鼻子，自己看着办。"

说完这些，观从急匆匆地走了。为什么急匆匆地回去？因为他是一个聪明人，他是一个知道时间重要性的人，他也是一个效忠子干的人。

　　回到鱼陂，观从并没有去见公子弃疾，而是去见子干。

　　"主公，如今大势已定，赶紧除掉公子弃疾。否则，后患无穷。"观从急匆匆回来，就是为了这个。

　　"这，弃疾一直是我的好弟弟啊，我怎么忍心？"子干拒绝了。

　　"主公，你不忍心杀他，只怕他忍心杀你。"观从还要再试一下。

　　"不要再说了，我不会杀他的。"子干依然拒绝。

　　观从走了，远远地走开了，他已经看到了子干的结局。

第一七〇章

吓死胆小的

楚灵王在第一时间听到三个弟弟造反的消息时并不害怕,他只是有些失望和意外。

失望的是公子弃疾竟然会造反,他很喜欢这个小弟弟,把国家一半的兵力交给他,可是,他竟然还会造反,这太令人失望了。

意外的是子干和子皙竟然也会造反,这两个弟弟都是胆小怕事的人,原以为借他们几个胆他们也不敢造反的,可是他们竟然就造反了。

不管怎样,楚灵王并不怕他们,他相信只要自己回到郢都,子干、子皙就都会吓破胆,公子弃疾则会良心发现而幡然悔悟。

"回师。"楚灵王下令。

楚灵王受到了第一个打击。

撤退到訾梁(今河南信阳)的时候,楚灵王的手下开始溃散,观从的策反起到了效果，显然大家都希望保住自己的鼻子。

不过，即便这样，楚灵王也并没有害怕。甚至，他还有些理解溃散的手下。

但是，第二个打击接踵而来，而这个打击是致命的。

"报，太子禄和公子罢敌双双遇害。"忠于楚灵王的大内侍卫赶来向楚灵王报告。

"什，什么？"坐在车上的楚灵王眼前一黑，从车上栽了下来。

大家一拥而上，将楚灵王扶了起来，掐人中、扇耳光折腾了一阵，楚灵王才慢悠悠地醒来。

楚灵王显现出一种绝望的目光，一种人们从来没有见过的目光。所有人都被这样的目光所感染，谁也没有说话。

"人之爱其子也，亦如余乎？"（《左传》，意思是："人们爱自己的儿子，也像我一样吗？"）楚灵王轻轻地问，语气中全然没有素日的强横。

"比您有过之而无不及啊！像我这样老而无子的人，死后一定无人安葬，被扔在山沟里做孤魂野鬼啊！"一个侍卫接口说，十分凄凉。

"看来，我杀别人的儿子太多了，是应该落到这一步的啊！"楚灵王哀叹，不管怎样，他还在反思。

楚国的君主就这一点好，他们有反思的遗传基因。

楚灵王看看周围，看到了子革。

"子革，你是个好人，可惜我没有听你的。"楚灵王苦笑一下，表示歉意。

"大王，事情也许并没有想象的糟糕。我们不如就停留在这里，等待事态明朗。"子革这个时候还在为楚灵王出主意。

"算了，众怒不可犯，没有人会拥戴我了。"楚灵王说，他现在终于明白了自己的处境。

"那，我们占据一座大城，然后向诸侯求援？"

"别逗了，哪个诸侯愿意帮助我？"楚灵王再次苦笑。

"大王，那么流亡怎么样？说不定今后还有机会。"

"唉,我已经没有天命了,何必自取其辱呢?"楚灵王摇摇头,对子革说,"子革,你走吧,不要浪费了你的才干。"

子革没有说话。

楚灵王突然站了起来,高声喊道:"都走吧,是我拖累了大家,你们都走吧,不要让我再拖累你们,走吧。"

人群渐渐地散开,有人开始哭起来。楚灵王虽然贪婪暴虐,可是对手下一向是不错的。

哭声渐渐远去,楚灵王的身边,只剩下御者和那个老侍卫。

"大王,去哪里?"御者问。

"顺着夏水走吧,看看哪里是我的归宿。"楚灵王黯然地说,其实,他已经知道自己的归宿在哪里。

楚灵王遇上了一个人,这个人叫申亥。

"大王,终于找到您了,到我那里去吧。"申亥说。

"你,你是谁?你为什么帮我?"楚灵王有些高兴起来,毕竟这世界上还有一个人喜欢自己。

"我是申无宇的儿子申亥,我父亲生前几次顶撞您,您都原谅了我父亲,您的大恩大德我时刻记在心上,请让我报答您。"申亥说。原来,他是申无宇的儿子。

"申无宇是个好人哪!"楚灵王说。他跟着申亥走了。

于是,楚灵王来到了申亥的家。

"大王,您要什么,尽管吩咐。"申亥说。他把家里最好的东西都给了楚灵王使用。

楚灵王拒绝了,他什么也不需要。

"申亥,你知道最让我伤心的是什么吗?"楚灵王问申亥。

"三个弟弟联合造反?"

"不是，那只是让我失望。"

"失去了国家？"

"也不是，那只是让我遗憾。"

"那，是什么？"

"失去了我的儿子，我就觉得活着已经是多余的了。"楚灵王说得万念俱灰，忍不住失声痛哭起来。

在申亥的家里，楚灵王不吃不喝，日夜痛哭。

终于，到了五月二十五日，楚灵王上吊自杀。

申亥埋葬了楚灵王，还用自己的两个女儿殉葬。

申亥过分了一点儿。如果他的父亲在，一定不会这样做的。

总结一下楚灵王。

楚灵王是一个强横的君主，他的缺点和优点同样突出。

他的缺点是太贪，贪得无厌。小到跟穿封戌这样的小军官争战功，中到抢夺自己臣子的财产，大到灭自己的属国，甚至还要抢夺周朝的大鼎。贪得无厌，因此而不停地奴役自己的人民，令人民难以承受，最终激起众怒，被人民所抛弃。

楚灵王的优点是大度，能够容忍贤人。穿封戌、申无宇这种敢于当面斥责他的人他都能容忍，子革这样劝谏他的人他能欣赏，其度量值得一赞。《左传》中叔向也这样评价楚灵王："王虐而不忌。"意思是楚灵王虽然暴虐，但是有心胸、有度量。

也正是有了大度这样的优点，楚灵王才能够在位十二年。

楚灵王没有回到郢都，没有人知道楚灵王去了哪里。

子干、子皙和公子弃疾依然留守在鱼陂，公子弃疾曾经试探性地建议进军郢都，子干、子皙断然拒绝了："不行，万一楚王回去了，怎么办？"

公子弃疾已经看得非常清楚，这两位哥哥胆小如鼠。

对付胆小鬼，公子弃疾知道用什么办法。

每天都有坏消息传到鱼陂，大致都在说楚灵王正率领大军杀来。

坏消息有的时候在白天传来，有的时候在晚上传来。每次坏消息到的时候，都能引起鱼陂城里的骚动。

子干和子皙每天都会受到惊吓，有的时候半夜被叫起来做逃命的准备。没办法，从小的时候，围哥就经常欺负他们，他们对楚灵王的畏惧是在骨子里的，抹都抹不去的。

五月十七日。

满城都在传说楚灵王已经带兵攻到了城外，随时杀进城中。

子干和子皙再次陷入慌乱之中。

"弃疾呢？快找弃疾来。"兄弟两个都没有主心骨，这个时候只能依靠公子弃疾了。

公子弃疾没有来，蔓成然来了，急急忙忙地来了。

"看见弃疾了吗？"子干急忙问。

"别提了，公子弃疾他，他……"说到这里，蔓成然说不下去了。

"他怎么了？"子干、子皙急忙问。

"楚王已经攻到了城下，城里的楚军又都叛变了，叛军杀死了公子弃疾，人头都提走了。现在叛军正在向这里开进，说是要捉拿两位去见楚王。"

"啊？"子干倒吸一口凉气，子皙也倒吸一口凉气，一共是两口凉气。

"那，那怎么办？投，投降行吗？"子干、子皙异口同声地问，惦念着怎样活命。

"就算楚王同意，这帮叛军也不会同意啊！我看，早做安排吧，这样还可以免于受辱。我，我就不陪了，我先找地方上吊去了。"蔓成然说得诚惶诚恐，转身就要出去。

就在这个时候，又有人急急忙忙跑了进来。

"不好了，不好了，他们杀过来了，就到了。"来人惊慌失措地喊着。

子干和子晢吓得缩成了一团，对视一眼，然后做出了决定。

"我们上吊吧。"兄弟两个说。

说完，两人开始找绳子。

"我这儿有多的，给你们。"蔓成然早有准备，递过来两根绳子。据说，是晋国进口的。

蔓成然出去了，他要到外面喝口小酒，然后回来收尸。

蔓成然的任务完成得非常好。

蔓成然的表演非常成功。

蔓成然的绳子非常结实。

当两具尸体从房梁上卸下来的时候，没有人会怀疑这一切都是公子弃疾在导演，也没有人会反对公子弃疾名正言顺地成为楚国国王。

现在，公子弃疾就是楚王了，楚平王。

"老蔓，我还需要一具尸体。"楚平王布置了新任务。

"知道了。"

蔓成然心领神会。

第二天，人们从汉水打捞上一具尸体，这具尸体穿着王服戴着王冠，很显然，这就是楚灵王。

于是楚平王宣布楚灵王已死。

楚国平定了。

楚平王进入郢都，接管了楚灵王的一切。

作为奖赏，蔓成然（子旗）成了新任的令尹。

所以，演技，有的时候是很重要的。

354

楚平王倒是个比较宽厚的人，他登基之后，立即实行大赦，从国库拿出财物赏赐群官，允许被迁移的百姓回到自己的故乡，废除苛捐杂税。

楚平王不喜欢战争。

"撤军。"楚平王命令徐国前线的楚军撤军。

楚军一片欢呼，立即撤军。

不幸的是，这个时候吴国军队尾随而来，结果在豫章追上楚军，楚军惨败，五名将领全部被活捉。

此后，吴国人得寸进尺，占领了楚国的州来，令尹蔓成然建议攻打吴国，楚平王没有同意。

"算了，楚国这些年来一直在折腾，百姓已经厌倦了战争，而我还没有安抚百姓，没有来得及侍奉鬼神，也没有完成战备，在这样的情况下征用民力，如果失败了就追悔莫及了。州来在吴国人手里，就算是借给他们吧，迟早要还的。"楚平王说，他宁愿忍了。

对于功臣，楚平王是有功必赏的。

尽管观从是子干的人并且曾经劝说子干先下手杀掉楚平王，楚平王还是找到了观从，并且告诉他："你有什么要求？我都满足。"

"我的祖先曾经做过卜尹的助手，祖祖辈辈的愿望就是能够当上卜尹。"观从的理想倒不算太高，这一点比较容易理解，譬如店小二儿子的梦想多半是当上厨师，死刑犯则会留下遗嘱让自己的儿子考狱警。

"好，现在你就是卜尹了。"楚平王说，让观从实现了自己的梦想。

除了观从，所有跟随楚平王造反的人都得到了封赏。

楚平王恢复了蔡国和陈国，找到了两个国家君主的后代担任国君，同时任命朝吴为楚国驻蔡国总管，代表自己监管蔡国。

顺理成章，楚军在陈、蔡、不羹的三千乘战车被撤回国内。

其实，楚平王也是个讲感情的人。

楚平王登基几年后，申亥带着楚灵王的灵柩来告诉楚平王，于是，楚平王以王的规格改葬了楚灵王。

需要单独说一说的是楚平王的爱情故事。

当初在蔡国的时候，楚平王平易近人，经常微服私访，结果在一次外出中遇上了一个蔡国姑娘，姑娘美丽大方，公子风流倜傥，结果两人一见钟情。后来那位蔡国姑娘干脆私奔到了楚平王那里，两人就这样同居了。再后来，他们生了一个孩子熊建。

等到楚平王登基的时候，楚平王不顾孩子他娘的出身和名分，毅然让蔡国姑娘做了夫人，立熊建为太子，就是太子建。他为太子建任命了两个老师，他们是伍奢和费无极。

总的来说，楚平王是个重感情的人。

子革是受楚灵王赏识和重用的人，楚平王同样对他很赏识。

登基第二年，楚平王派子革到楚国西部的宗丘选拔人才并训练西部的军队，同时安抚当地百姓。按照楚平王的布置，子革在西部赈济穷人、抚养孤儿、赡养老弱、减免税赋、选拔贤能。同时，与西部邻国和睦相处、友好往来。于是，整个楚国的西部平稳下来，而西部边境也安定下来。

子革在西部做得不错，于是楚平王命令屈罢把西部的模式复制到东部，东部因此也很快安定下来。

"我宣布，楚国坚决反对一切霸权主义，我们保证五年之内不会对外用兵，希望与各国和平相处。"楚平王做出了和平承诺，向各个国家宣布。

"时代变了,老虎都不吃人了？"全世界惊呼,感到不可思议和难以相信。

可是，事实上，楚国人确实不打仗了。

楚平王对于大臣们相当宽容。

登基当年，为了获得诸侯们的信任，楚平王派枝如、子躬出使郑国，把楚国占领的郑国的犨（chōu）、栎两地还给郑国。

子躬还没到郑国，郑国驻楚国地下办事处的线报就到了，说是楚平王要派子躬把犨、栎两地还给郑国，郑国人非常高兴，于是热情接待了子躬。

可是子躬这人打了个小算盘，也不知道是要争表现还是真心爱楚国，总之到了郑国之后绝口不提这件事情，一直到访问完毕要回国的时候，郑国人忍不住了。

"我们听说，楚王要把犨、栎两地还给郑国，不知道有没有这事？"郑国人不好明问，拐个弯问。

"是吗？我不知道啊。"子躬装起糊涂来。

回到了楚国，子躬来见楚平王复命，楚平王就问起犨、栎两地的事情。

"我犯了错误了，我违抗了大王的命令，没有还给他们，请惩罚我。"子躬一边说，一边脱衣服，做出准备挨板子的架势来。

楚平王有点哭笑不得。

"算了算了，你也是好意。这样，你先回家休息吧，以后有出使的事情，我再派你去吧。"楚平王说，算是没有追究他。

不过从那以后，子躬再也没有得到这样的机会了。

楚平王并不愿意杀人，可是有的时候，他还是不得不杀人。

楚平王之所以能够成为楚王，令尹蔓成然功不可没。在当上令尹之后，蔓成然就有些飘飘然了，他认定楚平王是个宽厚的人，也就是说是个可以欺负的人，所以他有些得意忘形了。

蔓成然一开始是小贪，后来渐渐演变为大贪。楚平王看在他昔日的功劳上，对他一再忍让，而蔓成然却毫不自觉。后来，蔓成然和养由基两大家族勾结在一起，欺行霸市，卖官鬻爵，干了很多坏事。直到有一天，楚平王忍无可忍了。

"老蔓，你，你太不自觉了。"楚平王终于摊牌了。

"我，我怎么了？大王，有误会啊。"蔓成然还有些不在乎。

"误会？谁跟你误会？"楚平王发火了，他将自己调查到的蔓成然和养家勾结在一起的一系列腐败行径，一五一十地说了一遍，声音越来越高，火气也越来越大。

蔓成然听得一身冷汗，到现在他才明白楚平王不是那么好欺负的，到现在他才回想起来楚平王当初的冷静果断和冷酷无情。

"大王，我，我错了。"蔓成然服软了，他想起子干、子皙的尸体，他怀疑自己也会有同样的下场。

他想对了。

"老蔓，你罪孽深重，我也救不了你。不过，你放心，你伏法之后，我会好好待你的儿子。"楚平王说。这段话有两个含义。第一，我是个重感情的人，杀了你，还会对你儿子好；第二，如果你把当初吓死子干、子皙的事情说出来，你儿子也没有好下场。

怀柔与威胁，恰到好处地结合在了一起，既体现人性关怀，又带着威胁恫吓。

蔓成然无法抗拒，他也知道自己已经没有选择。

蔓成然就这样死了，楚平王没有食言，把他的儿子斗辛封在了鄎地。

而养家就没有这么幸运了，因为楚平王没有给他们承诺的义务。于是，养家全族被灭，养由基的后代就这样不复存在了。

而楚国，就这样戏剧性地退出了霸权的争夺。

那么，晋国人呢？他们这段时间怎样对待自己的霸业呢？

第一七〇章　吓死胆小的

第一七一章

伪君子韩起

自从栾家被灭之后，晋国就只剩下了六大家族，六卿配六大家族，倒是个绝配。这下好了，从前坑少萝卜多的问题得到了解决，每家保证都有一个卿的席位。

问题是，这样一来，卿就成了名副其实的世袭制了。

既然大家都有了世袭的卿位，利益冲突一时就小了很多，于是，晋国出现了多年不见的和谐局面。

所以，和谐与否取决于坑和萝卜的数量。

晋国这个时候的六卿分布是这样的：中军帅韩起、中军佐赵成、上军帅中行吴、上军佐魏舒、下军帅范鞅、下军佐智跞。

其中，韩家和赵家是世交，韩起和赵成的关系很好；中行家和范家也是世交，中行吴和范鞅也走得很近；智家和中行家是同宗，再加上智跞岁数小，一般也就跟中行吴交往多一些；魏家是后进的家族，再加上魏舒当年和栾家关系比较近，所以魏家略显单薄，魏舒也很小心地与各家保持着距离。

六卿当中，赵成比较老成，身体也不好，所以一向比较低调；魏舒不用说，处处小心，能不出头就不出头；范鞅自从栾家灭了以来，收敛了许多；而智跞岁数较小，身体也不太好，因此遇事能躲则躲。

弄来弄去，六卿当中也只有韩起和中行吴出头了。

韩起，家教不错，在乎名声，但是骨子里很贪；中行吴，典型的公子哥儿，能力一般，喜欢扮酷，还喜欢搞搞新意。

基本上，这段时间，晋国就靠这两位来折腾了。

355

韩起有很好的家教，所以他懂得谦让。

赵武能够当上中军帅，就是因为韩起的谦让。所以在赵武去世的时候，点名要韩起接任中军帅。实际上，作为中军佐，也该轮到韩起了。

在楚灵王登基的那一年（前541年），韩起成了中军帅。

第二年春天，韩起前往鲁国访问。这是一个惯例，新任中军帅会去几个最亲近的国家访问，以表达对友邦的尊重。

韩起首先来到了鲁国。在鲁国，韩起参观了鲁国太史的家，看到了《易》《象》以及鲁国的史书《鲁春秋》，感慨"周礼尽在鲁矣"。

随后，鲁昭公和季文子分别设宴款待韩起，席间，双方各自吟诵《诗经》，韩起举止得体、谈吐大方，所用的诗都很恰当，因此受到鲁国人的高度评价。

从鲁国出来，韩起又去了齐国。

齐国同样是安排了两场宴席，一场由齐景公宴请，另一场由卿大夫宴请。

在卿大夫的宴席上，子雅和子尾分别把自己的儿子子旗和子强叫来，请韩起看看。

"嗯，你们这两个儿子都保不住自己的家族。"韩起观察了一阵，得出这样的结论。

子雅和子尾都有些尴尬，齐国的大夫们则对韩起的判断嗤之以鼻。

"韩起是个君子，君子心诚，他说的是有道理的。"只有晏婴一个人支持韩起的判断，实际上，他有同样的判断。

至少在这个时候，韩起还是个君子。

可是，这个君子，也就到这里为止了。

从此之后，韩起还是个君子，不过，是个伪君子了。

韩起从齐国回来之后不久，又去了一趟齐国，这一趟是迎亲去了，晋平公娶了齐景公的女儿少姜做夫人，因此派上卿去迎亲。

少姜到了晋国，深受晋平公喜爱，可惜的是红颜薄命，没几个月，竟然中风死了。晋平公伤心欲绝，而齐景公听说了，决定再把一个女儿嫁过去。

就这样，第二年，韩起又去齐国迎亲了。

如果说前两次来的那个韩起还是个君子，那么，这一次来的韩起就已经是伪君子了。

在赶走了庆封之后，子雅和子尾成了齐国最有权势的人，而子尾和韩起的关系不错。

韩起去迎亲，齐景公派了子尾去送亲。于是，韩起和子尾两人带着齐景公的女儿，从齐国出发到了晋国。

进入晋国，齐国送亲的人纷纷回去，只剩下了子尾。到这个时候，子尾有话要跟韩起说了。

"元帅，有事跟你商量一下。"子尾来到了韩起的帐篷里，提着两个大包，把包打开，里面都是财宝。

"这，你这是什么意思？"韩起有些吃惊。

"不成敬意，不成敬意。"

"你太客气了。"韩起犹豫了一下，还是收下了。

韩起是个聪明人，在齐国的时候，子尾就对自己非常客气，而且已经送了不少东西。如今又登门送礼，肯定有什么事情要求自己了。

果然，子尾堆着笑说："元帅，承蒙你不把我当外人，我真是好荣幸。有件事情，我想请你给我拿个主意。"

"什么事？你说。"

"咱闺女今年不是十五岁了吗？论长相那是没得挑，再加上咱家的地位，说实话，一般人家来求亲，咱看都不看他一眼。"

子尾突然说起了自己的女儿，韩起一听，心想：这是要向我提亲？可是我儿子都大了，孙子还太小，不合适啊。

"那，要不，我帮你物色物色？"韩起觉得这个事情倒不难，晋国六卿家族肯定有合适的，到时候自己还能赚一笔媒婆钱。

"嘿嘿，元帅，那就不用麻烦了。其实啊，我已经物色好了一家。"

"啊，恭喜啊，哪一家？"

"嘿嘿，元帅，虽然我物色好了这一家，可是还需要元帅批准啊。"

"我批准？伙计，开玩笑吧？"

"不开玩笑，只要元帅同意，咱女儿就能嫁过去，这一辈子就算衣食无忧、幸福美满了。元帅，怎么样？同意吗？"

"同意，当然同意。"韩起顺口说道。

"那，那什么，既然元帅开了金口，那我就说了。"子尾啰啰唆唆，终于到了正题，"这不是你们国君就喜欢齐国的夫人吗？我想好了，我女儿嫁给你们国君就最合适了。"

到这里，韩起才知道子尾竟然打起了晋平公的主意。

"可是，上次少姜嫁过去的时候已经有了媵，这次没有媵了。"韩起有些为难，上次少姜嫁过去的时候带了两个媵，少姜死了，两个媵还健在，所以这次就没有媵。虽说是多送个媵也不吃亏，可是不合礼法啊。

"什么媵啊？咱闺女能做媵吗？我的意思是把咱闺女顶替我们国君的女

第一七一章　伪君子韩起

儿嫁过去。"子尾的话一说出来，把韩起吓了一大跳，这不是调包吗？这怎么行？

"那，那你们国君的女儿怎么办？"韩起问。

"不瞒您说，我原来已经给我女儿定了一门亲事，是宋国的，我们国君的女儿就送到宋国不就行了？"子尾想得还真周到，让自己女儿去晋国做国君夫人，国君的女儿送到宋国做宋国大夫的儿媳妇。

"这……恐怕不行吧？"韩起原本要断然拒绝，可是看着地上的礼品，又有些不忍心。

"怎么不行？元帅，咱们可是好朋友，这个忙一定要帮啊！再说了，我女儿也不比少姜差啊！我带在路上了，现在就在门口呢！我叫进来给你看看。"子尾说完，也不等韩起回答，对着大帐外面就喊上了："闺女，进来吧，说妥了。"

帐门打开，带着一股大葱味，子尾的女儿走了进来。

韩起一看，子尾的女儿长得确实不错，禁不住点了点头。

"元帅，怎么样？咱闺女长得不赖吧？咱们的关系，我闺女就是你闺女，今后咱闺女当了夫人，就等于元帅当上了国君的老丈人啊！闺女，来，给你韩爹行个礼。"子尾也不管韩起同不同意，直接给女儿认了干爹。

"干爹，女儿有礼了。"子尾的女儿挺机灵，一点儿没有害羞，上来行礼叫爹。

韩起看看，礼也收了，爹也当了，怎么办？

该怎么办就怎么办吧。

356

偷换了子尾的女儿，韩起开始还在担心自己会不会受到良心的谴责，以致睡不好觉。可是他很快发现，自己吃得香、睡得熟，没有一点儿后遗症。

"嗯，看来我还是有潜质的。"韩起很高兴，他知道自己完全具有成为腐败分子的潜力，实际上，他已经腐败了，也并没有感到惭愧。

既然开始了，索性继续吧。

州县当初是栾家的地盘，后来栾家被灭，范匄、赵武和韩起都瞄上了这块地，三个人还为此争吵过，最后大家都没要，还给了公室（详见第四部第一五一章）。现在，范匄和赵武都没了，韩起成了老大，就又想起这块地来了。

直接去找晋平公要？那就太没有技术含量了。

听说晋平公娶了新夫人，郑简公急忙带着公孙段（伯石）来到了晋国当面祝贺。除了祝贺，还有一件事情要请示，那就是楚平王登基之后准备搞盟会，郑简公不去吧，怕得罪楚平王；去吧，又怕得罪晋平公，因此前来做个请示。

郑简公就住在了国宾馆里，公孙段没有，他住到韩起家里来了。想当年，公孙段的父亲子丰和韩起的父亲韩厥关系很好，所以，子丰家族的人到晋国来，都会住到韩家。

看见了公孙段，韩起想到了一个好办法。

"伯石，你们的难题，我能帮你们解决。不过，你要帮我一个忙。"韩起设宴招待公孙段，一边喝酒，一边说。

"韩元帅，有什么事你尽管吩咐，只要能做到的，刀山也敢上，火海也敢下。"公孙段当然不能推辞。

"咱们两家的关系，帮忙也不能让你吃亏啊！这个忙啊，双赢。"

"那敢情好。"

当时，韩起如此如此这般这般，把自己的计划说了一遍，公孙段听得喜笑颜开。

第二天，韩起带着郑简公和公孙段去见晋平公。按着惯例先要把礼仪程序走完，无非是你拍马屁我唱赞歌，你当小弟我当大哥。

公孙段的表现出乎意料地好，不仅恭敬有礼，而且应对得体，连《诗》也运用得炉火纯青。

"哎呀，这小子打鸡血了？"郑简公大吃一惊，因为公孙段这人一向就很粗俗，今天怎么这么出色呢？他自然不知道，这些都是头天晚上韩起帮着准备好的。

别说郑简公，连晋平公也感到意外，怎么以前没听说郑国还有这样的人才啊？禁不住对公孙段刮目相看。

"主公，公孙段是个人才啊！当年他父亲就是著名的亲晋派，如今他又这么尊重您。我看啊，州县这个地方与郑国接壤，干脆就封给他算了，这样郑国人民一定更亲近我们。"韩起当着郑简公和公孙段的面，提出了这个建议。

韩起亲自开口，又是当着人家的面，这要是不答应，在场的四个人都没面子。再说，韩起说得也有道理啊。

"好！韩元帅不说，我也有这个想法啊。"晋平公眼都没眨一下，当即把州地赏赐给了公孙段。公孙段也没有推辞，拜谢之后，算是把州地拿到手了。

趁着大家伙儿都高兴，郑简公又提了个问题出来："楚国天天派人来问我们什么时候去朝拜他们的新国君，烦死了。可是，如果不去，又违背了当年在宋国订立的盟约；去吧，又怕您会认为我们有二心了。那是去，还是不去？想请您给个指示。"

晋平公一听，这还真是个问题，想了想，没想明白，问韩起："韩元帅，那你说说，倒是该去，还是不该去？"

韩起也假装思索了一下，然后对郑简公说："这个，可以去。如果您心向我国，去朝拜楚国又有什么呢？无非是实践盟约而已。如果您心中没有我国,就算天天来朝拜我们又有什么意义呢?去吧,去楚国朝拜吧,只要心中有我国,朝拜楚国也等于朝拜我们。"

韩起的话,充满哲理而又感人至深。但实际上都是利益交换。

郑简公很感动,晋平公也很高兴,而韩起和公孙段对视一眼,会意一笑。

四年之后,公孙段去世。去世之前,特地叮嘱子产把州县还给韩起。注意,是还给韩起,而不是还给晋国。

韩起拿到州县,假模假式去找晋平公,说是郑国非要把州县给自己不可,以表现自己大公无私,想要还给国家。晋平公被搞得很感动,当即宣布:"既然人家给你,你就当仁不让了吧。"

就这样,韩起拐了一个弯,曲线拿到州县。不过,韩起担心被人说,索性再转一个弯,用州县交换了宋国大夫乐大心的原县。

关于晋平公把州县送给公孙段,《左传》上的"君子"这样评说:"礼,其人之急也乎!伯石之汰也,一为礼於晋,犹荷其禄,况以礼终始乎?《诗》曰:'人而无礼,胡不遄死。'其是之谓乎。"

简单翻译过来是这样的:礼这个东西很重要,公孙段平时吊儿郎当,偶尔一次注意了礼,就得到了晋平公的赏赐,那么自始至终讲究礼的人呢?《诗》写道:"人要是不懂礼,还不如快点儿去死掉。"大概就是说的这种情况吧。

《左传》里的"君子"实在是个老实人,类似这样被人骗还要给人唱赞歌的事情还真不少。

以韩起为首的六卿所领导下的晋国不敢对抗强横的楚国,但是对于周边的盟国甚至周王室都很不客气,典型的欺软怕硬。

晋平公二十二年(前536年),也就是楚国灭陈国的第二年,发生了一件事情。

有一块地方叫作阎,原本是周王室的地盘,后来给了晋国。也不知道怎么回事，周王室的甘大夫跟晋国阎地大夫阎嘉为了阎地的一块地争起来了。

说到这里，顺便说说阎姓起源。按照网络资料的说法，阎姓起源有三。第一是周武王封吴太伯的曾孙仲弈在阎乡，后代子孙遂以阎为氏。第二是周昭王的小儿子生下来手上有字"阎"，周康王将他封于阎城，遂以阎为氏。第三是晋成公之子懿，受封于阎邑，他的后世子孙以其封地名为氏，亦为阎氏。

但是，这三种说法都有问题。第一，根据《史记》记载，太伯无子。事实上太伯确实没有后代，否则封在虞国的就应该是太伯的后代了。不过阎姓族人的解释是太伯有儿子，只是没有带去吴国。第二，周昭王是周康王的儿子，似乎周昭王的儿子不应该周康王来封。第三，自晋文公开始，晋国公子一律出国，怎么晋成公的儿子在晋国有封邑呢？

按照一般情况，阎地原本是周王室的地盘，因此应该是某代周王的庶子封在这里为畿内侯，后人以阎为姓。

阎姓在宋版《百家姓》中排第三百二十七位，郡望有河南郡、天水郡、太原郡。

两边争地，韩起自然向着自己这一边，但是又不好出兵，于是命令晋国大夫梁丙、张趯从阴戎那里借兵，攻打了周王室的颍地。

周王很愤怒，于是派了大夫詹桓伯到晋国，找到韩起并表达了指责。

詹桓伯说："当初历代周王封自己的弟弟做诸侯，就是为了保卫王室。可是如今你们把王室当成帽子一样随便乱扔，还勾结戎人来打我们，你们的良心都被狗吃了？"

如果说这一套对赵盾这样的人不灵的话，对韩起这样要面子的人来说还是很管用的。

当时恰好周王室有人去世，韩起就派人去吊唁，顺便把阎地的那块地给了王室，把攻打颍地的俘虏也还给了周王室。

周王一看，这位改正错误还算及时，咱也要给人家面子啊，于是把甘大夫也给抓起来，送到了晋国。韩起索性好人做到底，把甘大夫恭恭敬敬地又给送回了周王室。

这件事情就算过去了，不管怎么说，韩起至少还是一个顾及面子的人。

到第二年，晋平公去世了，太子姬彪继位，就是晋昭公。

老国君去世，新国君继位，各个盟国自然都要前来吊唁和祝贺了。于是，又发生了一件事情。

郑国上卿子皮前往晋国吊唁，除了吊唁，还准备把祝贺晋昭公继位的事情一并办了，算是二合一，省得再跑一趟。于是，准备了一百辆车的财礼。

"不要这样啊，哪有这两件事情一块儿办的？省省吧，就光去吊唁，什么财礼也用不着。"子产来劝他，心说：你这不等于边吃饭边拉屎吗？

"应该没问题吧？就算不能祝贺新君继位，再把财礼拉回来就行了。"子皮坚持，结果就带着财礼去了晋国。

到了晋国，各国上卿都到了，大家都带着财礼，大家的意思都差不多，想要吊唁完了晋平公就去给晋昭公贺喜。只有一个人例外，那就是鲁国的叔孙婼，他认为这样的做法不合礼法。

谁是正确的？

"各位，吊唁已经结束了。大家现在提出来要为新国君贺喜，可是我要遗憾地告诉大家，这是不可能的。为什么呢？因为我们的国君还沉浸在痛苦之中，如果换上礼服来接待大家，于礼不合，我们还在丧礼中；如果还穿着丧服来接见大家，那等于又一次接受大家的吊唁了。所以各位，这次活动到此为止，不留大家了，祝大家回家路上一路平安。"负责接待的叔向出来拒绝了大家向新国君贺喜的请求，一番话合情合理，让大家都无话可说。

打道回府吧。

来，容易；走，就没有那么简单了。

除了叔孙婼，大家都是带着财礼来的，原本准备献给晋昭公的，如今献不成了，晋国的卿大夫们也不能让大家就这么回去啊。

于是，一家一家的，六卿和大夫们就都来看望各国使者了，说是看望，实际上是来看望他们的财礼来了，有明说的，有暗示的，有威胁的，有感化的。总之，大家的目的只有一个——把财礼留下。

子皮的一百车财礼，愣是一车也没拉回来，都被晋国人给搜刮了。子皮这叫一个后悔，回到郑国还到处说："非知之实难，将在行之。夫子知之矣，我则不足。"（《左传》）什么意思？知道道理并不难，难的是按照道理去执行。子产懂得这个道理，我就不行。

不过从那以后，全世界都知道晋国是个雁过拔毛的地方了。

第一七二章

欺软怕硬的盟主

晋昭公三年（前529年），也就是公子弃疾登基为楚平王那一年。

楚国剧变，意味着天下形势又有了变化。什么样的变化？

眼看两个超级大国都在内耗中衰落，天下诸侯逐渐有了二心，对两个超级大国不大在意了。

晋国的叔向感受到了这一点，从各国到晋国的使者的态度上，他已经明显地感受到晋国的威权正在受到严重的藐视。

"元帅，咱们必须向全世界示威了，否则诸侯们就不把土地爷当神仙了。"叔向向韩起提出建议。

"就是，我也有这个意思。"

两人一拍即合，于是决定在七月二十九日在郏国南部举行同盟国军事演习。

357

按照计划，除了邀请中原盟国参加军事演习之外，韩起还派人前往吴国，邀请吴王与晋昭公在良地（今江苏邳州市）会面，然后出席军事演习。

吴王答应了会面，不过最终再次爽约，因为吴王考虑再三，觉得跟中原大忽悠会面不会有什么好事。

七月二十九日，盟国军事演习在邾国南部举行，演习代号为"正义行动"，以南方某大国为假想敌，假设某盟国遭到南方某大国偷袭，同盟国军队紧急部署，援助该国抗击南方某大国的侵略。

这次演习晋国出动战车四千乘。

除了晋国军队之外，各盟国也都出动了数百乘战车，总战车数量接近六千乘。那么，粗略计算，这次演习人数约为四十五万人，毫无疑问，这是当时最大规模的军事演习。

由此大致也可以看出，晋国与楚国在军队人数上基本持平，军事实力上旗鼓相当。

军事演习空前成功，史无前例地成功。

军事演习结束之后，照例要召开盟会，盟会地址就在卫国的平丘。

军事演习一切顺利，但是到了盟会，问题就来了。

叔向有个弟弟叫羊舌鲋，平时兄弟两人关系一般，不过由于叔向和韩起的关系非常好，羊舌鲋有事没事也去跟哥哥套个近乎。

此次军事演习，羊舌鲋也作为公族大夫随军参加。军事演习刚刚结束，司马趯饮酒过量而死，因此，要任命新的司马。羊舌鲋看到了机会，于是去找韩起跑官要官，看在礼物和叔向的面子上，韩起任命羊舌鲋为代理司马。

盟会期间，晋军并没有撤回晋国，而是就地驻扎在卫国，要对盟国形成心理威慑。这下，卫国人倒霉了，三十万大军那可不是闹着玩的，吃也把你吃垮了。盟会要开上个十天半月的，这国家估计要两三年才能缓过劲儿来。

这时候的卫国上卿是北宫喜，此时此刻是怎么也喜不起来了，整天发愁，祈祷着盟会早点儿结束，能流产最好。心里郁闷，表面还要装作非常热情好客的样子。越这样，心里就越郁闷。

正在郁闷得不得了，羊舌鲋来找了。

"哎哟，司马来了，有什么指示？"北宫喜强颜欢笑，打个招呼，现在他烦死了晋国人。

"北宫，你也忙我也忙，咱们小胡同赶猪，直来直去吧。事情是这样的，你看，我们晋国为了各个国家的利益，每年耗费大量的军事开支，兄弟们水里来火里去的，都不容易。我想给兄弟们谋点儿福利，可是你也看到了，我穷得叮当响，那什么，贵国身为东道主，是不是犒劳犒劳兄弟们？"羊舌鲋一点儿没拐弯儿，就是来索贿的。

北宫喜一听，原来还挤出的那点儿苦笑是怎么也挤不出来了，只有苦没有笑了。

"司马啊，不是我们不肯啊，我们也知道你们辛苦，可是，我们卫国不能跟晋国比啊，我们是小国屁民，全国人口加起来还不如你们的军队人数多呢。你看看，你们这几十万大军往这里一住，吃喝拉撒我们都得管，我们已经是咬紧牙关勒紧裤带了，再要别的，我们可真就有心无力了。"北宫喜拒绝了，一方面是真的难以承受，另一方面也是憋了一肚子火无处发泄。

"嘿嘿嘿嘿。"羊舌鲋没有多说，走了。

羊舌鲋很恼火，非常恼火。他算了一个简单的账，贿赂韩起花了多少钱，那么，该挣回来多少钱才算不亏，再多挣多少才够下次继续贿赂用的。如今，钱花出去了，司马也当上了，不过是个临时的，如果不抓紧机会挣回来，那可就不划算了。

第一七二章　欺软怕硬的盟主

"不给？不给老子整死你。"羊舌鲋咬着牙，他有办法。

通常，有办法花钱的人，都有办法挣钱。

通常，有办法贿赂的人，也都有办法索贿。

所以，买来的官，一定会变本加厉地把买官的钱挣回来，并且准备够下一次买官的钱。

盟会还没有正式开始，晋国军队就已经到处乱砍滥伐了。三十万人哪，卫国那点儿树哪够砍的？北宫喜一看这形势，要这么下去，等盟会开完，卫国就成光秃国了。

于是，北宫喜来找韩起投诉了。

"噢，这个，我军要修建营垒，还要取暖，所以砍你们一点儿树，多多体谅。"韩起回答得堂而皇之，那意思是砍你们的树很正常。

北宫喜这下傻眼了，才八月初，取什么暖？分明就是故意要给我们颜色看啊！怎么办？赶紧贿赂韩起？可是，人家已经拒绝了，如果这时候再去贿赂，不太合适。

"我看，韩起很听叔向的，不如贿赂叔向，让叔向从中转圜，大家都好做。"大夫屠伯提出一个建议。

事到如今，也只好这样了。于是，北宫喜赶紧准备了一箱锦缎，让屠伯给叔向送去。

领了锦缎，屠伯又另外准备了一碗羊羹，以送羊羹为名义，找到了叔向。

"叔向啊，我们卫国一向是晋国的忠实跟班啊，而且永远忠于晋国。可是如今贵国军队在我国砍柴，砍柴的方法跟从前大不一样，您看，能不能帮忙给制止一下？"屠伯有些急了，连寒暄都省略了。

叔向接过了羊羹，一口气喝完了，表示他接受了对方的请求，不过，锦缎他没有收下，还给了屠伯。

"我不瞒你，这件事情，前前后后都是羊舌鲋在捣鬼。这样，你把这箱锦缎送给他，就说是贵国国君赏赐的，得到了贿赂，他肯定下令停止砍伐。"叔向给屠伯出了个主意，实际上他已经去找过羊舌鲋，要他管一管，可是羊舌鲋仗着韩起撑腰，竟然左推右推不肯去管。

屠伯知道叔向的为人，于是谢过之后，按着叔向的指点，把这箱锦缎送给了羊舌鲋。

"哎哟，太客气，太客气了。"羊舌鲋看见礼物来了，立即笑逐颜开，不等屠伯请求，自己主动吩咐军吏，"传我的命令，从现在开始，任何人动卫国一草一木，杀无赦。"

屠伯当时就想流泪，不是太感动，而是太感慨。

"太腐败了！"屠伯回去的路上，一边走，一边骂着。

这一边羊舌鲋忙着敲诈搜刮，那一边韩起和叔向则忙着对付齐国人。

按照晋昭公的意思，这次要重申一下上一次的盟约，以便让盟国摆正自己的位置，而韩起和叔向也是这个意思。

叔向于是找到了各国上卿，提出这个要求，其余国家都没问题，只有齐国的国弱提出反对意见。

"算了吧？整天整这玩意儿，没啥意思。"国弱说，齐国人已经越来越不把晋国人放在眼里了，因此很不愿意跟他们玩这种过家家的游戏。

"不行，各国都已经同意了，只有你们反对，我奉劝你要慎重考虑啊！"叔向态度强硬，他知道怎样对付齐国人。

"这个只有讨伐生有二心的国家的时候才有必要重申盟约啊！现在大家好好的，算了吧。"看见叔向强硬，国弱的态度软了下来。

"不行，这是规矩。如今我们守规矩，而你们不守规矩，后果自负。"叔向索性开始威胁。

"那，那什么，俗话说：小国言之，大国制之。我们也就发表一下看法，最后还是按照贵国的要求去办啊！我们同意还不行吗？"国弱彻底软了，国弱国弱，确实比较弱。

盟会的前两天，晋军再次举行军事演习，以恐吓盟国。

358

八月七日，盟会开始。

与会各国发现一个问题，什么问题？鲁国人没来。

"哎，鲁国怎么没来？军事演习他们也参加了啊，怎么盟会不来了？"大家都觉得奇怪，谁不知道鲁国是擦掉一切陪你睡啊？别的国家都不来，鲁国也该来啊！

鲁国为什么没来？不是他们不想来，是晋国人不让他们来。

原来，鲁国最近攻打了邻近的邾国和莒国，结果两个国家前几天到韩起面前告了鲁国一状，当然是带着礼物去的，于是韩起拒绝了鲁国参加盟会。

韩起难道不能吃了原告吃被告，也敲诈鲁国一下吗？他不是不想敲诈鲁国，也不是没有去敲诈，而是鲁国人不吃这一套。实际上，鲁国人尽管实行一切顺从的外交政策，不等于他们就没有尊严，鲁国人在骨子里很清高、骄傲，宁可被冤枉，绝对不行贿。

就这样，鲁国国君鲁昭公没能参加盟会，而随同前来的季平子（季文子之子）还被晋国人拘留了。

与会各国知道了这个情况，个个心寒，心说：鲁国这样一根筋跟着晋国干的国家竟然遭到这样的待遇，跟晋国结盟还有什么意思？

盟会上，无非就是把一堆陈芝麻烂谷子拿出来晾晾，你承认我的领土完整，我承认你的国家主权，你叫我姐夫好，我叫你舅子身体健康，等等。

废话说得差不多了，要开始重申盟约的时候，出了问题。

"等等，我有意见要提。"有人说话了，大家都很吃惊，于是去看这个人，谁？郑国的子产。

对于子产，所有人都很尊重，包括晋国人。也就是子产，敢在这个时候打断重申盟约的进程。

"啊，是子产，有什么意见？请说。"叔向和韩起交换了一下眼神，然后很客气地说。他和子产是非常要好的朋友。

"我听说诸侯当年给周王的贡赋，是按照爵位的高低来的，爵位越高，贡赋越多。晋国是盟主，我们应该进贡，但是进贡也该讲个公道。我们郑国不过是伯爵，如今却要我们跟齐鲁宋卫这样的公爵、侯爵国家一样的水平，这太不公道了。还有，天下太平了，应该少点儿军事行动。每次军事行动，我们都要额外进贡，几乎每个月都有，而且没有限度。今天我们重申盟约，就是为了保全小国。如果小国对大国的贡赋没有止境的话，我们小国就没有活路了。所以，决定我们小国生存还是灭亡，就在这次盟会了。"子产话说完，现场一片哗然。

跟盟主讨价还价，简直是找死！

和子产同来的郑国大夫游吉吓得面如土色。

"不行，你们郑国不能搞特殊化。"韩起断然拒绝。

"韩元帅，记得当初晋文公称霸，靠的是信用。而如今贵国更加依赖强权，蛮不讲理，恐怕难以服众。"子产面不改色，硬顶了回去。

韩起有些恼火，可是又不便发火，于是问叔向："你怎么看？"

"大家怎么看？"叔向也不好驳斥子产，于是问大家。

"郑国比我们还大，他们要减，我们也要减。"卫国的北宫喜抢先发言，他早就想说这样的话，可是一直没有胆量，如今算是借着子产的话头提了出来。

"不行，都不能减。要减，大家都减。"国弱接口了，齐国人就这样，唯恐天下不乱。

一时之间，所有诸侯国中，要么反对郑国减少贡赋，要么要求一块儿减，总之，没人同情郑国。

等到大家都说了一遍，子产站了起来，摆了摆手，又说话了："各位，你们不要跟郑国比，因为你们没法比。想想看，我们北面是晋国，南面是楚国，根据和平协议，咱们两边都要朝拜。你们不挨着楚国，想去就去，不想去就不去。可是我们郑国是不能不去，也就是说，你们只给晋国进贡就行，可是我们还要给楚国准备一份。各位，摸摸良心，谁敢说比我们困难呢？"

子产一番话，说得大家一时间无言。不过，在座的都是职业外交家，没理也要搅三分。所以没沉默多久，有人说话了。

"哎，子产，话不能这么说，晋国和楚国，一码是一码，谁还没有点儿穷亲戚啊？"国弱阴阳怪气地说道。他倒不是成心要和郑国作对，他就是想让晋国难堪。

"是啊，我们卫国是承办盟会最多的国家，哪一次没有额外开销啊？就说这次，我们几乎把国库都掏空了，找谁讲理去？大家看我现在这样子，我哪里还是北宫喜？我都恨不得改名叫北宫愁了。"北宫喜哭丧着脸说，趁这机会倒苦水。

一时间，大家都抢着发言，哭穷的哭穷，叫苦的叫苦，吵成了一团，把盟会弄成了诉苦大会。

唯一没有发言的是宋国的华定，不是他不想发言，是他觉得这样很没面子，好像是在求晋国人的恩赐一样。

争吵就这么一直进行下去，偶尔，韩起或者叔向插句话。

吃过了午饭，下午继续争吵，一吵就是一个下午。眼看大家吵得嗓子都哑了，又到了晚饭的时间。

韩起一看，不能再这样了，否则重申盟约的事情非泡汤不可。

"各位各位，肃静肃静。"韩起摆摆手，要大家停止争吵。

没人理他，继续争吵。

"静一静！静一静！"韩起大声喊了起来，人们这才停了下来。

韩起用锐利的目光扫视着大家，直到大家都老老实实坐着，不再准备出声之后，韩起才清了清嗓子，开始说话：

"各位，再这样下去，这盟会就甭开了，盟约也就别重申了。世上的事情，没有绝对的公平，所以，大家听好了，关于子产提出来的问题，我现在做个决定。决定一旦做出，谁也不要再说了，再说，就请离开。"

韩起话说得很严厉，又扫视了大家一遍，再次清了清嗓子，说道："我们经过斟酌和统筹考虑，觉得子产所提出来的意见有道理，所以我决定，郑国的贡赋减少一半，其他国家维持不变。好了，下一个步骤，盟誓。"

韩起说完，第一个站起身来，其他人尽管非常不满，但没有办法，也只好跟着站起来，准备重申盟约的仪式。

子产出了一口气，却没有露出笑容来。

重温盟约的仪式草草进行，草草收场。随后，大家都没有心情留下来，卫国人则很急迫地要送客。于是，各国使者匆匆离去，晋国军队也撤回了晋国。

在回国的路上，游吉问子产："太冒险了吧。你提那个要求，万一惹恼了晋国人，当时率领联军来讨伐我们，那不是哭都来不及了？"

"怕什么？晋国现在还是一个国家吗？他们的权力都分散到六卿手里了，他们整天忙于钩心斗角、化公为私，哪里顾得上对外战争？"子产淡淡地说，他早就看透了晋国。

一针见血，子产的话一针见血。国家虽大，但是人人忙于瓜分这个国家，这样的国家有什么可怕的呢？

晋国人撤军的时候，把季平子也带回了晋国，关押起来。

不久，鲁国派了子服惠伯来，想把季平子救回去。

子服惠伯没有带礼物，他找到了中行吴，他们之间的关系一向不错。

"中行元帅，我们鲁国对晋国那是百依百顺，掏心掏肺跟你们干。可是，你们就因为两个蛮夷小国就这样对待我们，心寒啊！俗话说：有奶就是娘。别逼急了我们，逼急了，我们投靠楚国人去了。"子服惠伯没客气也没掩饰，他实在太气愤了，整个鲁国都很气愤，豁出去了。

当然，子服惠伯也了解到了盟会的情况，知道晋国已经是一只纸老虎了。

中行吴一看，老实人都被逼成这样子了，看来事态确实有些严重了。

于是，中行吴赶紧去找韩起。

"元帅，你看，楚国灭陈灭蔡，咱们都当了缩头乌龟。如今却拿自己最亲近的鲁国开刀，现在还扣着季平子，这恐怕不太好吧。"中行吴如实汇报，把子服惠伯的话又学了一遍。

韩起一听，这事情要是闹大了，还确实很麻烦。

"赶紧放人。"韩起下令。

晋国人放人了，可是，鲁国人不走了。

"老季，恭喜恭喜，你可以回家了。"韩起派人去释放季平子。

"什么？回家？我一个大国上卿，你们要抓就抓，要放就放，把我们当什么了？当鸡啊？我要是有罪，你们可以开庭审我，判我死刑，砍头的时候要是眨眨眼睛，我跟你姓。要是我没罪，嘿嘿，不好意思，你们当初在盟会上抓我，要放我，必须再次召开盟会，在盟会上宣布抓错了人，赔礼道歉，然后我才回家。"

季平子不走了，打死也不走了。

韩起有点儿傻眼了，没想到鲁国人还这么大脾气。

怎么办？倒贴点儿礼物吧。

韩起再派人去赔礼道歉，还带着礼品。

"走开，以为打发叫花子呢？以为我们也像晋国人一样贪财吗？"季平子把来人骂出去了，礼品也都扔了出去。

韩起有点儿恼火，可是还不能发作，只好继续想办法。

想来想去，想去想来，想不出办法，恰好叔向来了，就把事情告诉了叔向。

"这个简单，让羊舌鲋去办这件事情就行了。"叔向根本不把这事当回事。

羊舌鲋行吗？

看见羊舌鲋，季平子的心头咯噔一下，全世界都知道他是个吃肉不吐骨头，心黑手狠的腐败分子。他来了，能有什么好事？

"小季啊，在晋国过得还好吧？"羊舌鲋皮笑肉不笑地说，更显出险恶来，季平子心里又是咯噔一下，"说起来，咱两家还有点儿渊源，当年我在晋国混得不怎么样，流亡到了鲁国，就投靠了你爷爷。如今能够回到晋国，心里一直很感念你们家。"

"啊，是吗？"季平子不知道羊舌鲋葫芦里卖的什么药，小心翼翼地说。羊舌鲋说的事情他知道，那时候羊舌鲋也就在他家里住了一个多月，实际上谈不上什么投靠。

"你被扣押在这里，我一直在为你想办法啊。如今我听说韩元帅放你回去，你不回去了是吗？据我所知啊，他们已经准备在靠近秦国的西河给你修房子呢，让你住到那里去，你说你怎么办呢？我，我为你担心啊，呜呜呜呜……"羊舌鲋说着，竟然真的哭起来了。

季平子一听，眼睛都瞪大了。他知道韩起是个要面子的，不会对自己怎么样，可是这个羊舌鲋是什么事情都干得出来的，真把自己安置到那个鸟不拉屎的地方，那岂不是惨透了？

"我，我回去还不行吗？"季平子服软了。

第一七三章

数典忘祖

齐桓公、晋文公和楚庄王靠什么称霸？武力？

武力只是称霸的条件之一，并不是有武力就能"称霸"，称霸最重要的是"信"，也就是取信于天下。

楚灵王召开联合国大会，炫耀武力，其结果并没有令诸侯信服。

同样，晋国举行军事演习，出动三十万兵力，其结果却是诸侯越来越不信任他们，越来越藐视他们。

"晋国太不厚道了！"平丘盟会结束之后，诸侯们在回国的路上骂了一路。

不仅诸侯们开始背离晋国，就连日渐没落的周王室也瞧不起晋国了。

平丘盟会两年后，周景王的母亲穆后崩了，到了当年的十二月举行葬礼，各路诸侯派人参加。按照周礼，太后去世，应该是各国上卿前往，而晋国只派了六卿中排名最后一位的智跞去，他是下卿。因为智跞年轻，怕他闹笑话，韩起特地为他配备了主管史籍的籍谈。

两位到了王室，参加了葬礼，基本上按部就班，还算顺利。

葬礼结束，哀悼规格降低，周景王设宴招待各国使者，就用鲁国进献的酒具。

酒过三巡，大家都微有醉意，周景王一眼看见了两个晋国人，火就不打一处来，这两位不仅级别低，而且傲慢无礼，接待的官员常常来投诉这两位难以伺候。

"智元帅，有个问题想请教一下。"周景王说得很谦虚，以至于大家都有点儿吃惊。

通常就是这样，当一个人的地位高却显得很谦卑的时候，通常都没有好事。

"这，这，不敢不敢啊，大王请讲。"智跞年轻并且刚接班不久，没见过什么世面，当时不禁有点儿慌张。

"你看，我们现在用的酒具非常精美，这是鲁国进献的，还有这里的乐器，这是宋国进献的。这么说吧，这么多年了，连楚国、吴国这样的蛮夷国家都有进献，可是晋国说起来还是很近的亲戚，却什么也没有进献过，我想问问这是为什么？"周景王的问题一出，四座哗然，大家都憋着笑，看智跞怎么回答。

"这，这，这个。"智跞本来就紧张，遇上这么刁钻还不给面子的问题，他只能张口结舌，说不出话来。

"哈哈哈哈……"所有人都忍不住笑了起来，看见晋国人出丑，大家是真高兴。

智跞憋得满脸通红，旁边籍谈一看这小子衰了，心里也挺高兴，不过，他知道自己必须出来解答这个问题了。

"大王，这个问题我来回答吧。"籍谈高声说，以便压住大家的笑声，然后也不等周景王批准,就开始说了起来,"想当初王室分封诸侯的时候,各国都曾经从王室得到宝物,以镇抚国家,所以他们也有能力向王室进献宝物。可是我们晋国被封在荒山野岭,跟戎狄为邻,远离王室,感受不到王室伟大的恩情,只能忙于跟戎狄肉搏,哪里还有能力进献宝物呢?"籍谈一番话,等于就是反唇相讥。

这不是强词夺理吗?自己不但不进贡,反而要说当初封的地盘不好。

举座再次哗然,不过这一次,大家的目光都落到了周景王的身上,看他怎么说。

"叔啊,你是不是健忘了点儿?"周景王有点儿恼火,语气更加讽刺,"当初唐叔虞是成王的同母弟弟,难道没有从王室得到赏赐吗?密须的鼓和大路车,是文王在检阅军队时使用的东西,厥巩的皮甲,是武王战胜商朝之后得到的,唐叔接受了这三件东西后,便住在参虚的分野晋地,镇抚戎狄。在此之后,晋文公又接受了襄王的大路车、戎路车、斧钺、香酒、彤弓以及勇士等,还送给了他南阳的田地,这不是王室的赏赐是什么?王室对待诸侯,有功劳就赏赐,有业绩就记载到史册上。所有的这些东西,难道你们都没有记载下来?叔啊,你也太渎职了吧。从前你的祖先孙伯黡开始掌管晋国的典籍,这才有了你们籍氏。你们家世代掌管晋国的典籍,你怎么能不知道这些呢?"

周景王一番话,说得籍谈哑口无言,一脸尴尬。

那天的晚宴,大家吃得十分开心,当然,除了晋国人。

晚宴结束之后,等到宾客都走了,周景王叹了一口气,说了一句名言:"籍父其无后乎,数典而忘其祖。"

数典忘祖,这个成语就来自这里,意思就是忘本。

数典忘祖这件事很快在晋国传开了,大家都觉得很搞笑,却并没有引以为耻。

"哈哈哈哈……都什么年代了，还想向我们晋国要宝物？"韩起就觉得很好笑，笑过之后，突然想起来自己还有件宝物该去找郑国人要过来。

第二年三月，韩起前往郑国访问，为什么去的？史书没有记载。不过，总归找了个堂而皇之的理由。

韩起前来郑国，让郑国人也觉得有些奇怪，好像没什么事情值得他过来啊。不管怎样，郑国人还是非常重视，郑定公亲自设宴招待。

宴席上，韩起非常客气，这让郑国人又有些担忧，不知道韩起的葫芦里卖的什么药，因为韩起一向很傲慢。

酒足饭饱，闲话也扯得差不多了，终于韩起说到了正事。

"主公，不好意思，有一件事情要拜托。事情是这样的，我手头呢有一只玉环，大家看看，就是这样的。"韩起说着，掏出那只玉环给大家看，大家一看，好玉环，晶莹透亮，还泛着淡淡的绿光。

"这玉环呢，有两只，另外一只听说在一个郑国商人的手里，看看能不能替我找到，也配成一对。"

"噢。"所有郑国人在一瞬间都明白了，这就是韩起来郑国的目的了。

假公济私，公费出差，就是为了来索取一只玉环。

"那，我们找找。"郑定公答应，不过，他也不确定到底能不能找到这个商人。

"好，我就在郑国等着。"韩起的意思，找不到就不走了。

郑定公把任务派给了子产。

找到这个商人其实并不难，因为韩起早就找到了，之所以自己不去找这个商人买，而是动用郑定公，就是为了不花钱。

商人找到了，于是子产和游吉去见韩起。

"韩元帅，不好意思，不好意思啊，您说的那个东西，它不是我们的国有财产，我们是真不知道在谁手里。"子产竟然撒了个谎，而且表情很自然。

"那，那多受累了，那就算了吧。"韩起的脸色很难看，他知道子产在骗自己。

双方又虚假客套了几句，子产和游吉告辞，出来了。

"咳，不就一只玉环吗，又不是什么了不得的东西，给他就给他吧！如果为了一只玉环，得罪了晋国和韩起，是不是太不合算了？"游吉抱怨子产。

"我听说君子不担心没有人给自己送礼，而是担心没有好名声；我还听说小国对大国不用担心不能讨好他们，而是担心失去礼法之后而使自己的名位无法保障。假如大国对小国提出的要求，小国都要满足，小国哪有这样的能力？有时满足，有时不满足，那更是要得罪他们。对大国的要求，如果不用礼法拒绝他们，他们就会贪得无厌，早晚有一天会把我们变成他们的边境城市，我们就将丧失国家的地位。如果韩起来访只是为了一只玉环，那他是不是腐败得太过分了？如果我们给他玉环，就等于让他成了贪婪之徒，而我们丧失了国家的地位，岂不是一举两失？"子产一通大道理，说得游吉无话可说。

子产为什么要这么对游吉说？因为他知道游吉会把这话转述给韩起，游吉和韩起的关系他是知道的，他甚至可以推断出来，关于那只玉环在郑国商人手中的情报，也是游吉提供给韩起的。

子产没有猜错，游吉随后把子产的话一句不差转述给了韩起。

"啊，子产真这么说？"韩起有些吃惊。

"是啊。"

"唉，那算了，他说得也有道理。这样吧，你帮我把那个商人找来，我买他的还不行吗？"韩起尽管腐败，对子产还是非常尊重的，所以他认为子产的话也对，自己的名声还是要维持的。

游吉把商人找来了。

商人开了价，韩起连价也没还，就一口答应了，这倒不是韩起不会还价，而是商人开出的价格本身就很低，因为一路上游吉已经把工作做到了家，从姜太公钓鱼到弦高贩牛，从爱国主义到商业道德，一通忽悠，忽悠得商人热血澎湃，再加上也不敢得罪游吉，于是乎开了个跳楼价。

价格上没有争议了，可是还没等韩起高兴起来，商人有些后悔了，他想来想去觉得自己太亏。

"元帅，按理说呢，谈好了价就该成交了，可是这只玉环是国宝级的东西，私下卖给您，怕是属于走私文物。所以，恐怕要子产批准，您别让我为难，当官的和当官的好说话，您跟他说说吧。"商人的意思，成交价显然有失公平，想要子产再给找回来点儿。

韩起一听，我白要不行，现在我花钱买，子产还能反对吗？

"子产啊，上一次我要那只玉环呢，您说不合道义，我就不敢再提那个要求了，现在我直接从那个商人手上买了，商人说一定要向您报告才行，希望您能批准。"韩起找来了子产，很客气地说，心说：你可别给脸不要脸啊。

子产就知道韩起会直接从商人手上买，也想到了会被请来说这件事情。

"元帅，我给您说说历史吧。早年我们的祖先桓公原本在周朝王室，后来封了这块地方，那时候我们家族和商人们一起来到这里，共同开辟这块土地，和睦相处。当时我们订了盟约：尔无我叛，我无强贾。商人忠实于郑国，郑国也绝不对商人强买强卖，不提过分要求，不掠夺，不干涉他们拥有宝物。按照这个誓词，我们互相支持，共同富裕。如今您为了两国友好来到了郑国，却让我们强行从商人手中夺取玉环给您，等于让我们违背当初的誓言，恐怕不行啊。如果您得到这只玉环，却失去了诸侯，我想您恐怕也不会这么干。所以，我实在是看不出来您得到玉环有什么好处。"子产还是这一套，又加上了盟誓这个概念。

韩起一看，这玉环看来无论如何都没戏了。

"我，我太糊涂了，竟然为了一只玉环换来两种罪过，我，我不要还不行吗？"韩起服了。

第一七三章　数典忘祖

像韩起这样的腐败分子,可以说还是良知尚存的腐败分子。

临回国之前,韩起向郑国六卿每人赠送了一匹好马,并且私下会见子产,又赠送了他玉璧两对和好马四匹。

这一趟腐败之旅,韩起算是折了本。不过,也算是接受了一次再教育。

"腐败,也是要有节制的啊!"韩起一路上在感慨。

360

从郑国回到晋国,韩起做了一个反思。

俗话说:大国一反思,小国就倒霉。

韩起反思的结果就是这些年晋国除了腐败,确实没干过什么正经事,如果再这样下去,自己恐怕不会有什么好名声留下来了。

怎么办?韩起找来了中行吴商量,六卿当中,也就是中行吴还有点儿实干精神。

"简单,找个蛮夷国家出口气。"中行吴说。

"也好,找谁?"

"陆浑戎啊,他们跟楚国人混在一起,就打他们。楚国人这些年让我们吃了不少苍蝇,我们也让他们吃一个。"

"那好,全权委托给你了。"

为什么韩起对中行吴这么信任?因为中行吴对付戎狄有很多实战经验。

第二年,韩起派屠蒯去了周王室,请求让晋国祭祀王室境内的洛水和三涂山(在今河南省嵩县境内)。

晋国人无缘无故来祭祀洛水和三涂山?周王室的人也不是傻瓜,当即猜到晋国人的目标根本不是洛水和三涂山,而是瞄准了洛水南面的陆浑戎。

到九月,中行吴率领晋国军队渡过洛水,装模作样要祭祀洛水,陆浑戎早就听到了消息，纷纷要来看热闹。他们不知道，这个中行吴最擅长的就是偷袭。

表面上装模作样要祭祀洛水，暗地里中行吴迅速率军南下，以迅雷不及掩耳之势袭击了陆浑戎。

陆浑戎全国被灭，国君仓皇逃到了楚国，一部分人逃到了周朝的地盘上，被早有准备的周王室的军队活捉，成了王室的战利品。

这一回，轮到楚国没脾气了，楚平王也只能干瞪眼。没办法，只好找块地方安置了陆浑戎的国君。在前往安置地之前，楚平王设宴欢送了陆浑戎的国君。当然，现在他已经不是国君，而是一个楚国小地主。

"你们怎么这么不小心？中行吴可是出了名的不讲信用的人啊！明知道他领军，怎么不加戒备？"楚平王说，他觉得陆浑戎的国君很傻、很天真。

"可是，我听说中行吴这个人很诚实、很厚道啊！"

"怎么会？他很狡猾，很喜欢偷袭啊！"

"不对啊，两年前他攻打鲜虞的故事大王不知道吗？"

"咳，你不知道他四年前攻打鲜虞的故事吗？"

"啊，四年前他还攻打过鲜虞？"

"唉，看来你们死得不冤。"

中行吴攻打鲜虞的故事看来很重要，而四年前和两年前的两次攻打看来又绝对不一样，那么，让我们来看看中行吴是怎样攻打鲜虞的。

中行吴，前中军主帅荀偃的儿子，晋国上军元帅。

荀偃是著名的腐败分子，中行吴则有些瞧不起父亲，觉得父亲太笨，除了腐败，什么都不会。所以，一直以来，中行吴就下定了决心要立下战功，为中行家挽回一点儿形象。

中行吴的性格比较孤傲，想法有时候很怪异。他话不多，三天不说一句话是很常见的事情，所以谁也不知道他心里在想什么。

中行吴第一次领军打仗是在晋平公十七年（前541年），就是王子围篡位的那一年。

那时候还是赵武为中军帅，在南面不敢与楚国争雄，于是决定在北面做些文章。在太原一带有一个山戎国家叫作无终，联合周围的狄人国家对抗晋国，赵武决定讨伐他们。不过，赵武本人不想去，于是把任务派给了上军帅。

上军帅是中行吴，上军佐是魏舒，两人率军北上，攻打戎狄联盟。

"敌人是步兵，我们是车兵，可是战斗的地方狭小而且地势不平，如果对方用十个步兵围攻我们一乘战车，就一定可以取胜。所以，我建议我们放弃战车，全部改为步兵。"在战斗之前，魏舒提了一个建议。

"好啊，当初文公的时候不是就设了三个步兵军专门对付狄人吗？"中行吴觉得很合理。

于是，晋军放弃战车，全数改为步兵。

要知道，在战车上打仗的都是贵族，而步兵地位要低很多。所以，放弃战车，也就是贵族要等同于一般士兵了。军令之下，尽管大家不愿意，还是不得不下了车。可是，中行吴的一个家臣说什么也不肯下车，还说了"当步兵还不如去死"的话。

"老子这个姓就是步兵的意思，你竟然这样羞辱步兵，胆儿肥了你？"中行吴大怒，他一向最恨的就是别人瞧不起步兵。中行吴说得没错，当初就是因为祖爷爷荀林父担任步兵军中行的元帅，才有了中行这个姓氏。

中行吴也没客气，把这个家臣砍了示众。

大家一看，好嘛，敢情中行吴是又一个韩厥加魏绛啊！其实不是，中行吴只是恨别人说步兵的坏话。

不管怎样，晋军士气大振。

紧接着，晋军按照地形排布了阵势，前面两阵用来诱敌，后面五阵则以包抄的方式攻击敌人的侧翼。结果，戎狄那点儿战术素养根本就不值一提，他们没有回过神来，就被晋军打得狼狈逃窜。

中行吴第一次出战，就取得压倒性胜利。

"哇！当今晋国第一名将啊！"整个晋国在感慨，似乎中行吴是当今的先轸。

没办法，谁都不想领军打仗，难得中行吴还愿意出这个风头。

第一七四章

偷袭专家

自古以来，主人接待客人就不仅是吃吃喝喝这么简单的事情，总还要有点儿娱乐活动。

每个朝代的娱乐活动是不一样的，如今呢，不外是吃吃饭、按按摩、跳跳舞、唱唱歌。

那么，春秋时期用什么娱乐活动来招待客人呢？最流行的一种叫作投壶。投壶是一种大众运动，从小老百姓到贵族再到国君都玩，不过身份不同，器具自然就不会一样，而规矩也不大一样。

投壶是一种怎样的游戏呢？其实类似于现在的飞镖比赛，就是用手把箭投进一个壶中，看谁投中得多。那么，为什么不干脆就玩射箭呢？一来场地限制，二来射箭是纯粹的比赛项目，而投壶更多的是娱乐。

361

晋昭公二年（前530年），也就是楚灵王灭蔡国的第二年。

齐景公前来晋国访问，韩起耍了个滑头，派中行吴做晋昭公的襄礼，也就是晋昭公会见诸侯时的礼仪主持人。

中行吴觉得这是个挺出风头的事情，欣然接受。

晋昭公设宴款待齐景公，那就是国宴。国宴，自然用最好的酒最好的肉，基本上就算是汾酒和烤全羊了。

吃饱了喝足了，就该搞点儿娱乐活动了。玩什么？投壶。

关于投壶，有很严格的礼仪和规矩。《礼记》中专有"投壶"一章，介绍投壶的礼仪和规矩。

下面，按照《礼记》的记载来回顾一下晋昭公和齐景公的投壶过程。

投壶的装备主要有矢，也就是箭，用柘木和棘木做成，不去皮；壶，一种口稍大、肚子较大、颈部较细的壶；中，应为"盅"，用以放筹码以计算胜负；算，筹码。

我们现在常说"胜算"，通行的解释是取胜的概率，其实这样的解释是错误的，正确的解释是取胜的筹码。

再来看看投壶的程序。

中行吴捧着箭，裁判工作人员拿着盅和壶，来到客人面前。按理说应该是晋昭公亲自捧着箭，不过鉴于他是盟主，因此就由襄礼中行吴代表。

中行吴来到齐景公面前，很客气、很谦虚地说："不好意思，我国的制造工艺比较差，箭有点儿歪，壶口也不正，凑合凑合，赏个脸玩一局吧。"

齐景公也很客气，说："哪里哪里，您太客气了，又是汾酒又是烤全羊的，都是好吃好喝的，还要弄这玩意儿给我玩，太麻烦您了，我，我不敢当啊！"

中行吴再次邀请，齐景公再次推辞。

中行吴第三次邀请，齐景公说："那，我就恭敬不如从命了。"

齐景公拜谢，中行吴急忙转身，嘴里说："不敢当，不敢当。"

之后，中行吴拜谢，齐景公也急忙转身，嘴里也说："不敢当，不敢当。"

随后，齐景公转身，拜接下中行吴手中的箭。

随后，中行吴躬身请齐景公进入娱乐场地，也就是两楹之间，此时那里已经临时摆好了宴席，边吃边玩。

另一边，晋昭公也拿好了箭。

晋昭公和齐景公就位，每人手中八支箭。

裁判人员将壶放到离席两尺半远的地方，然后记分员站在一旁，把放筹码的盅放在面前，手中则拿着八支算。

中行吴宣布投壶规则："矢头投入的才算进，主宾交替投，一方连续投算违例，投进也不算。每人各投一支箭为一轮，八轮为一局。一局结束的时候，胜方罚负方喝酒。三局两胜，负者向胜者敬酒。"

规则宣布完毕，中行吴下令："奏乐。"

中行吴选择的音乐为《狸首》，这首乐曲曲调柔和平缓，基本上就是春秋版的《绿岛小夜曲》，适合做游戏的伴奏。

音乐声起，游戏开始。

按照礼仪，主先客后。

第一局，晋昭公八比七获胜。

于是，中行吴斟酒，晋昭公的近臣捧着酒，献给齐景公，齐景公接过酒，说："赐灌。"意思就是承蒙赐酒；这时候晋昭公说："敬养。"意思就是敬请取用。

第二局，齐景公先投，这一局以八比七扳回一局。

于是，这次轮到晋昭公喝酒了。

第三局为决胜局，又轮到晋昭公先投。

投壶是一种娱乐活动，同时也是一种比赛。那么，究竟是娱乐的性质更强，还是比赛的味道更浓，这要看过程中的气氛。

晋昭公和齐景公原本是娱乐的，如果晋昭公连胜两局，那么，这就成了彻底的娱乐。可是，现在双方战成一比一平，晋国这一方就有些恼火了，晋昭公的脸上就有些挂不住了。身为盟主，又是东道主，要是在决胜局输了，那就太没面子了。

晋昭公有些急了，中行吴则更急。偏偏齐景公也不给面子，丝毫没有要放水的意思。

到了这个时候，娱乐的气氛已经没有了，完全成了一场比赛。

晋昭公活动活动了胳膊，准备要投箭了。

这个时候，中行吴在旁边说话了。

"酒如淮水浪滔滔，肉如恒山层层高；晋君若胜此投壶，必做天下之盟主。"中行吴念念有词，算是为晋昭公许了个愿。

晋昭公打起精神，一箭投出，稳稳命中。

"嘘——"晋昭公长出了一口气，然后来看齐景公的表现。

齐景公也活动活动了膀子，拿起箭来，也说了几句话："酒如渑水浪滚滚，肉如泰山耸入云；我若投壶得命中，嘿嘿，代替晋君为盟主。"

说完，齐景公出手，那支箭是空心而入。

"哈哈哈哈……"齐景公高兴，笑了起来。

齐国人都很高兴，而晋国人的脸色变得很难看。

"元帅，你刚才说得不对啊。我们本来就是盟主啊，跟投壶有什么关系？你看见没有，齐国人瞧不起我们了，估计回去之后再也不会来了。"晋国大夫伯瑕在一旁轻声对中行吴说。有道理吗？当然有道理。

中行吴也知道自己刚才的话有问题，可是这个当口，打死也不会承认啊！所以，他瞪了伯瑕一眼，大声回答："我们晋国精兵强将，天下无敌，齐国人敢怎么样？"

说到这里，中行吴特地看了齐景公一眼。

中行吴的话一出来，比赛现场立即鸦雀无声，气氛非常紧张。

晋昭公手中拿着第二支箭，这个时候也不知道是该投还是不该投。而齐国人都有些害怕，齐景公也不知道这再比赛下去是该赢还是该输。

第一七四章　偷袭专家

就在大家都手足无措的时候，齐国大夫公孙傁快步上来，对齐景公说："主公，天色已晚，两位国君都有些疲劳了，咱们还是让晋君休息吧。"

齐景公一看，连忙借坡下驴，趁机告辞。晋昭公也算得了个台阶，赶紧送客。

于是，一场由娱乐引发的比赛最终被化解于无形。

在这次外事活动中，中行吴的表现令人失望。

362

外事活动不行，中行吴决定在军事活动中找回一点儿面子。

在晋国北面有一个狄人国家叫作鲜虞。鲜虞是个大国，统治着一些狄人小国，晋国对这些国家一直垂涎三尺，早就想吞并他们。

中行吴决定做一次历史重现，什么历史重现？假途灭虢。

中行吴派人前往鲜虞，送上礼物，提出借路的要求。为什么借路？因为要跟齐国举行联合军事演习。

其实，根本就没有所谓的联合军事演习这回事。

鲜虞驻晋国的地下办事处送回的线报是齐国国君刚刚来过晋国访问，达成联合军演的可能性非常大。因此，鲜虞人立即答应了晋国人借路的请求，并且通知沿途各国提供方便。

中行吴率领着晋国上军向东北方向进发，首先来到了鼓国。鼓国人民哪里听说过假途灭虢的故事，傻乎乎地还在看热闹。中行吴也没客气，经过鼓国首都昔阳（今河北晋州市）的时候，突然进城，鼓国国君还在睡午觉就被生擒活拿了。

紧接着，晋军挺进肥国，肥国人民同样傻乎乎，结果肥国国君以同样的方式被俘。

轻轻松松，中行吴一举灭掉了两个国家。

中行吴带着两个国家的国君回到了晋国。

晋国举国轰动，这是晋国近年来的最大一场胜利了。

"哇！中行元帅真是先轸第二啊！"大家都来拍马屁，拍得中行吴都分不清东西南北了。

怎么处置这两个国君呢？怎么处置这两个国家呢？

"灭了鼓国。"大家都是这个意思。

可是，中行吴有自己的意见。

"鼓国不应该灭掉，否则天下诸侯以为我们只能靠偷袭才能打胜仗。不如让他们投靠我们，然后放了鼓国国君。这样我们既得到了鼓国，又显示了我们的大国风度。"中行吴这么说，听起来也有道理。

"这，好吧。"大家同意，毕竟这都是中行吴的功劳，该他说了算。

鼓国既然不灭，那么肥国也就应该同样处置了。

可是，中行吴又不同意了。

"哎，肥国要灭掉，否则咱们岂不是白出去一趟，劳而无功，今后谁还怕咱们？"中行吴又这么说，听起来也有道理。

同样两个北狄小国，一个灭一个不灭，大家都觉得中行吴的思维有点儿古怪。

"那为什么灭肥国不灭鼓国呢？"韩起问。

"那为什么灭鼓国不灭肥国呢？"中行吴反问。

韩起没话说了，他真不知道该怎么回答。

最终，按照中行吴的办法，灭了肥国，保留了鼓国。

中行吴现在是晋国公认的当代第一名将了。

不过，有些人不服他，说他只会玩偷袭。

"谁说我只会玩偷袭？"中行吴很气愤，于是当年就率领上军讨伐鲜虞。

第一七四章　偷袭专家

结果发现，好像自己正面作战确实不灵。

"偷袭又怎么样？偷袭玩好了更牛。"中行吴这回不生气了，他认了，所以决定再玩一次偷袭给大家看看。

当年，在晋国那次史无前例的军事演习时，晋国军队全军出动参加演习。鲜虞人一看，你晋国人都演习去了，我这里可以放松放松了。

鲜虞一放松，中行吴的机会就来了。

演习还没有结束，晋国上军就悄悄地向北行进，然后突然从著雍突入鲜虞，一举拿下中人（今河北唐县），随后带着财物和俘虏回到了晋国。等到鲜虞人反应过来再组织军队反击的时候，晋国人已经走了三天了。

"偷袭元帅"，中行吴现在得了这么个绰号。

一开始，中行吴还很得意，不过很快，随着绰号的演变，中行吴有些不爽了。

诸如"偷帅""小偷"，晋国人背地里都这么称呼中行吴。

中行吴很恼火，他决定还是要想个办法证明自己确实不是只会偷袭。

时隔一年，中行吴率领上军讨伐鼓国。为什么讨伐鼓国？因为鼓国再次投靠了鲜虞。

晋国大军包围了鼓国都城昔阳，而此时鲜虞内乱，不能前来援救鼓国。

围城三天，城里有人偷偷地出了城，找到了中行吴。

"元帅，现在城里的百姓都想投降，我早就向往中原文化，我愿意率领城里的百姓出城投降。"来人是来献城的，看上去还挺有把握，并且说一口流利的晋国方言。

这不是天上掉馅儿饼吗？

"太好了，太好了，不费一兵一卒拿下城池，为什么不干呢？"魏舒十分高兴。

可是，魏舒忘了，中行吴可不是吃天上掉下来的馅饼的人。

"不，不行。叔向说过：追求善恶都不能过分，这样老百姓才知道自己应该怎么做。如果我们有人当内奸做叛徒，我们会怎么看他？憎恨。所以，这种行为是不正确的。那么，今天这个人的做法恰好是我们所憎恨的行为。如果我们奖赏这个人，那么就等于表彰我们所憎恶的行为；如果我们靠他拿下了鼓国却不奖赏他，那又不公平。所以，我们要靠自己的力量攻城，而不是靠叛徒内奸的力量。我们不能为了得到一座城，就损失了自己的信仰。"中行吴说了一通话，跟他过去所有的话一样，听起来好像都有道理。

"那，那怎么办？"魏舒觉得中行吴的脑子有问题，白送的东西都不要。

可是，还有魏舒想不到的事情呢。

"怎么办？把这个内奸抓起来，送到城里，让大家看看内奸的下场。"中行吴的命令让所有人都大吃一惊，那个来献城的人也只能自认倒霉。

中行吴说到做到，派人抓了来人，送到城门口。

"鼓国人听清了，这是你们的叛徒内奸要来献城，可是我中行吴打仗不靠这个，所以给你们送回来了。现在开始，你们要全力守城，谁也不许投降。"中行吴在城下高喊，听得鼓国人也有点儿迷糊，心想：这位的脑袋被门夹过吧。

不管怎样，鼓国人杀了那个内奸。原本大家都想投降，现在看来投降无门，干脆大家全力防守吧。

晋军包围了昔阳城三个月，这三个月并没有攻城。

三个月之后，昔阳城里的人受不了了，整天像被关在笼子里，而且眼看粮食就快吃完了。怎么办？城里人公推一个名叫贼大胆的人出来请求投降。由于这个任务的危险性极大，临行前，大家凑了一顿酒给他。

"元帅，求求您，就让我们投降吧，我们实在是没吃的了。"贼大胆坚决请求投降。

"什么？"中行吴盯着他的脸看了一阵子，看得他心里发毛，到最后，中行吴说了，"看你的气色，说明你们城里还有粮食。所以，不许投降，继续回去守城。"

贼大胆一听，这个后悔，早知道，就不喝这顿酒了。

没办法，贼大胆回到城里，告诉大家守着吧，外面的晋国精神病，还不准投降呢。

贼大胆走了，魏舒这边有意见了。

"元帅，咱们出来可是快四个月了，每天不说别的，军费都是一大把啊，分明能够拿下的城池，您一再推托，这对于国家没什么好处吧？"魏舒实在是看不过眼，质疑中行吴。

"哎，话不能这么说。拿下鼓国容易，可是拿下一个小国，却为百姓树立一个坏榜样，这样的事情不能干。既能拿下鼓国，又能为百姓树立好榜样，让百姓懂得全力效忠国君，这不是很好吗？"中行吴又是一通大道理出来，说得魏舒无法辩驳。

"唉。"魏舒叹了一口气，转身走了，走出大帐，嘴里骂道，"当小偷的也是他，扮君子的也是他。"

转眼又过了十天，鼓国人实在是受不了了，于是，又派了贼大胆出来请求投降。

这一次，贼大胆结结实实饿了自己两天，饿得一脸菜色，走路都要扶着墙，就这么晃晃悠悠，三步一倒，来到了晋军大营。

"元，元帅，求求您，让我们投降吧，再，再，再不投降，我们就都饿死了。"贼大胆说得有气无力。

这一回，中行吴并没有盯着他的脸看，因为这满脸菜色不用盯也能看出来。

"我问你，鼓国人民服了吗？"中行吴问。

"服，服了，服得很。"

144　　　　　　　　　　　　　　　　　　说春秋 5——吴越兴亡

"你们能抵挡我们的仁义之师吗？"

"你们大仁大义，我们完全无法抵挡啊！"

"你们效忠自己的国君了吗？"

"我们效忠了，可是贵国的力量实在强大，元帅的人格魅力无法抗拒啊！"

"嗯，好吧。可我还是不能接受你们的投降。"中行吴说，话音刚落，贼大胆当时差点晕过去，所幸的是随后他听到了好消息，"你们回去防守吧，我们明天攻城。"

贼大胆听到这个消息，立马跪地磕头："多谢元帅，多谢元帅，我们就去准备。"

贼大胆告辞了中行吴，回到昔阳城中告诉乡亲们："我们有救了，晋军要攻城了。"

鼓国人民欢呼。

当天晚上，鼓国人民开始清扫大街，准备欢迎晋军进城。

第二天，晋国军队浩浩荡荡，大举攻城。攻什么城啊？城头无人，城门大开，饥民们列队欢迎。

晋军兵不血刃，占领鼓国，随后将鼓国国君再次带回了晋国。

这次中行吴再次放了鼓国国君。

"精神病啊。"现在，全晋国人都这么说了，想想也是，出兵四个月，就抓回来这么个人，可是又给放了，这不是瞎耽误工夫吗？

可是，鼓国最终还是灭在了中行吴的手中。

七年之后，鼓国再次背叛晋国，中行吴则再次率领晋军讨伐。这一次，中行吴也不管什么榜样不榜样了，重拾偷袭旧业，让晋国士兵化装成粮贩子，混进昔阳城，一举抓获鼓国国君，然后将鼓国灭掉了。

中行吴，春秋第一偷袭战专家。

第一七五章

疯 狂 的 报 复

春秋两大霸主，晋国和楚国。

晋国国君安于享乐，高级官员们则忙于贪污腐败，索贿受贿。对中原诸侯，是欺软怕硬；对周边戎狄小国，则是以偷袭的方式进行欺压。

晋国，已经完全没有霸主的样子了。

楚国呢？楚国趁机雄起了吗？

嘿嘿，楚国更糟糕。

363

楚平王这人性格温和，对待大臣和百姓们也都不错。不过，人的性格永远是两面性的，温和换一种说法就是软弱。

楚平王这人性格软弱。

登基之初，楚平王宣布停止对外用兵五年，五年之间，果然没有对外用兵。那么，五年之后呢？

楚平王六年（前523年），楚平王将阴地的百姓南迁到下阴（今湖北老河口市），随后在郏（今河南郏县）修建大城，以防备晋国和郑国。

对此，鲁国的叔孙婼说得一针见血："楚不在诸侯矣，其仅自完也，以持其世而已。"（《左传》）意思就是：楚国人无心争霸了，他们不过想维持现状，平安度日了。

同年，楚平王下令在州来筑城，以防备吴国。州来此前被吴国所灭，因为不容易防守，吴国将州来人全部迁回吴国境内，州来就成了一片废墟。如今，楚国人卷土重来，在州来建城。

对此，楚国左司马沈尹戌说得一针见血："楚人必败。昔吴灭州来，子旗请伐之，王曰：'吾未抚吾民。'今亦如之，而城州来以挑吴，能无败乎？吾闻抚民者，节用于内，而树德于外，民乐其性，而无寇仇。今宫室无量，民人日骇，劳罢死转，忘寝与食，非抚之也。"（《左传》）

沈尹戌的这段话，是说尽管楚平王五年没有用兵，但是都在搞拉动内需了，无限制地大兴土木，老百姓根本没有得到休养生息的机会。在这样的情况下在州来建城，原本是想防备吴国人的进攻，而事实上却是在挑衅吴国人，招来吴国人的进攻。

楚平王在两地建城，说明了一个问题：楚国已经由战略进攻转变为全面退守。

楚国，已经主动退出了争霸的行列。

到了这个时候，已经没有霸主了。

既然沈尹戌出场，那么顺便要说一说沈姓的由来。

说到沈姓的由来，就必须弄懂沈尹戌的来路。

问题是，沈尹戌的身世历来是个不解之谜。

我们从不同记载，来看看沈尹戌的两种出身吧。

周武王时，封十弟姬季载在沈，又名聃，所以，季载又叫作聃季载。

春秋后期，沈国被蔡国（一说郑国）所灭，季载的一些子孙改姓冉，季载就是冉姓的祖先。沈国公子逞逃奔楚国，以沈为姓，沈尹戌就是他的孙子，一开始隐居于零山，后来出为左司马。此说法是最流行的说法，沈姓出于姬姓。

另一种说法，楚庄王的儿子公子贞封于沈，后代姓沈，沈尹戌就是他的后代。此说法，沈尹戌为楚国王族。

两种说法，都有问题。事实上，关于沈尹戌和沈姓，确实很难说清楚。

譬如，整个春秋时期，先后有三个沈国，都是姬姓国家。

沈姓在宋版《百家姓》中排第十四位，郡望在吴兴郡、汝南郡。

楚平王为太子建配了两个老师，伍奢为"师"，就是老师；费无极为"少师"，也就是助教。

费无极当初跟随楚平王去了蔡国，可以算得上是楚平王的心腹。而伍奢的父亲伍举是楚灵王的重臣，所以伍奢一直在楚国，与楚平王的关系一般。那么，为什么伍奢当了老师而费无极只当了助教呢？这事情跟朝吴有关系。

朝吴的爷爷子朝和伍奢的爷爷伍参是朋友，后来朝吴的父亲声子跟伍奢的父亲伍举又是好朋友，声子还凭借"楚才晋用"那一段帮助伍举回到楚国（详见第四部第一五五章），两家的关系就更近一步了。所以，朝吴和伍奢这一辈的关系也非常铁，两家算是三世的世交，关系非同一般。

楚平王登基，朝吴的功劳非常大，再加上对朝吴的为人非常欣赏，所以楚平王对他非常信任，于是找他来商量太子建的老师人选问题。

"你觉得费无极怎样？他很有学问啊！"楚平王的第一人选是费无极，说起来，费无极确实很有学问。

"大王，我觉得费无极这人不牢靠，如果大王要我推荐，伍奢更合适。他学问好，人品也好，父亲和爷爷都辅佐过楚王，知道怎样引导太子。"朝吴推荐了伍奢，于公于私，都问心无愧。

"可是，我已经答应了费无极。"楚平王没有想到朝吴会推荐伍奢，他也知道伍奢的才能，可是因为伍奢的父亲伍举受宠于楚灵王，因此根本就没有想到过他。

"那，大王自己决定吧。"朝吴很小心，没有继续发表意见。

楚平王考虑再三，最终还是任命伍奢为太子建的老师。不过，楚平王感觉有些对不住费无极，倒不仅仅是因为自己此前答应了费无极，而是费无极这些年来跟随自己，鞍前马后，没少出力，而太子建这些年来实际上都是在跟费无极学习，这时候自己登基了，反而不让费无极做老师，确实对费无极有点儿不公。为了安慰费无极，楚平王给了他一个少师的名义。

在这件事情上，费无极嘴上没说，心里却很不爽，非常不爽。换了谁，谁都会不爽。

费无极把这笔账记到了朝吴的身上，他暗下决心：你让我吃苍蝇，老子也不让你好过。

俗话说，不怕贼偷，就怕贼惦记。

被费无极这样的人惦记着，绝对是一种灾难。

按照楚平王最初的意思，是要留下朝吴在楚国担任令尹，不过朝吴宁愿回到蔡国家乡，于是楚平王派朝吴回了蔡国，算是代表楚平王监督蔡国。因此，尽管朝吴是蔡国公族，却是代表楚王，在蔡国的官僚体系中没有地位。

如果朝吴留在了楚国，费无极是没有机会的，问题在于朝吴不在楚国，费无极就能找到机会。

楚平王二年，费无极来到了蔡国。

"老朝啊，大王很想念你啊。"费无极先来看望朝吴，而且是大张旗鼓地，还带了不少礼品。

说起来，两人也算是老同事，尽管两人的私交很一般。

不管怎样，朝吴热情接待了费无极，共同回顾了当年在蔡国一起吃喝玩乐的旧时光。

客套话说得差不多了，费无极靠近了一些说："老朝啊，大王很信任你，所以让你代表大王回到了蔡国，可是你这职位实际上也就相当于楚国驻蔡国办事处主任，级别太低了。依我看，干脆我帮你去大王那里求求情，让你当蔡国的上卿算了。"

"多谢你了，不过不用了，我老了，这样就挺好的。"朝吴婉拒了，其实，他要当蔡国上卿是很简单的事情，只要自己对楚平王开个口就能解决问题，不需要费无极的帮忙。

不过，朝吴还是挺感激费无极的，毕竟人家是一片好心。可是他没有想到的是，费无极完全是黄鼠狼给鸡拜年。

临走，朝吴将费无极送到了大门外，一口一个多谢，送走了费无极。

费无极来到蔡国，按照规格，蔡国国君设国宴招待，之后，六卿再设宴招待。

在六卿招待会上，酒过三巡，费无极就开了话头：

"各位，大家都是老朋友了，有句话我本来不想说，可是大家太热情了，我要是不说出来，良心过不去。各位，大家知道，朝吴在大王面前很受宠，可是为什么当初没有让他回来当上卿呢？我透露一下，大家不要到处去说。当初大王继位的时候，朝吴立了大功，原本他想当蔡国国君，可是大王没答应，于是他就不肯做蔡国的卿。如今他想做蔡国上卿了，让我替他去找楚王。各位，以他的能力和在楚王面前的面子，他要当上卿实在不是一件难事，而在座各位恐怕就要倒霉了。"

"啊？"蔡国的卿们都吃了一惊，大家都知道朝吴是头大鳄，他要是当上了上卿，肯定安插他自己的人，兄弟们的日子恐怕都不好过，"那，那怎么办？"

"嘿嘿，我们楚国有句话：蜂刺入怀，解衣去赶。我只是把情况告诉大家，该怎么办，大家自己去想。哎，对了，千万别说是我告诉你们的。来来来，大家喝酒喝酒。"费无极当然不会再提什么建议，他知道大家会怎么做。

当晚的宴席有些沉闷，因为大家都有心事。

费无极又盘桓了几天，回楚国了。

回到楚国三天之后，蔡国传来消息，说是广大蔡国军民对朝吴非常不满，因此全体出动驱逐朝吴，朝吴狼狈出逃郑国。

"怎么回事？"楚平王很恼火。

第二天，楚国驻蔡国办事处的线报就到了。基本上，办事处把事情的前因后果都了解得很清楚，最后得出结论：都是费无极搞的鬼。

"费无极，太不像话了。朝吴是我信任的人，所以我派他回蔡国，要是没有他，我也当不上楚王，啊，你说，你为什么要赶走他？"楚平王把费无极找来，当场痛斥。

费无极没有害怕，因为他太了解楚平王了。

"大王，其实我也希望朝吴留在蔡国啊！可是，朝吴这人的能力大王您也知道，他要是留在蔡国，蔡国迟早会强大起来，那时候他们一定会背叛大王。为了防止这样的事情发生，我才不得不想办法赶走朝吴啊！"费无极说得很坦然，似乎他真是这么想的。

楚平王没话说了，他觉得费无极说得也有道理。

"唉——"叹了一口气，楚平王挥挥手，让费无极走了。

364

搞走了朝吴，费无极算是出了一口恶气。

可是，现在费无极又恨上了伍奢和太子建。

伍奢是老师，费无极是少师，伍奢和费无极素来也没有什么交情，现在也没有什么交往。而太子建自从跟了伍奢，对费无极冷淡了很多，这让费无极失落而且恼火。想想在蔡国的时候，自己把太子建当儿子一样，太子建对自己也很尊重。

"这个忘恩负义的小子！"费无极暗骂太子建，随后加了一句，"一定是伍奢在中间捣鬼。"

就这样，费无极决定实施下一个报复计划。

第一步，挑拨楚平王和太子建的关系。

费无极知道疏不间亲的道理，楚平王和太子建那是父子关系，怎么才能挑拨他们之间的关系呢？

费无极开始研究历史，看到晋国历史的时候，他突然眼前一亮，有了办法。

楚平王六年，太子建十六岁了。

"大王，太子该成亲了。我听说秦伯的女儿十分美貌，不如去秦国求亲。"费无极提出建议，作为太子的少师，倒也显得在情在理。

"嗯，秦国好。"楚平王也觉得秦国是个不错的亲家选择，当即同意，就派费无极去秦国求亲。

楚国为太子求亲，秦国没有理由拒绝，秦哀公选了一个最漂亮的女儿嫁了出去。

"太子，秦国公主漂亮死了，你艳福不浅哪！"回到楚国，费无极去太子建那里先吹了吹风。

到期，迎亲的依然是费无极。

费无极率领的迎亲队伍悄悄地回到了楚国，抵达郢都的时候，费无极命令所有人留在城外，自己进城汇报。

"大王，我们把秦国的公主迎娶回来了。"费无极向楚平王报告。

"为什么还不送到后宫？"楚平王问，按着规矩，就该准备婚礼。

"大王，我有个想法。这秦国的公主那叫一个漂亮，咱们楚国是找不到一个的。太子还小，娶个这么漂亮的老婆不是件好事。而大王为了国家昼夜辛苦，就应该拥有天下最美的女子，是不？我想着，大王干脆自己留下算了，太子还小，以后再给他娶一个也行啊。"费无极说。这就是他的盘算了。

费无极从晋国历史中得到的结论是：父子要翻脸，无非因为女人。如果让楚平王当上晋献公，太子建就逃不掉申生的命运。

那么，楚平王上套了吗？

"快带来给我先看看。"楚平王眼前一亮。

女人不改变历史，只是历史常常因女人而改变。

太子建翘首以盼的漂亮老婆没有了，成了后妈了。

太子建有意见吗？当然有。

就算没有，费无极也会让他有。

楚平王感到内疚吗？有一点儿，肯定有一点儿。

父子之间，隔阂和猜疑已经出现。

之后，费无极也安排了几场类似优施"卫急子"的戏给楚平王欣赏，看得楚平王那叫一个难受。

楚平王正月娶了儿媳妇，到五月，费无极就又给他出主意了。

"大王，晋国人为什么能够称霸呢？因为他们离中原诸国近啊，而我们太远，因此不能与他们相争。我想啊，咱们可以在城父（今河南宝丰县）修建大城，让太子建镇守以收服北方，大王您镇抚南方，这样咱们不就拥有天下了吗？"费无极提出这个建议，核心思想就是把太子建派到外地，这跟当初二五建议把申生派去曲沃是一个路子。

"好啊好啊好啊！有道理有道理！"楚平王非常高兴地答应了，其实这个建议根本没有道理。

第一七五章 疯狂的报复

有没有道理不重要，重要的是找到了把太子建支开的借口。

历史有的时候只是在简单重复着。
所以，学习历史真的很重要。
这是费无极的心得。
太子建被派驻城父仅仅半年，费无极就实施了下一步的计划。
"大王，根据多方综合情报判断，太子建和伍奢不满大王您抢了他的夫人，正在联络晋齐吴鲁宋郑卫燕等十多个国家准备叛乱，从此之后占据方城山以外，另立朝廷，分裂祖国。据说，他们已经做好了准备。"第二年三月的一天，费无极急匆匆来向楚平王报告。
"啊？真的？不会吧？"楚平王吃了一惊，不敢相信。
"大王，这可不是我瞎编的，我们驻晋国、齐国的地下办事处都有线报。这样的事情，宁可信其有，不可疑其无啊！"费无极说。他早已经买通了驻齐国和晋国办事处的人。
"那，那，伍奢不是还在这里吗？我派人去问问。"楚平王还不肯相信，于是派人去问伍奢。
不一会儿，派去的人回来了。
"伍奢怎么说？"楚平王忙问。
"他说大王抢了儿媳妇已经很过分了，不应该再听信谗言。"
楚平王的脸色一下子变得很难看，抢儿媳妇的事情是他最不愿意听到的。
费无极笑了，伍奢这不是哪壶不开提哪壶吗？他在想伍奢这么傻的人竟然做了太子建的老师，而自己这么聪明的人只能做个助教，这不是很可笑吗？
"大王，看见没有？为了夫人的事情，太子建师徒时时刻刻怀恨大王，事情不是已经很清楚了吗？"费无极抓住了楚平王的痛处，他真的很聪明，他知道楚平王在想什么。

"那，那你说该怎么办？"楚平王相信了太子建谋反的事情，可是不知道怎样处置。

"先抓了伍奢，以免走漏消息，之后嘛，大王，有句话叫作大义灭亲。"费无极说到这里，没有再说下去了。

楚平王完全走入了费无极设计的计谋之中，这个时候一切都已经在费无极的掌控之下了，所以一切也就顺理成章地按照费无极的设想进行下去。

"来人，把奋扬找来。"楚平王一咬牙一跺脚一闭眼，一声令下，他决心下手了。

奋扬是谁？城父司马，也就是城父这里的警备区司令。奋扬这个时候恰好也在郢都，楚平王把他找来，派他回城父诛杀太子建。

奋扬领了命令，立即上路。同时，他悄悄地派了心腹火速赶往城父通风报信。奋扬也是读过晋国历史的人，他也知道杀国君的儿子是比较蠢的做法。

等到奋扬来到了城父，太子建早已逃亡到了宋国。

奋扬以为自己做得神不知鬼不觉，却没有想到费无极神通广大，竟然把一切了解得清清楚楚。很简单，在太子建的身边有费无极的卧底。

当奋扬从城父回来复命的时候，立即被捉拿，并且被带到了楚平王这里。

"命令出于我的嘴，进了你的耳朵，旁边没有第三个人，你告诉我，谁通风报信放走了太子？"楚平王很生气，质问奋扬。

奋扬知道，这个时候再抵赖是没有意义的，怎么办？在那一瞬间，奋扬想起了解扬（详见第三部第九六章），想起了子躬（详见第一七〇章），也想起了费无极。他突然明白，只要自己大义凛然、视死如归地说出自己的理由，就一定会毫发无损。

"大丈夫敢作敢当，是我放他走的。"奋扬先说了这句话，偷偷看了楚平王一眼，发现他的怒火似乎消了一点儿，"当初大王让我辅佐太子建的时候，对我说要像效忠大王一样效忠太子；后来您又让我杀他。两个命令自相矛盾，权衡之后，我还是先执行了最早的命令。后来执行最新的命令时，我就后悔了，可是后悔也来不及了。"

"嗯。"楚平王一听，有道理啊，"那，你为什么还敢回来？"

奋扬一看这情景，知道没事了。

"大王，我已经办了一件错事了，怎么还能再错下去呢？"

"嗯，好，你走吧。"楚平王让奋扬走了，依然做他的城父司马。

楚平王这人，有点儿弱。

第一七六章

伍家父子

赶走了朝吴,又赶走了太子建。但是,费无极还是觉得不解恨,因为他最恨的还不是他们,而是伍奢。

费无极要杀了伍奢,可是,他觉得这样太便宜伍奢了。

"我要杀你全家,让你断子绝孙。"费无极说。他不是一个爱忽悠的人,他是个有办法的人。换句话说,他说到的,一定能做到。

365

伍奢有两个儿子,大儿子伍尚,小儿子伍员,又叫伍子胥。

当初伍奢被抓之后,两个儿子就逃到了许国。一年前楚平王刚刚把许国搬到了偏远的析地(今河南西峡县)。

按照春秋时期的规矩,就算伍奢有罪,并不牵连两个儿子;即便杀了伍奢,也该放两个儿子一条生路,何况人家已经跑了。

可是,费无极不愿意,他不仅要杀伍奢,还要杀他的两个儿子。那么,怎么才能捉拿到伍尚和伍子胥呢？派军队去抓太不现实，因为许国偏远，逃跑容易追逃难。何况伍家兄弟这时候一定有了防备，听到消息就会逃跑。

那么，怎么办呢？

没有什么能难得倒费无极，报复的力量是无穷的。

"大王，伍奢的父亲是灵王的宠臣，原本就对大王心怀不满。如今，又要跟太子建谋反，这种人罪不可赦。"费无极又来忽悠楚平王了。

"对，那就杀了他。"楚平王跟往常一样，从一开始就掉进了费无极的圈套中。

"可是，不能杀。"费无极来了一个转折。

"为什么？"楚平王有些吃惊，很自然地这样问。

"因为伍奢有两个儿子，这两个儿子都是被窝里放屁的人物。"

"怎么讲？"

"能闻能捂（能文能武）啊！"费无极搞了个歇后语，把楚平王给逗笑了，看着楚平王笑，费无极却故意不笑，"如果我们杀了他们的父亲，他们一定逃去吴国，那可就是楚国的心腹大患了。"

"那，那不能杀伍奢了？"

"要杀，但是必须连他的两个儿子一块儿杀。"

"那就抓来吧。"

"可是他们在许国呢。"

楚平王皱了皱眉头，他知道这样就不好抓了。

"不过，我有办法抓他们回来。"费无极看到楚平王皱眉头，暗自得意。

"什么办法？"

"派人去给他们送信，就说他们回来的话就能免除他们父亲的死罪，他们一定回来。"

"好主意！"

费无极来找伍奢了，当然在牢里。

"伍老师，没想到你会有今天吧？"费无极看见伍奢，皮笑肉不笑。

伍奢看他一眼，没有理他。

"关于你和太子建谋反的事情，大王很生气，后果很严重。按照大王的意思呢，直接就把你正法了。可是念在同事一场的分儿上，我还是帮你据理力争。现在大王同意了，只要你写信让你的两个儿子回来，就免了你的死罪，从轻发落。怎么样？我这人很够意思吧。"费无极没有在意伍奢对自己的藐视，因为现在他是主宰。

"费无极，说这些干什么？你是什么人，我还不知道吗？我们伍家从庄王时代就是楚王的近臣，你那点儿花花肠子我能不知道吗？我只是不屑于像你那样做，否则你哪里还有机会在这里跟我说话？你的主意，无非就是把我的儿子们也骗回来，好把我伍家斩草除根。"伍奢终于还是说话了，尽管身陷囹圄，依然保持着对费无极的藐视。

"嘿嘿，聪明，看来，你当老师，我只能当少师也不是没有道理的，嘿嘿。"费无极说。他隐隐有股醋意。

看来，要让伍奢自觉自愿写信给他的儿子们是没有可能了。费无极在想办法，骗的方法不行了，是不是要试一试来硬的？

可是，让费无极意外的事情发生了。

"我知道，我的两个儿子都是很有能力的人，如果他们知道我被害了，一定会逃到吴国，之后，楚国恐怕就没有安生日子过了。唉，谁让我是个忠君爱国的人呢！就算我冤枉死了，也不能让我的儿子危害楚国啊！"伍奢叹了一口气，摇了摇头，然后对费无极说，"老费，说吧，怎么写？"

费无极有点儿发愣，世界上还真有这么傻的人？看来杜原款不是个传说啊，现实中真有这样的人啊！

"觉悟啊！什么叫觉悟？"费无极强忍住笑，带着讽刺夸奖伍奢。

第一七六章　伍家父子

不管怎样，伍奢按照费无极的想法，给两个儿子写了一封家书。

费无极拿到了伍奢的家书，读来读去，读去读来，每个字都是按照自己的话照写的，看不出有什么暗示来。

"看来，伍奢是真的那么傻。"费无极高兴了。

那么，伍奢真的那么傻吗？当然不是，伍奢不傻，他比费无极聪明得多。

伍奢为什么毫不犹豫地就写了这样一封家书？

伍奢对形势有清晰的判断，他知道费无极一定不会放过自己，同样也一定不会放过自己的两个儿子。要捉拿自己的两个儿子，实际上有两个办法。第一是让自己写信骗他们回来，第二是暗中派兵捉拿他们回来。二者的危险性哪一个更大呢？第二个。

伍奢对自己两个儿子的智商是坚信不疑的，他知道一封家书根本骗不了他们，相反，还能提醒他们赶快逃亡。

既然如此，为什么不写这一封家书呢？

一封家书很快被楚平王的特使送到了伍家兄弟的手中，来看看这封家书是怎么写的。

"父以忠信慈仁去难就免，大王内惭囚系忠臣，外愧诸侯之耻，反以父为令尹，封二子为侯，尚赐鸿都侯，胥赐盖侯，相去不远三百余里。父久囚系，忧思二子，见字速归。"（《吴越春秋》）这就是伍奢所写的家书，大意是楚平王不仅释放我了，还让我当了令尹，还封你们兄弟两个为侯。我很想你们，赶快回来吧。

看了家书，伍尚一脸凝重，伍子胥则面带冷笑。

"兄弟，回去吗？"伍尚问弟弟。

"这显然是个陷阱，为什么要回去？"伍子胥说，他怀疑哥哥没有看出来。

"兄弟，虽然我的才干不如你，但我也能看出这是个陷阱。但是，如果回去能让父亲免于一死,这是孝;估计能取得成功才行动,这是仁;根据不同的能力而选择相应的任务,这是智;明知回去必死无疑也要回去,这是勇。兄弟,你的能力比我强,所以我选择勇,回去陪伴父亲;而你选择智,逃到吴国,今后为父亲报仇。"伍尚冷静地说。事实上,即便没有这封家书,他也准备回去与父亲共生死。

"哥哥,明知要死,为什么还要去呢?"伍子胥有些急了,他不愿意眼看着哥哥回去送死。

"父不可弃,名不可废,尔其勉之,相从为愈。"伍尚坚持道。他说了什么?是这样的:兄弟,父亲不能丢弃不管,家族的名声也不能受到损坏,你努力去干吧,听哥哥的话。

伍子胥没有再劝哥哥,因为每个人有自己的选择。

伍子胥的选择是什么?报仇。

366

伍尚随着楚平王的特使回到了郢都,直接被投进了关押父亲的大牢。

看到伍尚,伍奢笑了。为什么笑了?

该来的来了,不该来的没有来,两个儿子都没有让自己失望,为什么不笑?

看见父亲,伍尚也笑了。为什么笑了?

能够陪伴父亲,生死与共,伍尚觉得很幸福、很充实。

"楚君、大夫其旰食乎?"(《左传》)伍奢说道。旰食就是晚食的意思,伍奢的意思就是楚国人恐怕今后吃饭时间都要推迟了,因为伍子胥不会让他们安生的。

伍奢为什么这么有把握?因为伍子胥能力超众,更重要的是心黑、手狠、不择手段,而最重要的是他具有坚忍不拔的个性。

可惜的是，伍奢看不到那一天了。

费无极杀了伍奢和伍尚，并且立即下令追捕伍子胥。

伍子胥不是坐以待毙的人，甚至不是逃命的人，他是要报仇的人。

逃命的人和报仇的人是不同的，逃命的人会逃往最安全的地方，而报仇的人不是，他不是逃，而是去寻找最适合报仇的地方。

在许国这个位置，逃命的最好方向是向北，逃到晋国就万事大吉了。

可是，伍子胥不是逃命的人，他是报仇的人。

报仇的人会去哪里？吴国。

伍子胥知道，只有在吴国，才能找到报仇的机会。

伍子胥知道的，费无极同样知道。因为他是一个报复的人，报复的人与报仇的人有很多共同点。

费无极一边派人去捉拿伍子胥，一边在从许国前往吴国的道路上安排缉拿人员。

捉拿伍子胥的人自然是晚了三秋，不过伍子胥一路向东，逃往吴国的路上则是越来越凶险。到汉水的时候，伍子胥听说太子建在宋国，于是决定前往宋国，同太子建会合。

于是，伍子胥转而向北。还好，这一边倒比较安全。费无极不是没有料到伍子胥有可能去宋国，而是他认为只要不去吴国，伍子胥就没有办法回来报仇。

伍子胥一路向北，临出楚国的时候，遇上了一个人。谁？申包胥，伍子胥的朋友。

申包胥是什么人？申家的人，而申家的人都很有才能。

"子胥，你去哪里？"好友相遇，申包胥问。

"我，去宋国。"

"去宋国干什么？"

"去，去，呜呜呜呜……"伍子胥哭了，看见朋友，就像看见了亲人，父亲和哥哥冤死之后的悲痛，在这个时候再也忍不住，爆发出来了。

申包胥还不知道伍子胥的遭遇，不过他大致也猜了出来，这世界上能够让伍子胥流泪的事情并不多，一个如此坚韧的人流泪，一定有巨大的冤屈或者仇恨。

果然，伍子胥擦干了眼泪，把事情的前前后后说了一遍。

"我要报仇，我一定要让楚国成为一片废墟，你一定要帮我。"伍子胥咬牙切齿地发誓。

申包胥摇了摇头，他很同情自己的朋友，但是，仅此而已。

"子胥，我帮不了你。如果我帮你向楚国报仇，那就是对楚国的不忠；但是，如果我劝你不要报仇，那就不够朋友。你赶快走吧，咱们不要再多说了。"申包胥是带着随从的，这个时候他可以捉拿伍子胥，可是他没有。既要对得起国家，又要对得起朋友，他只能让伍子胥快走。

"父母之仇，不共戴天。申兄，即便你不帮我，我也一定能够报仇。"伍子胥略有些失望，不过这不影响他的信心。

"子胥，那你努力吧。不过我告诉你，如果你能灭亡楚国，我就一定让楚国恢复。"申包胥说，他也很自信。

"那你也努力吧。"伍子胥说完，头也不回，去宋国了。

来到宋国，伍子胥很容易就找到了太子建。太子建在宋国过得还不错，在这里享受卿的待遇。

从前，是伍奢辅佐太子建；如今，伍奢死了，他的儿子伍子胥来辅佐太子建了。太子建明显能够感受到老伍老师和小伍老师的不同，老伍老师斯文稳重，教自己小心谨慎，避免犯错；而小伍老师孔武有力，声如洪钟，教自己要锐意进取，敢于冒险。

"太子，要报仇，宋国不是我们应该待的地方。"伍子胥劝说太子建离开宋国，前往吴国。

"不，宋国是中原大国，背靠晋国，有机会的。"太子建拒绝了，其实他心里的盘算与伍子胥完全不一样，伍子胥是要报仇，要毁灭楚国，而太子建是要等待机会，譬如父王突然良心发现或者费无极突然恶疾发作等，自己就有可能重回楚国了。可是，如果自己去了吴国，就等于宣布与楚国为敌，就再也没有可能回到楚国了。

道不同，不与谋。

虽然同是费无极的受害者，但伍子胥和太子建的目标是完全不同的。

"我们还是去吴国吧。"伍子胥一再地劝告。

"不！"太子建一再地拒绝。

伍子胥有些后悔来到了宋国，因为在道义上说，他现在是不可以抛下太子建而独自前往吴国的。

郁闷，非常郁闷。

也许是伍子胥报仇的决心感动了上天，也许是某一天出门踩上了鸡屎而改变了命运，总之，突然有一天，太子建提出来："老师，咱们离开宋国吧。"

为什么太子建同意离开宋国了？想通了，还是改变策略了？都不是，是形势所迫。

来看看宋国的形势。

就在伍子胥来到宋国的当年，宋国发生了内乱，宋元公和华、向两家发生争执，于是双方互相抓了对方的儿子做人质。有一段时间，宋元公和夫人每天吃饭之前要先到华家，看自家被扣押在华家的儿子吃了饭，这才放心地回宫吃饭。

后来宋元公实在忍受不下去了，就把自己手上的人质都给杀了，然后进攻华、向两家，结果那两家都逃到了吴国。

华、向两家从吴国借兵攻打宋元公，宋元公急忙向晋、齐、郑等国求援，于是"联合国"军队前来救援，与吴军交手，吴军大败，华、向两家就被包围在城中。

眼看吴军不行了，华、向两家又向楚国求援，于是楚国军队前来援助。

这下热闹了，大战又要开始了。

不过，此时的楚国和晋国都不愿意开战。于是楚国向宋国提出请求，说是华、向两家在宋国犯了罪，楚王很担忧，因此希望让这两家到楚国接受惩罚。楚国人的话说得很客气，宋元公竟然拒绝了。

宋元公拒绝了，楚国人就很没有面子了。晋、齐、郑等国联军一商量，觉得楚国人的建议挺好，大家都有面子，于是晋军主帅中行吴下令，解除包围，让华、向两家逃往楚国。

最终，事情就这样解决了。

这个时候，已经是楚平王九年（前520年），太子建和伍子胥在宋国已经两年时间了。

那么，为什么这件事情让太子建决心离开呢？

来看看太子建最初的如意算盘是怎样打的。

太子建从来没有想过要靠武力回到楚国，他所想到的最佳途径就是外交途径，这就是他逃到宋国的原因。

在所有中原诸侯国中，与楚国关系最好的就是宋国，而宋国的向家与楚国的卿的私人关系尤其好，所以太子建就希望通过宋国，特别是向家来与楚平王沟通，期望说服楚平王让自己回到楚国继续做太子。

所以在宋国期间，太子建和向家走得很近。

可是，如今一场内战过去，楚、宋两国关系恶化，而向家仓皇逃奔楚国，太子建在宋国的处境也变得非常尴尬，再待下去不仅毫无意义，而且充满危险。

到了这个时候，太子建也是不得不走了。

第一七六章　伍家父子

去哪里？伍子胥强烈建议去吴国。

"不，去郑国。"太子建决定去郑国，按照自己既有的策略，去郑国是最好的选择了。

于是，太子建去了郑国，伍子胥无奈，也只好跟着去了郑国。

此时的郑国国君是郑定公，由于子产已经鞠躬尽瘁，游吉担任执政。

太子建在郑国受到热情的接待，郑定公甚至给了他上卿的待遇，给了一块非常不错的封邑，以此来表明郑国比宋国更仁义、更慷慨。

与宋国人死要面子不一样，郑国人很直率。在宋国，向家人每次都哼哼唧唧地答应太子建"等机会"；而在郑国，游吉直接告诉太子建"我们真是帮不上忙"。

游吉说得很明白，郑国是个小国，眼下是跟着晋国混，跟楚国已经没有什么来往，当年有交情的人也都死光光了，现在郑国在楚国还有人，可是个仇人，那就是子革。所以，郑国在楚平王面前根本说不上话。

"那，那给指一条明路吧。"太子建有些失望，不过也说不上太失望，因为在这里的日子过得也挺好。

"要不，你们去晋国，看看晋国人有没有兴趣。"游吉想了想，出了这么个主意。不过在心里，他对晋国人不抱希望。

事到如今，也只好死马当作活马医了。

于是在郑国住了一段时间，太子建决定去晋国。

"那就是一帮大忽悠，别被他们忽悠了。"伍子胥劝太子建，他根本就不相信晋国人。

"是不是大忽悠，去了才知道。"太子建坚持要去。

第一七七章

过 昭 关

太子建显然高估了自己的智商,全世界都被晋国人忽悠,他凭什么不被晋国人忽悠?

晋昭公早已经薨了,此时已经是晋顷公的时代。不过对于晋国来说,谁是主公已经不重要了,重要的是中军元帅是谁。所以,我们说,现在还是韩起的时代。

韩起非常热情地招待了太子建,耐心地听太子建哭诉自己在楚国遭受的不平等待遇,随后表达了自己的同情和愤慨,并且慈祥地询问可以为他做些什么。

"我,我想回国当太子,然后,当楚王。"太子建说。他觉得韩起是个好慈祥、好体贴的长者,绝对值得信任。

"太子,你放心吧。当年楚成王帮助我们的文公回国,我们这么多代人一直想着要报恩,人嘛,要有感恩之心。我答应你,我们一定帮你回楚国,当上楚王。"韩起甚至连眼皮子都没有眨一下,就答应了。

晋国人可以答应你任何事,但是,任何事你都不要当真。

记住，大国是没有信用的。原因很简单，因为他们失信的成本非常低，他们骗了你，你也不能去找他们算账。

367

太子建有点儿不敢相信自己的耳朵，自己的个人魅力难道强到了这种地步？他听说过晋国人能忽悠，可是看上去慈眉善目的韩起不像是一个忽悠别人的人啊。

不过，太子建还是决定再问一问。

"韩元帅，我感激不尽啊，请相信，我是个懂得感恩的人，一定会报答您的。"太子建说，首先表达感谢之意。

"应当的，应当的。"韩起微笑着说，像姜太公一样慈祥。

"那，那什么，我可不可以问一下，元帅准备怎样帮我？"

"嗯，我有一个计划，太子看看行不行。"韩起说着，收起了笑脸，让旁边的侍卫统统走开，只留下他和太子建两个人，"我听说你在郑国很受欢迎，结交了不少朋友，郑国国君也很信任你。而郑国最近这些年来对我们很不敬，我们早就想灭掉他们。不如这样，你还回到郑国，在郑国做内应，我们悄悄出兵，一同灭掉郑国，之后郑国就归你。等到机会合适，我们两国联军再讨伐楚国，帮你当上楚王，然后把郑国一分为二，我们各得一半，如何？"

"好主意！好主意！"太子建这次也没有眨眼，直接就叫起好来。

韩起笑了，他在笑太子建这个人，刚才还在说自己有感恩之心，现在就要对郑国恩将仇报了。

"奶奶的，看来不要脸的不仅仅是我们晋国人啊！"韩起暗骂。

"太子，您被骗了。"伍子胥同样没有眨眼，听太子建介绍完情况，当即就这样说。

"哎，你怎么这样说话？人家可是诚心要帮我们啊！"太子建不高兴了，他怀疑伍子胥在嫉妒自己的能力和成功。

"太子，据我所知，晋国人对郑国人不满已经很长时间了，可是始终没有借口讨伐郑国。这一次，他们一定是想让我们先在郑国发动内乱，然后他们就有借口来平叛，趁机吞并郑国。你想想，就咱们这几号人，在郑国能掀起什么波澜？那只能被镇压啊！退一万步，就算咱们成功了，晋国人会让你拥有郑国？才不会呢！他们一定会来剿灭咱们，咱们就成了他们的替罪羊了。再者说了，楚国是晋国的敌人啊！晋国人怎么会真心帮助楚国人呢？"伍子胥说得很清楚，分析得也很到位。

"伍老师，你嫉妒我。晋国人为什么要帮我？我告诉你，那是为了感恩，因为我们的成王曾经帮助他们的文公。"太子建的脸色很难看，说话也就很不客气。

"感恩？郑国人对我们这么好，这么现实的恩我们都不感，几百年前的恩晋国人要感？"伍子胥用鼻子哼了一声，对太子建的话嗤之以鼻。

"好吧，既然你不相信晋国人，那这件事情你就不要参与，我自己来，你只需要照管好胜儿就行了。"

胜儿是谁？太子建的儿子，仅仅六岁。

太子建哼着小调又回到郑国，郑国人对他依然不错，还是上次的待遇和封邑。

从那之后，太子建开始疯狂地活动起来。他拿出自己的储蓄，走街串巷，频繁拜会郑国政要，与对社会不满者促膝去谈。

太子建很努力，但是成效很小，谁会相信这个落难来投的楚国人呢？谁会愿意追随这个恩将仇报的人呢？

外面的努力没有成果，家里又出了麻烦。

郑国人给了太子建一块封邑，封邑里的人也就都归了太子建。可是太子建对自己封邑的人非常暴虐，引起了公愤，于是就有人去游吉那里控告他。要知道，郑国是最早公布刑法的国家，那是个法治国家。于是，游吉派人去他的封邑调查。

无巧不成书，派去调查的人恰好在这里碰上了晋国来的人。一盘问，晋国人吞吞吐吐，慌里慌张。于是，派去调查的人也不调查了，直接把晋国人捉拿了回来。一审问，什么都招了。

"狗日的楚国人，太没良心了！"郑定公愤怒了。

游吉也愤怒了，立即请太子建前来会晤。

后面的事情可以想象了。

"太子建，我们郑国对你这么好，你竟然狗咬姜太公（那时还没有吕洞宾，只好请姜太公代劳），不识好心人，不仅粗暴地对待封邑里的百姓，竟然还勾结晋国人从事颠覆活动，你的良心被狗吃了？"游吉大怒，再也不像从前说话那么客气。

"我，这，误会啊。"太子建到这个时候才知道伍子胥的话是对的，事到如今，也只好抵赖。

"带证人。"游吉下令，晋国人被押了上来。

这下没的抵赖了。

"我，我，我改还不行吗？饶命啊！"到现在，求饶成了唯一的选择。

郑国人会给他这个机会吗？郑国人恨不得杀他四回。

就在太子建被游吉召走的时候，伍子胥已经嗅到了危险的信号。所以，太子建前脚出门，伍子胥带着公孙胜后脚就上了车，一路向南狂奔。

去哪里？楚国。

为什么去楚国？因为要从这里去吴国。还有另外一个原因。什么原因？

游吉杀了太子建，立即派人前去斩草除根，杀太子建的儿子公孙胜。

可是他们发现，公孙胜早已经逃走。

"追！"游吉下令，于是郑国人向北、东、西三个方向追去，因为他们断定公孙胜一定不敢也一定不会逃回楚国。

可是他们忘了，带公孙胜跑的是伍子胥。

368

一直逃到了楚国境内，伍子胥才松了一口气。这时候，他不敢再驱车南行，因为那样目标太大。于是，带着公孙胜弃车步行。

在楚国境内，伍子胥才得到太子建被杀的消息，他不禁为自己的果断和明智叫好。不过他知道，郑国人猜不到自己会去吴国，可是费无极一定能猜到，所以一路上必须倍加小心。

伍子胥的判断再一次正确，太子建被杀以及伍子胥和公孙胜失踪的消息以最快的速度被楚国驻郑国地下办事处报告到了费无极那里。

"赶快通知楚、吴边境，严加提防伍子胥和公孙胜过关逃往吴国。"费无极下令，命令又是以最快的速度传到了楚、吴边境各个关口。

伍子胥带着公孙胜，一路上是晓行夜宿，不敢走大道，专拣小路走。

这一天，过了巢地，来到了昭关（在今安徽省含山县）。过了昭关，再渡过大江，就出了楚国了，而且前面就是吴国了。伍子胥知道，一路上都有楚军盘查，到了这个关口，一定盘查得更严格。于是伍子胥更加小心，让公孙胜先在一处隐蔽的所在等候，自己到关口看看形势。

来到关口，只见楚军戒备森严，关上贴着伍子胥的画像，虽然不是十分像，也有六七分了。而官兵见到身材高大的青壮男子，都是不由分说直接拿下，然后仔细盘查。确认不是伍子胥的，当场释放；稍有些嫌疑的，押到山下大寨继续盘查。

第一七七章　过昭关

伍子胥一看这样的场景，倒吸一口凉气，如此严密的盘查，要想过关是绝对没有可能的。怎么办？伍子胥一面向回走，一面想。

伍子胥想要看看是否能够绕道过去，可是四下里探看了一回，发现都是崇山峻岭，根本没路不说，更有虎狼出没。

没办法，伍子胥带着公孙胜，找到一处偏僻的所在，找了一个山洞先躲起来再说。

随后，一连几天，伍子胥都凑近关口观察，看看有没有什么可乘之机。可是，每一天他都失望而归。

伍子胥很发愁，他知道，如果再耽搁下去，迟早会暴露行踪。

怎么办？伍子胥绞尽脑汁，却始终无计可施。

愁啊！

第四天早上醒来，伍子胥就觉得嘴唇十分痛，用手一摸，满嘴的燎泡。

伍子胥见公孙胜还在熟睡，可是自己再怎么也睡不着，于是出了山洞，来到溪边洗把脸。

一把脸洗完，再要洗第二把的时候，伍子胥却突然惊呆了。

他在溪水中看到了一张陌生的脸，这张脸上布满了暗疮，嘴唇上都是燎泡，眼睛有些发红，头发蓬乱，更可怕的是，蓬乱的头发竟然几乎全白。

"啊！"伍子胥惊叫一声，这个既老又丑的人就是自己啊！

通常的说法是伍子胥一夜白头，其实不然，一路逃亡都处于惊弓之鸟的状态，因此一路上都在发愁，再加上此前在宋国和在郑国为报仇发愁，伍子胥的白发是早就应该有了，只不过在昭关的三天愁得更厉害，白发急剧增多，而伍子胥一直没有注意到，到第四天偶然发现，这才大吃一惊。

"老了，大仇未报，我却已经老了？！"伍子胥对天长叹，随后号啕大哭。

哭声吵醒了公孙胜，他小心翼翼地走出洞来，不解地看着伍子胥在那里痛哭。在他看来，伍子胥并没有什么变化。

伍子胥看到了公孙胜，于是停止了哭泣。

"老师，你为什么哭？有人欺负你了吗？"公孙胜问，他只能理解这么多。

伍子胥没有说话，他的眼睛直直地盯着公孙胜，盯得公孙胜心里发毛。

"哈哈哈哈……"突然，伍子胥放声大笑起来，嘴唇上的燎泡因大笑而破裂出血，而伍子胥依然大笑不止。

"老师疯了。"公孙胜更加害怕。

老师并没有疯。

老师刚才也并没有盯着公孙胜看。

老师是在思考。

老师意外地想到了办法。

塞翁失马，焉知非福。这个成语不是来自这里，可是用在这里却最恰当。

"走，咱们过关去。"伍子胥大声对公孙胜说。

"老师，你，你不是疯了吧？"公孙胜战战兢兢地问，如果不是疯了，怎么竟然做出这样的决定？

昭关，中午时分。

每天的这个时候是过关人数最多的时候。

昭关守军认真地观察着每个出关的人，但凡有一点儿特征与伍子胥相近的，都会被仔细地盘查，而弓箭手就在不远处，任何试图逃跑的人都会被毫不留情地射杀。

一个大个子走了过来，不仅高大，而且面露凶相。

"站住，说你呢。"守关军士注意到了他，将他叫住。

大个子很不情愿地停了下来。

"你！说话！什么地方人？过关干什么？"开始盘问。

"我……我……我本地人，我老……老婆家在关那边。"

"你的口音有点儿怪啊。"

"我……我……我就是结……结巴，口……口音不怪……怪……怪。"

军士们又盘问了几句，突然抓起大个子的手来，把大个子吓了一跳。

"嗯，走吧。"军士们放走了大个子，因为大个子满手的老茧，显然不是伍子胥。

大个子惊魂甫定，灰溜溜地走了。

而就在这个过程中，人们没有注意到的是，一个满头白发、满脸肮脏的老人，佝偻着腰，拄着拐棍，带着自己的孙儿从旁边走了过去。

一个军士注意到了他们，因为他们得到的命令是伍子胥带着公孙胜，所以对于带孩子的男人都要注意。可是，没等他发话，那个小男孩对着老头儿叫了一声"爷爷"。

"嘿嘿，怕是没有这么老的伍子胥吧。"军士暗笑。

可是，他怎么也想不到，这个老头儿就是伍子胥，而这个孙子就是公孙胜。

伍子胥与公孙胜过了昭关，急匆匆地向前赶路，看着天色将近黄昏，前面是一条大江，江的对岸，才是吴国。

看来，高兴得早了一些。

正在不知道怎样过江，远处有一队楚军士兵巡江过来，伍子胥急忙和公孙胜躲了起来。要是被他们发现，事情恐怕又会麻烦。摸摸身上，伍子胥只带了一把短剑，弓箭都没有敢带过关。

楚军过去之后，伍子胥急忙又带着公孙胜来到江边，看看怎样渡江。沿江而行，江上看不到一条船。

"谁说天无绝人之路？这难道不是绝人之路吗？"伍子胥极度失望，自言自语。

就在这个时候，从下游上来一只小船，船上只有一个老渔夫。

"渔夫！渡我！"伍子胥高声喊道。

老渔夫看了他一眼,没有回答。

"渔夫,渡我!"伍子胥又喊了一遍。

老渔夫张张嘴,似乎要说话,恰好这时岸边又有行人过来,老渔夫于是又闭了嘴。

伍子胥要崩溃了。

然而就在他行将绝望之际,他听到了歌声。

"日月昭昭乎浸已驰,与子期乎芦之漪。"老渔夫在唱歌,歌声难听至极。伍子胥眼前一亮,在他听来,这是一首最动听的歌了。

这两句歌词啥意思?太阳要落山,月亮要上天,咱们在前面芦苇荡见面吧。

上游不远处,有一处芦苇荡。伍子胥带着公孙胜,沿江而走,急匆匆走进芦苇荡中,从中穿行到了江边。

果然,老渔夫也将船撑到了这里。

老渔夫又唱了:"日已夕兮,予心忧悲;月已驰兮,何不渡为?事寖急兮,当奈何?"歌词大意是:天快黑了,快上船吧。

老渔夫,著名民歌手。

伍子胥没有犹豫,等到小船靠岸,将公孙胜拎起来,扔到船上,然后自己也上了船。

借着昏黄的夜色,小船摇摇晃晃,渡过了大江。

这条大江是什么江?长江。

江的对岸,已经是吴国的地界。

下了船,伍子胥总算放下一点儿心来。

"爷爷,我好饿。"公孙胜叫伍子胥。

"公子,我们已经到了吴国,不要叫爷爷了。"伍子胥说。说完,他有些后悔,因为老渔夫就在旁边。

第一七七章 过昭关

老渔夫泊好了船，对伍子胥说："看样子，你们是饿了一天了，你们在这树下等等，我给你们取点儿吃的来。"

老渔夫走了，远处，灯光点点，是一处小渔村，他应该是回家去了。

伍子胥等了一阵，不见老渔夫回来，难免有些忐忑。

"公子，虽然这里是吴国地界，可是防人之心不可无，咱们先躲起来。"伍子胥不敢怠慢，带着公孙胜躲到了旁边的芦苇丛中。

不久，老渔夫来了。老渔夫的手中提着一个篮子，来到树下，却没有看见伍子胥和公孙胜，老渔夫放下篮子，四处张望。

"芦中人，芦中人，岂非穷士乎？"老渔夫高声喊道。什么是穷士？后人解释多为贫穷之士，其实不然，应为穷途之士，也就是逃难之人。

后来，芦苇也被称为穷士芦，就出于此。

伍子胥心中一凛，看来，这个老渔夫看出自己是落难之人了，怎么办？

"芦中人，出来吃饭吧，男子汉大丈夫，难道还怕我这个老头儿把你怎么样？"老渔夫又喊了一遍。

伍子胥想了想，如果老渔夫真要抓自己，恐怕就不是这样的阵仗了。

于是，伍子胥抱着公孙胜，从芦苇丛中走了出来。

"你难道不相信我？"老渔夫对伍子胥说，似乎有些不满。

"亡命天涯，不得不处处小心啊，老丈体谅。"伍子胥说，倒确实有些不好意思。

老渔夫给他们准备的饭菜倒是很丰盛，麦饭、鲍鱼羹和盎浆。麦饭不用说了，鲍鱼羹那可是招待贵宾的，那么，盎浆是什么？盎浆是一种经过粗浅发酵的米汤，其味略酸微甜，基本上，很类似现在的醪糟汤。一般人家喝不起酒，就用盎浆招待贵客。

基本上，就算是有酒有肉。

伍子胥和公孙胜正饿得发慌，于是两人也不客气，两双筷子飞舞，片刻之间把饭吃了个精光。

吃饱了喝足了，伍子胥解开裤腰带，从裤裆里掏出一把短剑来。

为什么短剑藏在裤裆里？因为过关的时候怕被发现。

为什么把剑掏出来？杀人灭口？

老渔夫脸色一变，心说：这回算遇上了一个白眼狼了。跑吧，肯定跑不过。干脆，看看这小子要干什么。

"嚓——"剑出鞘，虽然日头已落，但是借着月光，也能看到那把剑闪闪发光。宝剑！绝对的宝剑！

"老丈，承蒙救命赠饭之恩，这把剑是楚王的宝剑，上面镶着七颗宝石，价值百金，无以为报，这把剑就送给您了。"伍子胥将剑插回鞘，递给老渔夫。

老渔夫笑了，他知道这剑不能要，他也不想要。

"我见过楚国的通缉榜，说是捉到伍子胥或者提供情报者赏粟五万石，并授予爵位。连这样的悬赏我都不要，难道还在乎这一把宝剑？"老渔夫说。说完之后，他就后悔了，因为他看见伍子胥的脸色骤然变得很难看。

"这么说，你知道我是谁了？"伍子胥有些紧张起来。

"啊，没有，没有，我只是说楚国的悬赏一向很高。"老渔夫急忙说，他感觉到空气中有一种恐怖的气氛，"你，你赶快走吧，不要让楚国人看见。"

"那，请问老丈尊姓大名，以便今后报答。"伍子胥却不肯走，问道。

"咳，有什么好问的？你是从楚国偷渡的人，我是违法渡你过来的人，大家都是罪犯，知道名字干什么？我就叫你芦中人，你叫我渔丈人就行了。今后你要是升官发财了，别忘了我啊，哈哈哈哈……"老渔夫尴尬地笑笑，试图掩饰自己的紧张。

"好。"伍子胥说，老渔夫越是紧张，他就越是担心，即便自己到了吴国，若是被费无极知道，也一定会派人来追杀自己的，所以，自己的行踪一定不能暴露。

走了两步，伍子胥又走了回来。

"老丈，把盎浆藏好啊，千万别被别人看见了。"伍子胥说，一双眼睛则紧紧地盯着老渔夫。

这句话什么意思？因为盎浆用来待客，如果有人看见老渔夫提着剩下的盎浆回去，难免会问来了什么客人，岂不是很容易暴露？

老渔夫后退了半步，摇了摇头。

"看来，我无论怎么样你都不会相信我了，好，我让你放心。"老渔夫说完，一转身，三步并作两步，奔到岸边，然后一纵身上了小船，在船上左右摇晃，也就是两三下，小船翻了个底朝天，老渔夫则倒栽进了水里。

"啊！"伍子胥大吃一惊，这老渔夫要干什么？玩自杀？

伍子胥急忙来到岸边，等了一阵，不见老渔夫浮上来，眼见渔夫自杀身亡，尸首随江水冲走了。

"壮哉！渔丈人！"伍子胥感慨，然后带着公孙胜，放心地走了。

不远处的芦苇中，老渔夫探出一个头来，轻叹一声："唉，这年头，好人难做啊！"

按《吴越春秋》，老渔夫"覆船自沉于江水之中"，是自杀成功了。不过，于情于理，老渔夫都没有为一个陌生人自杀的理由。从技术角度来说，一个老渔夫投水自尽恐怕不是一件容易完成的事情。

所以，老渔夫只是担心伍子胥杀人灭口，因此伪造了一个自杀现场保护自己而已。

第一七八章

剩女的软饭

> 伍员（扑灯蛾牌）：老丈丧江河、丧江河，不由人珠泪落！得展凌云志，一定报恩德、报恩德！
>
> 伍员（西皮摇板）：娘行身投河，两眼泪如梭。你死皆因我，可怜女娇娥。日后若得仇报却，建碑立旌报恩德。
>
> ——京剧《伍子胥》

> 一轮明月照窗前，愁人心中似箭穿，实指望到吴国借兵回转，谁知昭关有阻拦。幸遇那东皋公行方便，他将我隐藏在后花园，一连几天我的眉不展，夜夜何曾得安眠？俺伍员好似丧家犬，满腹的冤恨我向谁言？我好比哀哀长空雁，我好比龙游在浅滩，我好比鱼儿吞了钩线，我好比波浪中失舵的舟船，思来想去，我的肝肠断，今夜晚怎能够盼到明天？
>
> ——京剧《文昭关》

伍子胥的故事曲折复杂，颇有戏剧性，因此，古今以来都是戏剧钟爱的题材，以上是京剧中的两种。

过昭关这一段，《左传》没有记载，《史记》与《吴越春秋》则有记载，因此应该是信史。京剧中所提到的东皋公是扁鹊的弟子，帮助伍子胥过昭关，事实上他应该是艺术加工的人物，因为那时候连扁鹊都还不知道在哪里呢，徒弟怎么能出来活动？

伍子胥过昭关，一夜愁白头，这成为一个典故，尽管其中有传奇的成分。

369

离开江边，伍子胥带着公孙胜借着月色一路疾行，看看走得远了，这才离了大道，找了一个僻静隐蔽的树丛歇息。

第二天，天刚蒙蒙亮，伍子胥背着公孙胜，继续赶路。

看看又到了中午，伍子胥和公孙胜饿得肚子咕咕叫，却又不敢走街串巷，正发愁的时候，远远看见一条小河。

"先喝点儿水也好。"伍子胥对公孙胜说，背着公孙胜向河边走去。

来到河边，伍子胥看见一个女子在河边洗衣服，女子的身边有一个篮子，筐里有碗有壶，不仅有饭，而且有益浆。

"哇！"真是意外之喜，伍子胥几乎惊叫出来。正是：踏破铁鞋无觅处，得来全不费工夫。

伍子胥的第一反应是抢过来，可是想想，抢一个女人，似乎很不仗义；再想想，如果抢饭，很可能招惹麻烦。所以，这个时候，小心为上。

"夫人，我二人远行到此，饿到半死，可不可以发发善心，给点儿饭吃？"伍子胥厚着脸皮，面带微笑，前去讨要。

以伍子胥的想法，自己身材魁梧，仪表堂堂，浑身散发着贵族男人的优雅气质，不开口则已，只要开口，哪个女人能够拒绝？

可是伍子胥错了。他忘了自己现在的形象，他已经是满头白发，一脸脓包，一双猩红的眼睛，上有眼皮三层下有眼袋两寸，不是流浪汉，就是烂淫鬼。

女人没有看到身边来了人，听伍子胥说话，吓了一跳，急忙抬头来看，结果又把伍子胥吓了一跳。

只见这个女人，看不出多大年龄，脸上疙疙瘩瘩，不知道是青春痘还是脓包，头发蓬乱，脸色肮脏。总算长得挺白。

要是往日见到这样一个女人，伍子胥都不会再看第二眼。

"不行，我三十出头了还没有出嫁，如今跟着我老娘混日子，好不容易今天生日弄点儿好吃的到河边来享受，怎么能给你？"女子拒绝了，脸上的每一个暗疮都附和着。

好嘛，一个大龄剩女，还是个啃老族。

"小姐，得罪了。看你慈眉善目，就知道心地善良。说实话，我走南闯北几十年了，就没见过你这么漂亮的女人，没的说，你一定是人美心更美。求你给点儿吃的吧，我饿着没关系，可是，孩子不能饿着啊！俗话说：再穷不能穷教育，再苦不能苦孩子啊！"伍子胥是什么人？费无极说了，那是被窝里放屁——能文能武的人，自然知道怎样对付眼前这个大龄剩女。

果然，剩女的表情不像刚才那么抗拒和生硬了。

"真的？我美吗？"剩女问，似乎不相信。

"当然，谁说你不美我找谁拼命去。你说你三十岁，可是我看你最多十八岁，孩子，来，叫姐姐。"伍子胥一看女子上钩了，心中暗喜。

"姐姐，姐姐，我好饿啊！"公孙胜够机灵，也是饿的，伍子胥话音刚落，姐姐就叫上了。

"哎哟，好孩子，来，快吃点儿，别饿坏了。"剩女笑开了花，连脸上的暗疮也都绽放了。

女子把篮子里的饭菜拿了出来，热腾腾地散发着香气。

第一七八章　剩女的软饭

"来，吃吧，大哥，还有你，一块儿吃吧。对了，还有盎浆呢。"受了夸奖的剩女心情愉快极了，从来没有人说过她是美女，如今竟然有人夸她美，她心里真是美死了。

心情好，就看什么都好。剩女刚才还觉得伍子胥是个淫贼，可是现在却发现这个男人尽管气色不是很好，可是气质颇有些昂藏，气宇则有些轩昂，这不就是传说中的"犀利哥"吗？

"难道，我的桃花运到了？"剩女有些憧憬未来了。

伍子胥没有想那么多，他和公孙胜开始吃起来。吃到一半，伍子胥觉得不能再吃了，把剩女的饭都吃完了，那岂不是太没有风度了？于是，伍子胥停了下来。

"嗯，饭很软啊。""犀利哥"说，放下了筷子，擦了擦嘴。

"软饭好吃吗？"剩女问。

"好吃！软饭好吃！""犀利哥"忙说。

据说，后来，靠女人过日子被称为吃软饭，就是从伍子胥这里来的。

"好吃，就多吃点儿，你们还要赶远路呢，吃饱一点儿啊。"剩女说，很真诚、很心甘情愿的。

"那，那我就盛情难却了。""犀利哥"没客气，再次拿起筷子，风卷残云，和公孙胜吃光光、喝光光。

剩女在旁边咽了咽口水，不过却心满意足。

"多谢，多谢了。那什么，我们告辞了，希望小姐把盎浆藏起来，千万别给别人看见。""犀利哥"没有注意到剩女眼中的期待，他现在想的就是赶紧离开并且不要被人发现。

"什么？这就走了？"剩女失望地叫了起来，脸上的暗疮也再次暗淡，"我，我曾经发誓，要是哪个男人喝了我的盎浆，我就嫁给谁。你看咱们是多么地般配，你，你就不能不走吗？"

"不，我要走。""犀利哥"说得坚决，毫无商量的余地。

"你，你这个骗子，骗了我的饭，还骗了我的心，为什么不再骗下去呢？我，我，我不想活了，呜呜呜呜……"剩女大声哭喊起来，突然一转身，纵身跳进了湍急的河水中，瞬间被淹没在波浪之中。

剩女，就这样成了烈女。

按《吴越春秋》，剩女投河之前说的是："越亏礼仪，妾不忍也。"并且评论："於乎！贞明执操，其丈夫女哉！"意思是说剩女投河是因为自己觉得给男人吃饭违背了礼仪，因此没脸活下去，评论说："这个女子保守贞操礼节，真是个烈女贞妇。"

这样的说法简直是嚼白蛆（吴语：胡说八道），当时别说吴国，就是鲁国、宋国的女子也不至于如此迂腐、愚蠢，更何况根本不知周礼为何物、男女之间交往没有什么限制的吴国女子呢？

吃饱喝足，伍子胥和公孙胜继续向东走。此时已经抵达吴国腹地，渐渐有了城邑。到这个时候，伍子胥才放心一些。

从那之后，伍子胥不用躲躲闪闪，身上有盘缠，因此不再担惊受怕了，也能吃饱睡足。

一天，两人来到了堂邑（今江苏南京境内一座城邑）。

"鸭屎臭（吴语：不光彩），不想活了，怎么把脏水泼到我家门前？"一个大汉跳到街心，大声喝骂。

伍子胥一看这个大汉，身材中等，赤裸着上身，一身的横肉既黑又硬，在阳光下闪闪发光。所谓行家看门道，伍子胥知道此人力气一定不小。

正在这个时候，街对面的一户人家也跳出来一个大汉，此人身材高大，比伍子胥还要壮实。两相对照，原先那条大汉就被比下去了。

"泼你又怎样？先前你不是也把脏水泼到了我家门口？"长汉气势汹汹，也是一声大吼。

"既然如此，敢不敢跟我拼命？"短汉毫不畏惧，大声挑战。

"谁怕谁？打死不偿命。"长汉应战。

此时，许多街坊都围了过来，却没有人劝架，只是忙着招呼亲朋来看两人拼命。

伍子胥知道吴国人对于生死不太看重，为一点儿小事就能拼命，所以打仗十分勇猛。这一路上看来，果然都是这样。为了泼水这一点儿小事，两位大汉竟然就要拼命。

说时迟那时快，两条大汉已经开始交手了。长汉身高臂长，利于远战，可是短汉步法灵活，贴身近攻，一时间，长汉竟然施展不开，被短汉连续击打，已经有些发晕。也就是十多个回合，长汉一拳打出，短汉闪过，就从长汉的胳膊下钻过，绕到长汉身后，不待长汉转身，将一只手从长汉的胯下探过，竟然一把抓住了长汉的睾丸。

长汉受制于人，立马不能动弹。

"哇，太强了。"街坊们大声叫好，就等着看短汉握杀长汉。

眼看，长汉命在旦夕。

就在这个时候，只听见一声尖厉的断喝："住手！在外面胡闹什么？回家端盘子去。"

是一个女人，她在叫谁？

短汉松开了手，面带讨好的笑容，来到女人面前。

"是，老婆，我回去，我回去。"短汉的声音变得很轻、很温顺，完全看不出刚才还在与人搏命。

街坊们发出惋惜的声音，渐渐散去。长汉捡了一条命，灰溜溜回家了。

伍子胥来到短汉的家门前，才发现原来这是一个路边店，里面有两三张桌子，卖些酒菜给过路人，小店的门前竖着一个牌子：专家楼。

"正好饿了，在这里吃一顿吧。"伍子胥带着公孙胜进了小店，叫了酒菜，短汉端了上来，还真是端盘子的。

"我看你有勇、有谋、有脾气,为什么这么怕你的老婆呢?"伍子胥问他。

"嘿,你不知道吗?你不知道吧。我告诉你。你没有听说过这样的说法吗?下等男人打老婆,中等男人敬老婆,上等男人怕老婆。俗话说:不挨骂,长不大。我这人天不怕地不怕,没人能管我。可是,一个男人没人管不是很悲催?所以我找了个老婆来管我。周武王知道吗?他就是怕老婆,要是不怕老婆,他能夺了商朝的江山吗?"短汉说得头头是道,丝毫没有一点儿羞愧的意思。

伍子胥一听,这人有些意思,而且很有个性,是个人物。

"有道理。那,你叫什么?"伍子胥问。

"专诸。"短汉说。

伍子胥还要跟专诸聊几句,专诸的老婆在厨房里喊了起来:"死哪里去了?快过来洗碗。"

"来了!来了!"专诸不敢再跟伍子胥搭讪,一溜烟跑回了厨房。

370

伍子胥终于来到了吴国都城梅里,这里与郢都相比虽说小了许多,但也算是别有风味。满大街的吴侬软语令人心醉,可是伍子胥只能心碎,他没有心思看美女,他现在所想的就是怎样晋见吴王,说服他攻打楚国,为自己报仇。

吴王是谁?谁是吴王?伍子胥知道自己必须做点儿功课了。

到达梅里的前三天,伍子胥都在从侧面打探当今吴王的情报。

三天之后,对如今吴国的大致情况有了一个简单的了解。

那么,现在谁是吴王?

让伍子胥歇歇,我们先来看看吴国的情况。

吴王余祭在做了十七年王之后鞠躬尽瘁了，之后老三余眛学习两个哥哥，又要让位给老四季札。

"三哥，轮到你了，你就安心做王吧，我不会当的。"季札再次拒绝了。

于是，余眛为吴王。

余眛称王四年（前527年），余眛也鞠躬尽瘁了。

现在，轮也该轮到季札了。

季札还会推辞吗？

季札这一次没有推辞，因为他根本不用推辞，他跑了，跑到自己的封邑延陵（现江苏省常州市淹城），干什么去了？种地去了，当了农民伯伯。

吴国人真是特有性格。

后来，季札被称为延陵季子，后世以吴为姓，并且成了吴姓最大的一支。此外，吴国灭亡之后，吴王子孙以吴为姓。吴姓得姓始祖为吴太伯，最大一支出于季札。吴姓在宋版《百家姓》名列第六位，郡望在延陵郡、渤海郡、濮阳郡、陈留郡、汝南郡、长沙郡、武昌郡、吴兴郡。

该接班的跑了，怎么办？

现在有两种选择，或者说有两个候选人。一个是诸樊的嫡长子公子光，论资排辈应该排到他；另一位是余眛的嫡长子公子僚，如果以嫡长子的原则，那么就应该是他。那么，谁来继位呢？他们会学习四叔季札，互相推让吗？

没有人想学习季札，公子光想当，公子僚也想当。

谁能当上？

那要看谁先下手了。

结果是公子僚先下手。这很容易理解，因为他的信息比公子光灵通，他看着父亲咽气，然后立即向大臣们宣布自己登基，大臣们自然纷纷表示祝贺。

木已成舟，公子光也就只能接受现实。

"鸭屎臭！臭狗屎！真不要脸！"骂归骂，公子光也只好忍了。

公子僚，现在就是吴王僚了。

也不知道是心存愧疚，还是确实看好公子光的军事才能，总之，吴王僚让公子光统领吴军。

吴王僚二年，公子光率领吴军进攻楚国，楚国不敢怠慢，令尹阳匄和司马子鱼亲自领军，在长岸（今安徽省当涂县西南）交战。

楚军这一次采取的策略是水陆并进，两面夹攻。陆地，子鱼身先士卒，英勇战死，楚军士气大振，而水军顺江而下，从上游攻击吴军水军。结果，一场大战，吴军战败，乘舟余皇被楚军俘获。乘舟是什么？乘舟就是豪华战船，专供吴王或者指挥官使用的战船，换言之就是吴军旗舰。

公子光险些被俘，换小船逃命。

吴军的特点是打得过就打，打不过就逃，所以尽管战败，但伤亡不大，退守下游扎寨。

公子光非常恼火，因为余皇是余眛的座舰，这次被楚军夺走，不仅仅使吴国国威大损，这甚至可能成为吴王僚除掉自己的借口。

所以，无论如何都要夺回余皇。

"各位，余皇被夺，我有罪，大家也都有罪。夺不回余皇，我要被处死，但是在我死之前，会把你们都处死。大家要想活命，就要夺回余皇。"公子光招来众将，以这样的方式进行动员。

谁想被处死？于是，大家齐心合力，要夺回余皇。

密探很快回来，报告了余皇目前的情况，说是楚国人特地挖了一个大坑把余皇开进去了，然后在周围挖沟，沟里填上木炭，楚军埋伏在暗处，准备等吴军来抢船的时候火烧吴军。

"台子底下打拳,楚国人出手不高啊。"公子光对楚国人的计策不屑一顾，他自有办法。

到了晚上,公子光派了三个大汉悄悄地由水路潜到了余皇船边,吴军则在三里外停驻。之后,公子光派一队人马摸近了沟边。

天上半个月亮,时隐时现。

"余皇,余皇。"小分队齐声高喊。

"余皇,余皇。"潜入船边的三条大汉高声呼应。

外面连喊三遍,里面也连应三遍。

埋伏的楚军杀出来了,他们以为吴军已经进了包围圈,于是,一部人马来攻击小分队,另一部人马则杀奔余皇,要剿灭里面的吴军。

小分队紧急回撤,楚军追来;三条大汉则在余皇周围来回躲藏,楚军四处找寻,乱成一团。

追赶小分队的楚军进入了吴军的包围圈,一阵厮杀,大败而逃,吴军乘胜追击,直到沟边,之后吴军开始放火烧沟,楚军被大火隔离,里外不能相救,顿时大乱。沟外的楚军要么被杀,要么四散奔逃;沟内的楚军来回乱窜,不得要领。之后,吴军灭火填沟,杀入沟内,楚军逃无可逃,纷纷跳水逃命,结果淹死大半。

这一仗,楚军损折大半,大败亏输。原本设了包围圈要歼灭吴军,谁知被吴军反包围,几乎反被歼灭。

这一仗直打到天亮,吴军打扫战场,敲锣打鼓将余皇开回了吴国。

楚国人为什么对吴国人充满畏惧?因为吴国人就像泥鳅,滑得你很难将他们抓住;吴国人就像鼻涕,只要沾上他们,你就甩不掉,不击败你就不会放你走;吴国人就像毒蛇,即便你打它一棒子,它也要回头一口让你一命呜呼。

吴国人,曾经是中国最强悍、最勇猛、最坚韧、最善战的人。

而公子光一战成名,他的胆量和智谋显露无遗。

第一七九章

楚国人在吴国

伍子胥来到了吴国的时候,已经是吴王僚三年。

在大致了解了吴国的情况之后,伍子胥求见吴王僚。

"你,找谁?"朝廷大门口,守门的卫士拦住了他。

"烦请通报,楚国亡臣伍子胥求见大王。"伍子胥说,来之前,他特地把自己梳妆打扮了一番,好在脸上的疮和嘴唇的泡都已经消得差不多了。

"楚国人?啊,你是楚国人?楚国人也敢来见我家大王,滚吧,楚国狗,不要让我们再看见你。"卫士们厉声喝道,用大戟对着伍子胥挥舞。

自古以来,大王好见,小鬼难缠。

伍子胥失望而归。

失望归失望,他没有绝望。

他原本准备提出政治避难,可是算了算,还是放弃了,为什么?因为按照政治避难准则，申请政治避难的人在避难国享受原级别降一级的待遇，所以，原级别在大夫以下的就没有什么政治避难福利了。伍子胥的父亲在楚国是卿一级，伍子胥的哥哥相当于大夫一级，伍子胥则不过是个士。再看公孙胜，他父亲是公子，属于卿一级，公孙胜顶多也就是大夫一级。

所以，两人的政治避难资格都不够，更何况吴国人遵不遵守政治避难准则还是个问号。

见不到吴王，政治避难又不够资格，怎么办？

伍子胥还有办法。

吴国专门设置了一个机构叫作都亭，地点也在都亭，这个机构是专门招待中原各国来投奔的人才的（详见第一六二章），大致相当于现在的人才交流中心。伍子胥决定退而求其次，先去混个人才的资格，解决衣食问题再说。

一路问，伍子胥来到都亭，通报姓名之后，见到了亭长。

"请问，你有什么才能？"亭长问，态度还挺好。

"我这人能文能武，文的先不说，先说武的。五年前我跟随楚国太子建去云梦泽打猎……"伍子胥知道吴国人重武轻文，因此上来就说自己当年的威水史（辉煌史），可是刚刚开始，就被亭长打断了。

"什，什么？你慢着，你是楚国人？"亭长问。

"是，在下是楚国人，可是对楚国有刻骨仇恨。"伍子胥急忙跟楚国划清界限。

"别说了，我们这里不用楚国人，啊，楚国人，嘿嘿，我们不用，请，请吧。"

伍子胥被赶了出来，伤了自尊。

"可恶的吴国人，狗眼看人低。"伍子胥找了一个空旷的地方，破口大骂。

骂完之后怎么办？

继续想办法。

伍子胥就是这样的人，他绝不会气馁，也绝不会放弃。

天上九头鸟，地下楚国佬，说的就是伍子胥这样的人。

见不到吴王，享受不到政治避难，甚至连体面的工作也找不到，怎么办？

伍子胥左思右想，想到了一个办法。

梅里的大街上，出现了一个人，这个人身材高大，体格健壮，披头散发，赤裸胸膛，满脸泥污，只穿着一只鞋，还端着一个木碗。

够抢眼吧？

虽然看上去像是个乞丐，此人却未必是乞丐，因为他的另一只手上，是一把闪亮的宝剑，动不动抽出来看看，让路人看得目瞪口呆。

抢眼吧？

这还不算，这条大汉的身后还跟着一个看上去十分乖巧的男孩子，怎么看怎么像个公侯家的公子。

太抢眼了！

此人走走停停，停停走走，有时激昂，有时低沉，有时高声大笑，有时低声哭泣。

此人是个乞丐？是个疯子？还是个拐卖儿童的人贩子？

没有人知道。

人们只是叫他，"犀利哥"。

女人们纷纷来看，因为这么魁伟的男人太少见了，特别是那一身腱子肉，令人心旌摇曳。

男人们也纷纷来看，因为这个男人实在是太男人了，特别是散落的头发和一脸的泥污，散发出野性的雄壮。

女人们看"犀利哥"可怜，纷纷给他送来食物，可是犀利哥每次都温柔地拒绝了。

"哇！太酷了！帅呆了！"女人们惊呼。

第一七九章　楚国人在吴国

男人们则上来看他的宝剑，问问这宝剑的来历，还有人要问价购买。

"不要买，你要是一拳能打动我，这宝剑就是你的了。""犀利哥"每次都这样说。

可是，没有人能够打动"犀利哥"，他们只感到"犀利哥"的胸膛如钢铁一般强硬。

"犀利哥，你是哪国人？"有人不免问起来。

"楚国人。"

"啊，楚国人？你来干什么？"

"杀人。"

"啊，杀谁？"

"杀楚国人。"

"啊？！"

"犀利哥"不会再说下去，他只说到这里。

三天之后，全城都知道有一个神秘的楚国人，这个楚国人武艺高强，让男人敬畏，让女人向往。

什么事情如果惊动了女人，就一定会惊动全国所有的人。

后宫的女人都在谈论一个男人，一个神秘的男人。

于是，吴王僚就被惊动了。

"去，把那个犀利哥给我找来。"吴王僚下令。

现在不是伍子胥求见吴王僚，而是吴王僚主动召见伍子胥。

这，就是炒作的力量。

看见伍子胥的那一刻起，吴王僚就喜欢上了他。

吴王僚讨厌中原，当然，他也不喜欢楚国。他最讨厌的就是看见有人戴帽子，可是恰好，伍子胥没有戴帽子，所以他觉得伍子胥很亲近。

"听说，你是楚国人，却要到吴国杀楚国人，什么意思？"吴王僚问，他也觉得新鲜。

"因为我全家都被楚王杀死了。"

"说来听听。"吴王僚有兴趣,他对楚国的事情一向有兴趣。

于是,伍子胥从费无极陷害太子建,说到自己父兄怎样被害,太子建又怎样死在郑国,一直说到过昭关,从头到尾说了一遍。

"啊,一夜白头?真有这样的事情?渔丈人真的自杀了?"吴王僚听得过瘾,不停发问。

不管怎样,吴王僚对伍子胥表达了同情。

破例,吴王僚决定给伍子胥大夫待遇。

"你还有什么要求?"吴王僚问。

"我想向大王借兵,讨伐楚国,诛杀楚王,为父兄报仇。"伍子胥提出要求。

"不行,楚国实力很强,我们也就是在边境跟他们斗一斗而已,正面作战,我们没把握。"吴王僚拒绝了伍子胥。

伍子胥知道,自己有点儿急了,要等机会。

从那之后,伍子胥和公孙胜在吴国住了下来,等待机会。

372

伍子胥来到吴国的第二年秋天,吴王僚亲自率领吴军进攻楚国的州来。

楚国急忙派军救援,令尹子瑕和司马芳越亲自领兵。

吴、楚两军在楚国的钟离(在今安徽省凤阳县)相遇,于是,吴、楚会战开始了。

从总兵力来说,楚国军队占绝对优势,而且他们还学习晋国人搞联军的做法,让扈从小国陈国、蔡国、沈国、许国、顿国、胡国也都出兵,其总兵力超过吴军一倍以上。

吴国人没有害怕,他们从来不怕楚国人,更不会怕他们的扈从小国。

前敌会议召开，讨论作战计划。

"我们刚刚得到线报，楚军主帅子瑕突然病死在军中，敌军士气受到打击。三位，这是个机会，你们看该怎么打？"吴王僚现在自领中军，找来了统领右军的公子光和统领左军的公子掩余商量，伍子胥作为楚国的叛徒，也被请来出谋划策。

"楚军虽然人多，但是几个小国都是被逼迫前来的，像陈国、沈国这种国家，根本不会打仗；像许国、蔡国这种国家，本身就对楚国很不满。而楚军主帅已死，司马芳越出身低微，压不住阵，所以实际上楚军也是各自为战。这一帮乌合之众，不堪一击。我建议，我们首先攻击他们的左军，也就是胡国、沈国和陈国的阵地，他们一定溃逃，必然动摇其他国家的军心，进而大乱，而我们乘机冲锋，楚国没有不大败的道理。"伍子胥提出建议，他学习过城濮之战，如今正好用在这里。

"好主意！"吴王僚叫好。

七月二十九日，双方在鸡父（今河南省固始县南）展开决战。

吴军早早布阵。

楚军为首的联军你呼我喝、闹闹哄哄、乱七八糟，对面早已经严阵以待，这边才开始布阵。他们大概以为对面的是宋国人，而不是吴国人。

"给我上！"公子光下令，非常不专业。

因为冲锋的人就很不专业。

从吴军右军阵中，冲出三千名吴国人，这些人一个个蓬头垢面、破衣烂衫，有的手持棍棒，有的手持铁叉，有的拿着石头，还有的赤手空拳，就这样乱哄哄，一边喊着，一边冲向联军的左军阵地。

三千"犀利哥"。

"犀利哥"们的后面，是吴军的弓箭手，谁跑得慢了，直接就被射死。

这是一帮什么人？一帮吴国的囚犯。

左军的胡国、沈国和陈国军队一看这乱糟糟地上来的一帮吴国人，典型的乌合之众，三国军队也来不及布阵了，直接迎敌。

囚犯们都是要逃命的，可是没人敢回头，于是看哪里人少往哪里钻，有跑的，有站着不动的，有拼命的，有投降的。三国军队一看，送上门来的俘虏啊，快抓吧。于是，纷纷去抓俘虏。阵形本来就没站好，这一忙着抓俘虏，立马大乱，三国军队都混在了一起。

就在三国军队闷头抓俘虏的时候，吴军已经如下山猛虎扑了过来，左中右三军从三个方向杀来。

到现在，三国军队才知道吴国军队是什么样的，才知道楚国人为什么怕吴国。

吴军的强悍战斗力令三国军队目瞪口呆，来不及抵抗就都成了俘虏。抓俘虏抓了半天，自己都成了俘虏。

派囚犯冲锋的主意，是公子光出的。

这边已经结束了一场战斗，那边中路的楚军和右路的顿、蔡、许三国的军队还在布阵。

于是，吴国人又回到了原先的阵地。

顿、蔡、许三国的士兵们并不知道另一侧的兄弟们都已经挂了，只知道对面的吴国人走了一趟又回来了，具体干什么去了，还真不知道。

三国士兵们吵吵嚷嚷，突然就看见对面吴军阵中冲出几千号人来，衣衫不整，手中没有武器，一路惨叫，冲了过来。

又是三千"犀利哥"。

什么人？吴国罪犯？这次不是了。

冲过来的都是胡国和沈国的兄弟们，一边狂奔，一边惨叫着："我们的君主死了，快跑吧。"

身后，吴军像赶羊一样赶着，跑得慢的就被砍倒。

转眼间，胡、沈两国的败兵们就到了，本来这边布阵就没有完成，被这帮人一冲，当时就乱七八糟了。三国士兵一看，这仗还怎么打？逃命吧。

往哪里逃？往中路的楚军阵地逃。

结果，五国部队丢盔弃甲，不由分说撞进了楚军阵地。

楚军也还没有布阵完毕，当时被冲得七零八落，后面吴军杀到。

怎么办？这时候还能怎么办？逃命。

《左传》记载："三国奔，楚师大奔。"

大奔，就是玩命奔逃的意思。

楚军及联军大败的消息震动了七国，伍子胥为吴国出谋划策的事情也传开了。

在蔡国，一个人听说楚军大败，面有忧色；可是听说伍子胥在吴国，又面露笑容。

"孙子，你还活着，奶奶想你啊！"

这是谁？太子建的老娘，公孙胜的奶奶，也就是楚平王的第一任夫人，我们称之为蔡国夫人。

原来，当初太子建被逐，秦国夫人受宠，蔡国夫人伤心欲绝，于是向楚平王提出请求，希望看在当年的情分上，放她回娘家蔡国养老。楚平王本来就对蔡国夫人心存愧疚，于是答应了她的请求，将她送回蔡国老家，嘱咐蔡国国君好好对待。但是，楚平王提出一个条件，那就是她不能去找太子建。

就这样，蔡国夫人回到了蔡国，之后她遵守承诺，没有去找自己的儿子。

后来，蔡国夫人听说儿子太子建在郑国被杀，孙子没有了音信，据说是被伍子胥带走，但是带去了哪里，不知道。

蔡国夫人为儿子伤心，想念孙子，经常流泪，发誓只要知道孙子在哪里，千山万水也要去找。

如今听说楚国和蔡国战败，蔡国夫人对楚平王还是有感情的，因此为楚国和蔡国担忧。可是随后听说伍子胥在吴国，断定孙子公孙胜也在吴国。

"我要去吴国，我要去找我的孙子。"蔡国夫人下定了决心，而这样做也并没有违背当初的承诺，因为只说了不能找儿子，没说过不能找孙子。

蔡国夫人立即派人前往吴国，直接找到吴王僚，请求吴国派兵接她前往吴国。

吴王僚当即答应，随后悄悄派出一队人马，由自己的太子亲自率领，前往蔡国迎接蔡国夫人。

吴国太子率领着一队精兵，悄悄进入蔡国，竟然真的把蔡国夫人接了回来。等到楚国人发觉来追，早已经晚了。

战败之后，又被吴国人接走了楚平王的夫人，司马芴越畏罪自杀。

而蔡国夫人来到了吴国，终于见到了日思夜想的乖孙儿。

楚国的钟离和吴国的卑梁氏两个地方相邻，这两个地方都以养蚕而著称，老百姓主要靠养蚕为生。

蚕最喜欢吃的就是桑叶，而桑树漫山遍野，没有归属，人人能摘。

终于有一天，发生了问题。

钟离的采桑女和卑梁氏的采桑女为了一棵桑树发生争执，一开始是口角，接着是骂街，然后打在了一处。

既然开始打了，自然有吃亏的，有占便宜的，即便是占了便宜的也认为自己吃亏。

下一步，家长出面了。一开始是论理，结果是各说各有理，然后就吵了起来，最后，吵到火头上，就开始动手了。

既然动手了，肯定就有挨打的，有打人的。

下一步，挨打的纠集了整个家族来报仇，将打人的痛打一顿。

再下一步，被打的大怒，纠集了整个村子的人去报仇，对方早有防备，于是就成了群体性械斗，演变成了群体性事件。

群体性事件发生之后，政府就会出面，于是，双方边防部队开始交手。

从争一棵桑树，发展成了国际争端。

很多时候，国际争端就是这么起来的。

在这个地区，楚国人多，吴国人少，结果一仗打下来，楚国这边大胜，把吴国这边打得跪地求饶。楚国人一怒之下，就把吴国这边给灭了，男人抓过去当苦工，女人抓过去当婢妾。可怜当初引发事端的那个吴国姑娘，现在成了那个楚国姑娘的仆人。

消息传到吴国内地，吴国人民群情激奋，纷纷要求政府主持公道。

面对这个情况，怎么办？现在摆在吴王僚面前的是四种选择。

第一种：假装什么也不知道，反正就几个屁民。

第二种：准备赎金，暗中派人前去游说，把人赎回来。

第三种：提出严正抗议，要求对方迅速放人，并表示由此而引起的一切后果由对方承担，之后就把这件事情忘掉。

第四种：出兵，灭掉钟离。

吴王僚会选择哪一种？

吴王僚根本没有做选择，因为不需要做选择。

"不想活了？灭了他们。"吴王僚大怒，这是他的第一反应，也是第二反应。

第二天，吴王僚派公子光领军，直扑钟离，一顿砍瓜切菜，把钟离楚国边防军消灭了，随后将钟离和居巢两座楚国城邑全部灭掉，人口掳回楚国。之后的事情就是主人变仆人，仆人变主人。那两个打架的姑娘自然也是换了位置，不过经过这一番人生挫折，两人深感把争一棵桑树闹成了国际争端，大家都成了受害者，实在是无聊。于是，两人冰释前嫌，结拜为姐妹，嫁给了同一个男人，成为一时佳话。

吴国灭了钟离和居巢，楚国有怎样的反应呢？

楚国没有反应，假装什么也不知道，假装什么也没有发生。

"唉，谁让我们不幸生在楚国呢？"楚国人民感慨万千。

楚国示弱，伍子胥看到了机会。

"大王，楚国人已经害怕我们了，我建议立即出兵，一定能够灭掉楚国。"伍子胥来见吴王僚，劝说他讨伐楚国。

"这，你说呢？"吴王僚似乎有些动心，恰好公子光在一旁，于是问他。

"大王，伍子胥父兄被楚王所杀，急于报仇，所以劝你攻打楚国。其实，楚国地大物博、人口众多，哪里那么容易打？我的看法，不行。"公子光强烈反对。

吴王僚对伍子胥摇了摇头，算是拒绝他的请求。

伍子胥则对公子光笑了笑，他现在知道公子光想干什么了。

第一八〇章

谋杀开始了

当一个人太憧憬未来某件事情的时候，往往就会忽略眼前；当一个人太专注于某件事情的时候，往往就会忽视周围的环境；当一个人太想完成自己心愿的时候，往往就不会去考虑别人的感受。

伍子胥开始反思。

自己到吴国已经六年了，可是报仇的事情还没有影子。

吴王僚对自己不好吗？不是，吴王僚对自己很不错。但是，每当自己提出讨伐楚国的时候，吴王僚就顾左右而言他。为什么？因为吴王僚要从国家的利益出发，而不是从你的个人恩怨出发来考虑这个问题。

还有公子光，任何时候伍子胥提出来讨伐楚国，公子光都毫不客气地否定。为什么？

伍子胥是个聪明人。

只有让自己报仇这件事情与吴国人的利益挂在一起，吴国人才会为自己报仇，确切地说，顺便为自己报仇。

伍子胥有信心在吴王僚身上做到这一点，可是即便吴王僚愿意讨伐楚国，公子光会愿意吗？如果公子光不愿意，吴王僚也绝不会讨伐楚国的，因为唯有公子光有能力担当这样的重任。

所以，公子光才是关键。

那么，公子光的利益在哪里？他的欲望是什么？

伍子胥眼前一亮。

其实，他早就知道，只是他并没有朝这个方向考虑过。

伍子胥每次和吴王僚、公子光在一起的时候，都能看到公子光闪烁的目光经常深情地扫向吴王僚的位置，眼光中带着渴望、嫉妒乃至几分仇恨。

伍子胥知道公子光想要什么，所以他也就知道公子光为什么总是反对讨伐楚国——按《史记》说法，就是伍子胥知公子光有内志，欲杀王而自立，未可以说外事。

现在伍子胥面临一个站队的问题。

从道义上说，毫无疑问应该站在吴王僚这一边，帮助他对付公子光。可是，俗话说："疏不间亲。"自己作为一个外来户，根本没有办法出上力。而除不掉公子光，自己报仇就没有希望。

换一个角度，站在公子光这一边呢？公子光正需要人帮他杀吴王僚，而如果自己能帮他做这个技术性的工作，公子光一定会感激自己，就有可能为自己报仇。

怎样选择？

伍子胥没有任何犹豫，因为他的目标就是报仇，为了报仇，什么都可以不顾。

"吴王，对不起了。"伍子胥做出了选择。

伍子胥，也是一个恩将仇报的人。

渔丈人的跳水，被证明是多么地明智和果断。

373

伍子胥登门拜访了公子光。

公子光很高兴，实际上他很欣赏伍子胥，他知道在整个吴国也找不到这样一个人才，更何况他是楚国的叛徒，今后对付楚国大有用处。正因为欣赏伍子胥，他才不希望伍子胥与吴王僚走得太近。

如今，伍子胥自己上门来了，他来干什么？

公子光是个聪明人，他早已经猜到了三分。

密室，密会，密谈。

两人都是明白人，都知道对方对于自己的价值。

两人也都是直率人，都不想拐弯抹角。

两人也都是急性子的人，都急于让对方了解自己的想法。

所以，一拍即合，两人迅速达成了一致，结成了联盟。

"子胥，吴王待你不错啊，你为什么愿意帮我？"公子光问。

"因为您能帮我报仇。"伍子胥直接这么说，他知道遮掩毫无意义。

公子光笑了。

"公子，吴王是你的兄弟啊，你为什么要干掉他？"伍子胥也问，明知故问。

"我要夺回属于自己的东西而已。"公子光说，也很直接。

伍子胥也笑了。

当某件事情同时符合两人的利益的时候，他们就会真心合作，而且，绝不会在道义上怀疑对方。

共识达成，开始具体策划。

策划什么？谋杀。

公子光早就在准备谋杀吴王僚，可是一来吴王僚一向非常小心，戒备很严；二来公子光找不到合适的杀手，不要命的好找，可是不要命而又有头脑的不好找。

"这样，我明天就辞职，去乡下种菜，暗中为公子物色人选。公子这边留意机会，俗话说，百密必有一疏，我们总能找到吴王大意的时候。"伍子胥出了这么个主意，他为什么要辞职去乡下？一来可以专心去找人；二来让公子光对自己放心，否则，整天在吴王僚面前晃来晃去，公子光怎么能放心他？

公子光正有此意。

三天之后，伍子胥来找吴王僚，提出自己最近心跳时快时慢，不能再为大王效劳，希望去乡下种菜，恳请批准。

吴王僚没有当即答应他，他找来公子光咨询意见。

"大王，种菜就种菜吧，这个楚国人整天就想着自己报仇，根本不管我们吴国的利益。说实话，我一直很讨厌他，让他种菜去吧。"公子光没说什么好话，似乎真的很厌恶伍子胥。

吴王僚替伍子胥辩解了几句，还是决定同意伍子胥去种菜。他万万没有想到，两个看上去互相讨厌的人竟然在联手对付自己。

不管怎样，伍子胥种菜去了。

伍子胥悄悄地寻找合适的杀手。

到了这个时候，他才发现这不是一件容易做的事情，也就难怪这些年来公子光干着急下不了手。

找来找去，找到的多半是有勇无谋之辈，要么就是很靠不住，终于找到一个看上去挺理想的，可是半夜抽羊角风抽死了。

连找了两年，竟然没有收获，别说伍子胥，就是公子光也有些垂头丧气。

就在伍子胥快要绝望的时候，突然眼前一亮。

人，总有眼前一亮的时候，就如总有眼前一黑的时候。

伍子胥想起一个人来，谁？

专诸。

虽然时间过去了很久，但伍子胥对专诸的印象十分深刻。

这个人身体健壮，样貌凶恶，为一点儿小事就能拼命。用《吴越春秋》的话说："碓颡（sǎng，意为高额）而深目，虎膺而熊背，戾于从难。"

想想看，为了邻居泼他家门口一点儿水就能要人性命，岂不是给点儿好处就能上？

问题是，这么多年过去了，专诸还在吗？

伍子胥悄悄地到了堂邑，抱着碰运气的念头去找专诸。

运气不错，专诸还在，专家楼也还在，专诸的老婆也还在，还为他生了一个儿子，而且专诸还是那么怕老婆。

一切，似乎都与从前一样。

唯有一点明显地不一样：专家楼破旧了许多。

显然，小店的生意不是太好。

伍子胥来到，专诸早已经不记得他。不过，这一点不重要。

伍子胥在专家楼吃了几天的饭，专门点最贵的菜。所以三天之后，连专诸的老婆都对他另眼相待了。

到这个时候，伍子胥已经可以随便跟专诸聊天，而专诸的老婆不会喊专诸去洗碗了。

专诸还像从前那样"戾于从难"，不过他最近有些浅浅的忧愁，为什么忧愁？

俗话说：一分钱难倒英雄汉。

专家楼的生意一向惨淡，仅仅能维持生活而已。老婆的脾气越来越古怪，每天睡前醒后第一件事情就是骂专诸没本事，说些"老娘当年花一样的姑娘，怎么就瞎了狗眼，嫁给了你这么个窝囊废"之类的话，让专诸很郁闷、很内疚，总想着怎么去发个小财，也让老婆孩子过得舒坦些。

伍子胥非常高兴，高兴的是专诸是个有追求的人，有追求就好。

这一天，伍子胥在专家楼直待到了打烊，然后约了专诸去外面聊聊天。大客户相约，专诸老婆自然巴不得让专诸去。

在一棵大槐树下，有一块大石头，伍子胥和专诸就在这里聊上了。

伍子胥把自己的身世经历对专诸讲了一遍，听得专诸两眼发直，敢情眼前是个大英雄、大人物。

"伍大哥，有没有什么发财的路子，给兄弟指点一二啊。"专诸觉得伍子胥门路广、点子多，能帮上自己。

"发财？"伍子胥看了专诸一眼，又看了第二眼，又看了第三眼，看过三眼之后，说话了，"发财是个很简单的事情，也是个很困难的事情。怎么说呢？俗话说：饿死胆小的，撑死胆大的。"

"大哥，我胆子大。"

"光胆子大没用，要视死如归、敢于牺牲。"

"那什么，我就是这样的。死嘛，碗大一个疤。"

"如果你真的不怕死，我倒有个朋友正在物色一位杀手，只要帮他杀了他的仇家，万金为酬，让你老婆孩子十辈子不愁吃穿，怎样？"

"这——"

专诸略一犹疑，伍子胥起身就走。

"别别别，伍大哥，别别别。"专诸急了，急忙拉住，然后解释，"伍大哥，不是我怕死，是我怕老婆不同意。"

"男子汉大丈夫，还怕老婆？专诸兄弟啊，你这辈子一事无成，都是因为怕老婆，你明白吗？"

"我，我，我明白。这样，我今天回去跟老婆说，她要是同意也就罢了，不同意的话，一拳打死她，也要跟你走。"专诸说。

"好，明天上午，还在这里见。"

第二天上午，伍子胥早早来到，却发现专诸来得更早。

"老弟，走吧。"伍子胥很高兴，他看见专诸的脸上有几道伤痕，估计是老婆在被打死之前用手抓的。

"伍……伍大哥，我……我老婆不同意。"专诸弱弱地说，看上去有些委屈。

"你没有打死你老婆？"伍子胥大失所望。

"我……我不敢打她。"

现在伍子胥知道了，专诸脸上的伤痕就是挨打挨的。

"唉——"伍子胥叹了一口气，摇了摇头，说道，"有的人为什么发不了财？没胆量啊；有的人为什么报仇这么难？运气不好啊。兄弟，回去吧，你老婆喊你回家吃饭了。"

专诸的脸色非常难看，羞愧就像钱塘江的潮水一样冲击着他的心灵。可是，他还是下不了决心。

"伍大哥，你能不能把你的地址告诉我？万一我老婆想通了，我去找你。"专诸提出最后的一点要求。

"唉。"伍子胥又叹了一口气，把地址告诉了专诸，之后扬长而去。

伍子胥知道，除非专诸的老婆死了，否则专诸是不会来的。

374

转眼间又是一年过去。

吴王僚十二年冬天，也就是伍子胥到吴国的第九年，从楚国传来一个消息。好消息还是坏消息？看对谁来说。

楚平王薨了，秦国夫人的儿子熊轸继位，就是楚昭王。

"哈哈哈哈……"消息传来，伍子胥大笑。

"呜呜呜呜……"大笑之后，伍子胥大哭。

公孙胜在一旁，默然不语，他的心情有些复杂，毕竟那是他的爷爷。对于他来说，爱恨交加。

蔡国夫人流下了眼泪，俗话说一日夫妻百日恩，那毕竟是她曾经恩爱，曾经花前月下、海誓山盟的男人，而那个男人对自己一直也不错。

大哭之后，伍子胥对公孙胜说："楚王死了算便宜他了，我不能亲手杀了他报仇。可是，楚国还在，我还能灭掉楚国来报仇。"

公孙胜没有回答，他在想，如果父亲没有被废掉，自己现在就是楚国的太子，将来就是楚王了。

"呜呜呜呜……"伍子胥找了一个角落，继续哭去了。

伍子胥的第一次哭，是因为不能找楚平王报仇了；而第二次哭，是因为到现在还看不到一点儿能够报仇的希望。

希望，说不来就不来，说来就来。

专诸找上门来了。

"伍大哥，我干！"专诸说。

"你老婆同意了？"伍子胥觉得有些奇怪。

"同意了。"

"她怎么说？"

"她说，你去死吧，永远不要再回来了。"

原来，三天前，村头的一位老姑娘想不开，投河自杀。恰好专诸路过，将她救了起来，送回了家。原本这是一件好事，可是，死过一回之后，老姑娘不想死了，非专诸不嫁，说是救命之恩无以为报，只能以身相许。专诸哪里敢？偏偏那老姑娘不依不饶，找到了专家楼，表示就算做妾室也愿意。

第一八〇章 谋杀开始了

专诸的老婆本来就对专诸一肚子火，再加上经营状况不好等，如今又碰上这样的事情，哪里压得住火？

"你给我滚，去死吧，永远不要再让我看见你。"老婆拿着擀面杖追杀专诸，专诸百口莫辩，还撞到了邻居家的树上，头上撞起来一个大包。

怎么办？

你不是让我死吗？我就去找死吧。

就这样，专诸来找伍子胥了。

伍子胥带专诸来见公子光。

公子光是一名战将，阅人无数，眼光锐利，如今一看专诸，当时就赞叹："壮哉！你不做杀手，真是可惜了材料。"

面试过关。

大家都是明白人，所以直接敞开天窗说亮话了。

"专诸，你跟我干，我绝不会亏待你。今天，我就派人去你家里，给你老婆孩子送钱去，保证他们过上好日子，一辈子吃用不尽，专家楼想开多大开多大。"介绍完了情况，公子光顺带谴责完了吴王僚的不道德行为。接下来，公子光立即给了个承诺，他知道专诸这时候最想的就是这个。

果然，专诸的情绪一下子调动了起来。

"公子，你准备怎样下手？"专诸问，现在他有积极性了。

有没有积极性的区别是很大的，专诸的事迹证明了这一点。

"我，说实话，从前没干过这事，还真不知道。"公子光说，他挺高兴，因为专诸很主动，一定有想法。

公子光猜对了。

"公子，机会不是等来的，是要自己创造的。我问你，吴王喜欢什么？他喜欢什么，我们就投其所好，不愁没有机会。"专诸几句话说出来，公子光听得愣了。

别说公子光愣了，伍子胥也愣了。

"哎呀妈呀，太有才了！"公子光和伍子胥不约而同地这么想，其间还交换了一下眼色。

按说，专诸也就是专家楼一跑堂的，怎么能这么有想法？这不奇怪，因为他从事的那是服务行业，服务意识强，投其所好就是他的工作。

"他要是爱泡妞，咱们就设计个色情谋杀；他要是爱喝酒，咱们就想办法献好酒，在酒中下毒；他要是爱打猎，咱们就在狩猎场布置埋伏。诸如此类，公子您想想。"专诸不仅提出想法，还能举例。

公子光想了想，以上几条爱好好像吴王僚还真没有，他喜欢什么呢？想起来了。

"他喜欢美食，这有没有办法？"公子光问。

"喜欢什么类的美食？"专诸反问。

"喜欢吃鱼，烤鱼，尤其是太湖的鱼。"

"那好，我去太湖，先学习做鱼的手艺。"

于是，专诸去了太湖，找当地名厨学习做鱼。一学，就是三个月。专诸原本就是开专家楼的，烹饪颇有些底子，所以，三个月过去，已经做得一手好鱼。

专诸学做鱼去了，伍子胥和公子光也没闲着。

"公子，专诸说得好：机会不是等来的，要靠自己去创造。如今，我倒有个创造机会的想法。"伍子胥最近信心重拾，状态大好。

"快说来听听。"

"如今楚王呜呼，楚国上下大乱。公子就去见大王，劝他乘楚国国丧讨伐楚国，大王一定同意。公子找个借口不带兵，那么，大王一定派公子盖余和公子烛庸领军，他们一走，大王无人辅助，我们就可以乘机下手了。"伍子胥的主意，借着楚国国丧的名义，把吴王僚的两个亲弟弟支开，这边好下手。

"好主意！可是，叔叔还在，就算我们干掉了吴王僚，岂不是还要让给他？就算他不要，一定也会叽叽歪歪。"公子光有点忌讳季札，毕竟那是他叔叔。

"这好办，公子向大王再提个建议，派季札出使晋国，看看晋国最近是什么状况，能不能联合起来讨伐楚国。等他从晋国回来，那时候一切事宜我们都做好了，他还能有什么办法？"

"好！"

第二天，公子光去见吴王僚，按着伍子胥教的办法提出了两条建议，却以痔疮发作为由，表示无法领军出征。吴王僚果然十分赞同公子光的建议，于是派公子盖余和公子烛庸领军，讨伐楚国。同时，派季札出使晋国。

一切，都按照预想展开了。

第一八一章

专诸刺王僚

楚平王在上一年九月末去世，第二年一开春，吴国人就打了过来。

吴国人很喜欢趁楚国的国丧之际攻打楚国，从前就干过这样的事情，楚共王去世的时候就攻打过楚国，结果大败亏输（详见第一六三章），这一次他们还是不汲取教训，又来了。

楚国原本不是个同仇敌忾的国家，可是如今吴国人乘人之危的做法还是令楚国军民义愤填膺，反而激起了斗志。

楚国令尹囊瓦（即子常）亲自领军，水路并进，分三路迎战吴军。而公子盖余和公子烛庸轻敌冒进，结果被楚军前后包夹，进退两难，动弹不得。

这个时候，有人忧愁，有人高兴。

转眼间到了三月底，前线吴军多次求援，眼看撑持不住。

"王兄，恐怕只能你领军救援了。"吴王僚找来公子光，要派他出兵。

吴王僚知道，只有公子光才有能力完成这个任务。

"这，大王，其实我早就想请命出征，可是最近痔疮好了，脚又摔坏了，你看看，青了这么大一块。"公子光脱了鞋子给吴王僚看，果然在脚踝处青了很大一块，还有些发黑。

吴王僚没有怀疑，怪不得公子光进来的时候一瘸一拐。

"可是，王兄恐怕要带伤上阵了。"吴王僚也是没有别的办法，要强迫他出征。

"大王，这样，容我养伤三五天，到时如果没有恶化，我一定出征。"

吴王僚也不好强迫，只得答应了。

回到家里，公子光急忙找来了伍子胥和专诸，专诸早已学艺归来，一直就跟伍子胥住在公子光家中。

"机会，绝对的机会。"伍子胥听公子光把当天的事情说完之后，大喜。

"嗯，可以动手了。吴王两个亲弟弟都在前线被困，在国内没有能干的大臣，我们再不动手，恐怕就没有这样的机会了。"专诸也说。

"好，那么，怎么动手？"公子光急切地问。

伍子胥没有说话，他看看专诸，意思是该你说了。

"公子就说最近聘请了一个好厨子，鱼做得十分可口，请大王来品尝。等吴王来了，我端盘子上鱼，贴近他之后，趁机下手。"专诸有了成熟想法，当然，鱼也是他做，一条龙服务。

"可是，我担心吴王不会来。"公子光有些担忧。

"放心，他一定来。"这一次，说话的是伍子胥，"他现在需要你领兵去救他的两个弟弟，所以这个面子一定会给你。"

"也是，那么就这样定了。"公子光拍板了。

"不过，我听说吴王出门都要内穿皮甲，一般刀剑难以刺透，不如用我的宝剑。"伍子胥又想到一个细节，因此把宝剑献了出来。

伍子胥的宝剑拿出来，熠熠生辉，满堂金光。

"不行，这样的剑虽然是宝剑，可是太扎眼，而且我一个端盘子的，还带着一把宝剑，那不摆明了是刺客？我想要一把短剑，不知道公子有没有？"专诸否决了伍子胥的意见。

公子光想了想，专诸说得有道理，吴王但凡在外用餐，都戒备森严，任何人不得带武器接近。所以，必须是一把容易隐藏的短刀或者短剑。

公子光有这样的剑吗？有。

"当年越王允常曾经献了三把宝剑给吴国，一把叫湛卢，一把叫磐郢，还有一把叫刺僚。刺僚就是一把匕首。这把短剑削铁如泥，早年父亲给了我，我一直放在床头，不肯使用。如今正好拿出来用。"公子光说完，亲自回到卧房，取出来一把宝剑，就是刺僚。

专诸拿过来一看，果然好剑。试一试刀刃，锋利无比。

"唉，我要是早有这把剑就好了，杀猪宰羊方便多了。"专诸感慨。

"刺僚，刺僚，岂不是专门用来刺吴王僚？好意头。"伍子胥大声叫好。

随后，三人商议了具体的细节，一一布置停当。

第二天，各人去做各人的事。

公子光兴冲冲去见吴王僚。

"大王，脚好了许多，这样看来，过几日出兵应该没有问题。"公子光先抛出个喜讯给吴王僚。

"太好了！"吴王僚很高兴。

"另外，最近我府中新来了一个厨师，做得一手好鱼，我知道大王喜欢吃鱼，特地让这个厨师做一道拿手好鱼，请大王明晚来舍下品鱼，也算为我饯行，怎样？"公子光发出邀请。

"好啊好啊！"吴王僚不假思索，应承了。

公子光的任务完成了。

第一八一章　专诸刺王僚

专诸行色匆匆，一路往家赶，他要在行动之前再看自己的老婆孩子和老娘一眼。他知道，这次行动，基本上就是九死一生。

公子光答应过他："你的老娘就是我的老娘，你的儿子就是我的儿子，你的老婆就是我的嫂子，你放心吧。"

回到堂邑，站在自己的家门口，专诸惊讶得合不拢嘴。

专家楼还在，但是已经气派了许多，旁边的两座房子都成了专家楼，里面的家伙也都换了，还有三个跑堂热情待客。老板娘坐在门口纳凉，一身高档新潮的衣裳，当然那就是自己的老婆。

"老婆，我回来了。"专诸看见老婆，恭恭敬敬地说了一句。

看见专诸，老婆吃了一惊。

"哎哟死鬼，死哪里去了？"老婆骂了一句，站起来狠狠地给了专诸一记耳光，然后一把抱住专诸，没鼻子没脸地亲了起来，一边亲一边说，"老公，你真是世界上最棒的男人，出门没几天就发了大财，派人送了好多钱回来，够我们用好几辈子了。"

看见老婆幸福的样子，专诸放心了。

其实，专诸这趟回来，也是要看看这段时间公子光是不是在忽悠自己，如果公子光根本就没有派人来给自己的老婆孩子送钱，那就不好意思了，我全家就跑楚国去了，你另找人去。如今见公子光说话算数，专诸相信自己死后老婆孩子也能过上好日子，这才下定了最后的决心。

"老婆，我现在做大生意了，不比从前了。"专诸说。

"那，你回来还走吗？"老婆问。

"我这只是回来看看，还有笔更大的生意这两天要做，做成之后，我就回来接你们，咱们到大城市住去。"

"那，专家楼呢？"

"咳，这个专家楼还要它干什么？改厕所就行了。"

"你，你发财了，不会纳妾吧？"

"嘿嘿，有你在，谁敢来当我的妾啊？"

夫妻两个说说笑笑，去见了老娘，老婆又把儿子叫来，专诸狠狠地抱了一阵，然后，走了。

专诸想办的事情也已经办完了。

376

吴王僚准时赴会。

吴王僚其实也有些犹豫，不过想到还要公子光出力，又不好反悔。

既然决定了去，吴王僚还是把安保工作做到了家。什么叫做到了家？就是从自己家做到了公子光的家。《史记》如此记载："王僚使兵陈自宫至光之家，门户阶陛左右，皆王僚之亲戚也。夹立侍，皆持长铍（pī，两刃刀）。"

从王宫到公子光的家，沿途布置守卫。在宴会厅门里门外，以及宴席座位两边，都有持刀侍卫。

这个阵仗，一般人吓都吓傻了，好在公子光不是一般人，他依然镇定。

这个阵仗，实际上也就等于吴王僚告诉公子光：我不信任你，也不害怕你。

兄弟两个落座，基本上是各怀鬼胎。

"上鱼。"公子光下令。

鱼一道一道上来，各种鱼，都是专诸的杰作。

一边吃鱼，一边喝酒。

鱼是好鱼，吴王僚吃得赞不绝口。

"大王，再有两道，我这里的镇府之鱼就要上来了，绝对让你吃一次想两次，吃两次想三次。"公子光也吃得满脸通红，夸夸其谈。

"好，好。"吴王僚想着，吃完了镇府之鱼，就可以回宫了。

突然，公子光"哎哟"了一声。

"大王，不行，我这脚刚才又崴了，疼痛难忍，我先下去裹一裹再来相陪。"公子光说着，样子非常痛苦。

"王兄快去吧，我等你。"吴王僚顺口答应，他丝毫没有想到这是公子光在金蝉脱壳。

公子光一瘸一拐下去了，迅速躲进了暗室。

镇府之鱼上来了，由大厨亲自送上来。历来的大宴都是这样，最后一道菜由大厨端上来，客人会表示感谢并且打赏。

大厨是谁？专诸。

没有人怀疑他，因为他确实是大厨。

大厨进来之前，同样要搜身，确认没有武器之后，放他进来了。

大厨面带微笑，端着手中的盘子，很稳，因为他本身就是端盘子的。盘中的鱼很大，足有两三斤，鱼的颜色很棒，绽放着金黄的光，香味散发出来，整个宴会厅都能闻到，真香。每个人都想吃，可是不是每个人都能吃到，于是大家拼命地用鼻子来过瘾。

吴王僚也闻到了香味，看来这不愧是镇府之鱼，他在考虑怎样赏赐大厨，然后请大厨去宫里也为自己的老娘做一顿这样的宴席。

大厨走到桌前，跪下，将盘子轻轻地放在桌上。

吴王僚看着鱼，看得发呆，他在想是自己先开吃呢，还是等公子光回来一同品尝。

可是，突然，他看见大厨的手伸到了盘子上，然后一把抓住了鱼。

"这是怎么回事？难道这也是吃这道菜的程序？"吴王僚一时有些纳闷，没等他想明白，大厨已经从鱼的肚子里抽出一把剑来，一把亮闪闪、杀气腾腾的短剑。

事起突然，无人料到。

吴王僚现在来得及做的也就是坐起身来，没等他站起来逃命或者抽剑，大厨的剑已经到了胸前。

皮甲很轻松就被刺穿了，那把剑随后穿过了肋骨，直插心脏。

稳、准、狠，角度、力度、速度都恰到好处，没办法，大厨从前是杀猪的。

吴王僚惨叫一声，血溅当场。

卫士们这个时候才反应过来，乱刀砍来，专诸瞬间倒在了血泊之中。

吴王僚死了。

专诸也死了。

随后，公子光布置的伏兵杀了出来，吴王僚的手下群龙无首，迅速崩溃。

当天，公子光占据王宫，将吴王僚的老母、儿子等一网打尽，斩草除根。吴王僚的儿子中只有一个人因为在外而侥幸逃生，这个儿子就是公子庆忌。

在前线的公子盖余和公子烛庸听说哥哥被杀，公子光篡位，怎么办？投降楚国吧。

于是，两人向楚国投降，楚国自然高兴，将他们安置在了舒。

公子光自称为吴王，不过，代理的。

为什么是代理的？因为还要等四叔季札回来，装模作样谦让一番。

季札很快回来了。

"叔，您总算回来了，位置给您留着呢，我就代理了几天。"公子光假惺惺地要让位。

"别，别，我要是想当吴王，你爹当年让给我的时候，我就当了。算了，反正人也死了，好在国家还在，也还是咱们家的，还是你当王吧，我没兴趣。"季札当然拒绝了，随后季札去祭祀了吴王僚，回延陵种菜去了。

现在，公子光正式成为吴王，自号阖闾（hé lú），就是吴王阖闾。

吴王阖闾任命伍子胥为行人，就是当年巫狐庸的职位，负责外交事务。同时，任命专诸的儿子专毅为大夫，让他搬到了城里来住，从此成为贵族，而专家楼被废弃。

值得一提的是那把杀人的剑——刺僚，因为当初放在鱼肚子中，因此更名为"鱼肠剑"。

鱼肠剑，中国名剑。

篡位成功，该杀的杀了，该赏的也赏了。

"老伍，搞点儿什么新意吧。"吴王阖闾跟伍子胥商量，要体现自己的治国风格。

"大王，如果要称王称霸，以近制远，那就要修建城郭，充实仓库，提高军备。咱们吴国虽然军力强大，但是城郭太小，咱们的都城还不如人家楚国一个小城。现在是咱们占有优势，万一哪一天咱们打了败仗，敌军长驱直入，咱们连个能守的城都没有。"伍子胥的建议就是修建都城，搞个标志性建筑。

阖闾说："善。夫筑城郭，立仓库，因地制宜，岂有天气之数以威邻国者乎？"（《吴越春秋》）什么意思？建城郭，修仓库，怎么才能因地制宜、符合天象？

这里之所以引用原文，是因为阖闾贡献了一个成语：因地制宜。

阖闾随后下令由伍子胥主导，修建新的都城。

伍子胥成立了"新首都建设指挥部"，从鲁国、郑国、楚国、齐国等地请来建筑师和风水大师，设计了新的都城。新都城就在今天的苏州，古称阖闾城。

新首都分为内城和外城，外城周长四十二里三十步，内城周长八里二百六十步。陆门八座，以象征天之八风；水门八座，以象征地之八卦。后来《吴都赋》写道："通门二八，水道六衢。"西阊、胥二门，南盘、蛇二门，东娄、匠二门，北齐、平二门。

阊门，吴军讨伐楚国从这里出发，因此又叫破楚门。胥门，伍子胥住在那里，因此得名。盘门，又叫蟠门，门上刻蟠龙，以此镇压越国。蛇门，南面有陆无水，在巳地，属蛇，因此称为蛇门。娄门本来叫疁门，后改娄门。匠门，又叫干将门。齐门，齐景公的女儿嫁给了吴太子终累，后来太子夭折，齐女想念齐国，出此门北望齐国，哭泣致死，此门命名为齐门。平门，夫差平齐大军从此门出，故称平门。

到西晋，左思著有《吴都赋》，描写阖闾城。再加上他的《魏都赋》和《蜀都赋》，合称《三都赋》。《三都赋》面世之后，立即引发轰动，洛阳城内纷纷传抄，一时导致洛阳纸贵。

"洛阳纸贵"这个成语，就出于这里，顺便提及。

伍子胥大兴土木，修建都城，次年六月完工。

吴王阖闾大喜，就在新城举行庆功大宴。

庆功宴怎样？借用《吴都赋》中的一段："置酒若淮泗，积肴若山丘。飞轻轩而酌绿酃，方双辔而赋珍馐。饮烽起，釂鼓震。士遗倦，众怀欣。幸乎馆娲之宫，张女乐而娱群臣。罗金石与丝竹，若钧天之下陈。登东歌，操南音。胤阳阿，咏韎任。荆艳楚舞，吴愉越吟。翕习容裔，靡靡愔愔。"

说来说去，总结六个大字：喝黄酒，看艳舞。

正在大家高兴的时候，突然有人来报：

"报大王，外面有楚国人求见。"

"什么楚国人？"

"楚国左尹伯郤宛的侄子伯嚭。"

"伯郤宛？"吴王阖闾和伍子胥都脱口而出，两人对于楚国君臣都很藐视，可是只有一个人得到两人的共同认可，这个人就是伯郤宛。

伯郤宛是谁？楚国左尹，伯州犁的儿子。当初伯州犁被楚灵王所杀，楚平王登基之后，起用了伯郤宛。伯郤宛这个人性格温和而正直，楚国人都很喜欢他。除了人品，伯郤宛的才能在楚国也是数一数二的，公子盖余和公子烛庸在楚国被围，就是伯郤宛的计策，而包抄吴军的也是伯郤宛。

"伯郤宛的侄子来干什么？"吴王阖闾问，问完才发现这个问题应该直接问对方才对，于是，追了一句，"请他进来。"

伯嚭被带了进来。

从第一眼开始，吴王阖闾就很喜欢他。只见伯嚭身材高大威武，双眼炯炯有神，十分犀利，走起路来阔步挺胸，十分有力。一看就知道，是世家子弟。

"你，是伯郤宛的侄子？"叙礼之后，吴王阖闾问道。

"是，伯郤宛是我伯父。"伯嚭说。

"那么，你来吴国，有何见教？"

"我，呜呜呜呜……"伯嚭竟然哭了起来，越哭越伤心。一边哭，一边跪拜在吴王阖闾的面前。

吴王阖闾略略有些吃惊，这么一条大汉，怎么还没说话先哭了？

"你为什么要哭？"吴王阖闾问。

"我，我伯父被费无极陷害，惨遭灭门，我们整个家族就逃出来我一个。听说伍子胥也在吴国，因此特地赶来投奔大王，恳求大王收纳，讨伐楚国，为我报仇。"伯嚭忍住哭声，将事情的原委说了一遍。

又是费无极，又是一个来吴国求援要报仇的。

看看伯嚭，吴王阖闾忍不住又看看伍子胥，心说：感谢费无极啊，把楚国的人才都灭了，剩下的又都送到吴国来了。

伍子胥的脸色有些难看，眼前的伯嚭又勾起了他的辛酸回忆，勾起了他报仇的念头。

第一八二章

被忽悠的勇士

伯郤宛是怎么死的？费无极又使用了什么办法呢？

说起来，费无极是个人才，绝对的人才。

伯郤宛这人很正直，官也升得很快，这令费无极非常嫉妒。费无极还有一个朋友叫鄢将师，原本职位还在伯郤宛之上，可是现在伯郤宛却成了他的上司，所以他也很气愤。

就这样，费无极和鄢将师想除掉伯郤宛，出一口气。

两人很快想出了办法，之后，费无极来执行。

377

眼下楚国的令尹是囊瓦，此人很贪而且很蠢。

"令尹，左尹说要请你吃饭啊。"费无极找到囊瓦，送了点儿礼，然后说伯郤宛邀请他吃饭。

"好啊好啊，我一定去。"囊瓦立即答应了，他以为一定是伯郤宛有事求他，这次又能发点儿小财，却没有去想伯郤宛请客为什么要费无极来转达。

从囊瓦家出来，费无极去了伯郤宛家。

"左尹啊，令尹想来你家做客啊。"忽悠了那边，费无极又来忽悠这边。

"欢迎啊欢迎啊。"伯郤宛也说，领导要来，当然要欢迎。为什么伯郤宛没有怀疑？一来他是个实在人；二来费无极和囊瓦的关系一向不错，经常给囊瓦索贿受贿充当托儿。

"那可要好好准备准备啊！"

"那是，可是，你看我家，确实没什么拿得出手的东西啊！"伯郤宛有点儿犯愁，他这人两袖清风、一身正气，家里还真不富裕，也没什么值钱的收藏。

"咳，这你就不知道了，令尹最喜欢的就是兵器。这样，把你家的兵器拿出来，我给挑挑。"费无极话说得挺热情，弄得伯郤宛还有些感动，心说：老费没有传说中那么坏啊，这不是挺乐于助人吗？

伯郤宛把家里的兵器都拿来给费无极看，费无极装模作样从中挑出五样兵器和五副皮甲。

"就这样了，到时候你就把这些兵器放在门后，先挡起来，等令尹要看的时候，就拿出来给他看，顺便送给他就行了。"费无极叮嘱了一番，走了。

伯郤宛按照费无极的指点，宴请那一天，就把这些皮甲和兵器放在门后，然后用帐幔遮挡起来，专等囊瓦到来。

囊瓦正准备出发的时候，费无极来了。

"令尹，惭愧啊惭愧啊！你……你责骂我吧。"费无极哭丧着脸说。

"怎……怎么回事？"囊瓦倒有些丈二和尚摸不着头脑了。

"令尹啊，我差点儿害了您啊！伯郤宛这人看上去老实巴交，实际上包藏祸心，宴请是假，要杀害您是真啊！我刚才听说，他在门后布置了兵器甲士，您一去就冲出来杀了您。"费无极说得跟真的一样，脸上还挤出惭愧和愤慨的神色来。

囊瓦一听，立即派人去打探，打探的结果就是：伯郤宛家的门后确实藏了兵器。

"伯郤宛，你胆儿肥了，敢害我？"囊瓦有些缺心眼，也不想想人家凭什么要害你，也不说去抓人回来对质，直接下令，"调集军队，攻打伯郤宛。"

于是，鄢将师领着军队攻打伯郤宛，伯郤宛全家被灭。

随后，鄢将师和费无极连带着又灭了一向不顺他们眼的阳令终和晋陈两家，罪名是勾结伯郤宛谋杀令尹。

伯嚭哭诉完毕，泣不成声。

"兄弟，咱们两家同是被费无极所害，同是被楚国所害，如今流落吴国，此仇此恨，一定要报。兄弟，留下来，咱们辅佐吴王，一同报仇吧！"伍子胥的泪水也早已经忍不住，两家的血海深仇，将他们的命运牵在了一起。

"大哥，谢谢你。"伯嚭哭着说。

"大王，伯嚭兄弟一看就是个贤能的人，留下他吧。"

"伯郤宛家的人，肯定没错，留下来吧。你的仇就是子胥的仇，就是我的仇，我们一定帮你报仇。"吴王阖闾当即表态。

就这样，伯嚭也投靠了吴国。

现在，伯嚭也成了吴国的大夫。

吴王阖闾、伍子胥和伯嚭经常在一起谈论，很快吴王阖闾就发现伯嚭的才华并不逊色于伍子胥。不过，两人的个性有很大区别。

伍子胥是个直率的人，有什么说什么；相反，伯嚭比较谨慎沉稳，说话很讲究时机和分寸。两人谈话的兴趣点也不大一样，伍子胥三句话不离报仇，对楚国的事情更感兴趣；而伯嚭尽管也是要报仇的人，但是并没有把报仇总是挂在嘴上，相反，他愿意多谈些吴国的事情，并且很愿意提出自己的看法。

渐渐地，吴王阖闾有了这样一个印象：伍子胥更适合带兵打仗，而伯嚭才是治理国家的人才。

伍子胥很喜欢谈自己家族的荣耀史，但是每当这个时候，伯嚭就会沉默或者找话题岔开，而且伯嚭从来不在伍子胥的面前谈自己的家族。为什么？

吴王阖闾想了很久，终于有一天明白了：伯嚭的爷爷伯州犁之死与伍子胥的爷爷伍举有很大关系。那时候伍举是楚灵王的头号谋臣，在伯州犁之死中充当了费无极的角色。

兄弟的后代因为权力自相残杀，而仇人的后代又因为共同的仇恨而成为盟友。

关于伯嚭来吴国，《吴越春秋》曾有这样一段记载：

吴大夫被离承宴问子胥曰："何见而信嚭？"子胥曰："吾之怨与嚭同。子不闻河上歌乎？'同病相怜，同忧相救。'惊翔之鸟，相随而集；濑下之水，因复俱流；胡马望北风而立，越燕向日而熙。谁不爱其所近，悲其所思者乎？"被离曰："君之言外也，岂有内意以决疑乎？"子胥曰："吾不见也。"被离曰："吾观嚭之为人，鹰视虎步，专功擅杀之性，不可亲也。"子胥不然其言，与之俱事吴王。

简单说来，就是大夫被离问伍子胥为什么这么信任伯嚭，伍子胥说两人同病相怜，都有同样的命运，都来自楚国，所以自然亲近。被离就劝伍子胥说，伯嚭这人看上去就很残忍、很贪，不可以亲近。而伍子胥终究没有相信他的话。

这一段记载，可信度极低，不必当真。之所以还要拿出来说，是因为这里发明了一个成语：同病相怜。

好消息和坏消息同时传来。

先说好消息。

好消息是费无极被杀了，而且是满门抄斩。谁杀的他？

自从伯郤宛无缘无故被杀，楚国的老百姓就对楚国失去了信心，编了很多骂囊瓦的段子。囊瓦也听到一些，可是不太当回事，直到有一天遇上了沈尹戌，两个人聊起国家大事来，没说几句，沈尹戌的火就上来了。

"人家伯郤宛和阳令终都是好人，可是都被你给杀了，你知道老百姓怎么骂你吗？我就觉得奇了怪了，人家正常人，谁不是想办法少挨骂啊？你倒好，自己给自己找骂，而且一点儿也不在乎。费无极这人是什么人？专门进谗言的人啊！全楚国都知道，怎么就你不知道？从前他逼走了朝吴，害死了伍奢，搞得太子建命丧异邦。平王那么个温和仁慈、恭敬勤俭的人，就是比成王和庄王也不差，就是因为被费无极蒙蔽，所以把个国家弄得乌烟瘴气。现在他又骗得你杀了三个好人，灭了三个家族，这三个家族可都是楚国最优秀的家族，从来没有犯过什么错误啊！现在老百姓民怨沸腾，吴国人虎视眈眈，一旦发生什么意外之事，你的地位就很危险了。到现在你还护着费无极，真是愚蠢至极！"沈尹戌不知哪里来的勇气，把囊瓦一通臭骂，骂得囊瓦脸上红一阵白一阵。

"我……我……我错了，我会改正的。"囊瓦弱弱地说，因为他知道沈尹戌说得确实有道理。

三天之后，囊瓦出兵，将费无极和鄢将师两家灭门。同时，为伯郤宛等三个家族平反昭雪。

伍子胥得知这个消息之后，又是先笑后哭："我不能手刃费无极了。"

伯嚭既没有笑，也没有哭，他只是仰天长叹："唉，人都死了，平反有个屁用？"

坏消息是在好消息之后一个时辰来到的。

吴王僚的庶子公子庆忌当初逃出了吴国，去了卫国。如今，在卫国招纳死士，发誓要回吴国刺杀吴王阖闾，为吴王僚报仇。

消息传来，吴王阖闾的脸色变得十分难看，为什么？

公子庆忌号称吴国第一勇士，勇猛到什么程度？

《吴越春秋》如此记载："庆忌之勇，世所闻也。筋骨果劲，万人莫当。走追奔兽，手接飞鸟，骨腾肉飞，拊膝数百里。吴王阖闾尝追之于江，驷马驰不及，射之暗接，矢不可中。"

不用说了，基本上，此人就等于李逵加戴宗加花荣。

就这么一个人，身怀绝技且力大无穷，还带着满腔的仇恨，而且对后宫的地形十分熟悉。这个人要来行刺暗杀，其能量是专诸的十三倍都不止。

吴王阖闾能不害怕吗？

378

"两位，想报仇吗？"吴王阖闾问伍子胥和伯嚭。

"想。"两人都说。

"有你们在，囊瓦一定睡不好。"

"大王怎么知道？"

"因为有庆忌在，我就睡不好。"

伍子胥和伯嚭对视一眼，他们知道今天谈话的主题了。

"如果我被庆忌杀了，你们估计也就报不了仇了。所以，两位想想办法，怎样才能除掉庆忌，之后我才能全力为你俩报仇。"吴王阖闾说得很明白了，先除掉庆忌，再说你们报仇的事情。

要除掉庆忌，通过外交手段显然是不现实的，以吴国现在和卫国的关系，要求卫国帮忙除掉庆忌是完全没有可能的。而要求卫国驱逐庆忌则是很蠢的想法，如果庆忌去了楚国，只会更糟糕。

所以，通过外交手段的提议没有人提出，大家都是聪明人。

"只能派人刺杀他。"伍子胥说。

"刺杀庆忌？世上有人能刺杀庆忌吗？"吴王阖闾觉得这不可能，没有人是庆忌的对手。

"我有一个人，能够刺杀庆忌。"伍子胥说。他似乎早有准备。

"谁？"

"此人名叫要离。"

"要离？比庆忌还强壮？"

"不，矮小干瘦。"

"那他凭什么刺杀庆忌？"

"大王，我给你讲一个故事，你就知道了。"

"快讲。"

两年前，齐国派了一个使者出使吴国，这个人叫作椒丘欣。

椒丘欣是齐国著名的勇士，过淮津的时候，要在淮河饮马。当地人告诉他："水中有神，看见马就出来，就会吃你的马。"

"嘿，我是齐国第一勇士，什么神敢吃我的马？"椒丘欣不信。

椒丘欣的随从在淮河饮马，结果真的就有水神出来，把马给吃了。椒丘欣大怒，脱了裤子就下水了，结果与水神大战数日而出，被水神刺瞎了一只眼睛。

大战水神这一段见于《吴越春秋》，明显夸张，不知道是椒丘欣在吹牛，还是伍子胥在忽悠，或者赵晔在编故事。

到了吴国，办完正事，吴国当地的民间勇士设宴招待椒丘欣，算是两国同行之间的友好交流。三杯下肚，椒丘欣就开始吹上了，满口我怎样，你们吴国怎样。

大家都有些不忿，不过掂量一下，能跟椒丘欣对抗的还真没有。这个时候，要离说话了，他就坐在椒丘欣的对面。

"我听说啊，真正的勇士，那是勇往直前，宁死不受屈辱。你跟水神恶斗，马被人家吃了，御者也被人家咬死了，自己的眼睛还给弄瞎了，算三级伤残吧？你这样还不去死，反而要苟且偷生，你有什么好吹的？"要离没鼻子没脸，羞辱了椒丘欣一通。

"嘿，你个小不点、小样，我一根小拇指也能捏死你，敢这样跟我说话？"椒丘欣大怒，就要起身来打要离。

大家一看，纷纷来劝，椒丘欣也不好当着大家的面动手，愤愤然坐下，吹牛的劲头被打消，酒喝得很不爽。

酒席散后，各自回家。

椒丘欣回到国宾馆，怎么想怎么憋气，于是溜了出来，要到要离家里找他算账。

来到要离的家，只见要离家大门开着，小门也开着，要离脱得个赤条条，一个人躺在床上呼呼大睡。

椒丘欣上去就把要离给揪了起来，啥也没穿，揪哪里？头发。这下要离醒了，一看是椒丘欣，笑了。

"伙计，你有三大该死之处，知道吗？"椒丘欣一手揪着要离，另一只手握着一把利剑。

"说说看。"要离一点儿也不害怕，他故意盯着椒丘欣的那只瞎眼看。

"在公众场合羞辱我，这是第一；回到家里还不关大门，这是第二；不关大门，还不关小门，这是第三。知道了不？"

"你这三条都不成立，你倒是有三条很不男人，你知道吗？"要离学着椒丘欣的口气，反问他。

"你说。"

"我当众羞辱你，你不敢当众跟我拼命，这是其一；非法进入民宅，像小偷一样不敢出声，这是其二；一手拿剑，一手揪住我的头发，这时候才敢跟我说话,这是其三。有这三条,你还是个男人吗?"

椒丘欣被问得愣了,半天才算想明白,然后松开要离的头发,扔掉手中的剑,叹了一口气:"唉,我如此勇猛,以至于没人敢跟我瞪眼,而你竟然三番五次羞辱我,还说得这么有道理。唉,我服了,我服了还不行吗?"

吴王阖闾、伍子胥与要离于王宫共同见面。

"啊,你竟然这么瘦小,看上去弱不禁风啊!你能让齐国第一勇士椒丘欣服气?我有点儿不信。"吴王阖闾说,语气有些藐视。

"大王,俗话说:瘦是瘦,有肌肉。我确实弱不禁风,连肌肉也没有。可是,我有勇有谋啊!"要离见阖闾藐视他,急忙说。

"我知道椒丘欣在吴国只服一个人。"阖闾看都没看他一下,接着说。

"大王,那就是要离先生啊!"伍子胥在旁边说了。

"服不服要离先生我就不知道了,但是我知道他服另外一个人,说这个人才是天下第一勇士,他只能算第二。"阖闾看了要离一眼,却还是没有说出来这个人是谁。

"是谁?"要离忍不住问。

"别问了,他不在吴国了。"

"大王,告诉我是谁。"要离更想知道了。

"这……"阖闾又看了要离一眼,似乎犹豫了一下,"告诉你有什么用呢?这个人你肯定对付不了。"

要离没有说话,看上去很失望。

"大王,说说也无妨啊。"伍子胥再次插话进来。

"好吧。"阖闾再看了要离一眼,似乎很勉强地说,"这个人,就是公子庆忌,目前正在卫国养精蓄锐,要来刺杀我。我想找人先去刺杀他。可是,无人能用啊。"

说完,阖闾摇摇头,满脸的失望。

"大王，让我去杀了公子庆忌。"要离挺身而出，主动请缨。

"你？你知道公子庆忌吗？那是万夫不当之勇啊！就你这样的小体格，上一百个也是无果啊！算了，你还是回家带孩子去吧。"阖闾好像有些意外，语气还是很轻视。

"大王，你羞辱我？你羞辱我就等于杀了我，你杀我不如让庆忌杀我，庆忌杀我，不如我杀庆忌。大王，刺杀庆忌这活儿我接定了。"要离坚决请战。

"这……"阖闾似乎还有些犹豫。

"大王，我看，要离既然能让椒丘欣折服，也就一定有办法对付庆忌。"伍子胥又适时地插话进来，对阖闾说完，又对要离说，"壮士，我相信你才是吴国的第一勇士。不过，庆忌可确实比椒丘欣难对付得多，你有什么办法对付他？"

"我想想。"要离开始思考。

吴王阖闾和伍子胥也开始思考。

片刻，要离想到了办法。

"大王，大丈夫做大事就不能儿女情长，为了国家就要牺牲小家。这样，我就假装得罪了大王，负罪出逃，然后大王杀了我的老婆孩子，我就投奔庆忌，他一定会信任我的，那时候，再伺机下手。"要离的主意——杀老婆孩子。

"这，这不太好吧？"伍子胥说。

"不，我已经下定了决心。"

"这就骗得了庆忌吗？"阖闾好像有点儿怀疑。

"对了，把我的右手也砍掉，庆忌就一定会相信了。"要离来了劲头。

"太残忍了吧？"伍子胥说。

"要做大事，就要受大苦。"要离说。

"不，这样你会怨恨我的。"阖闾说。

"这是我自愿的，我不会怨大王，我还要感谢大王给了我这样扬名立万的机会。"要离说。

"你不会后悔？"

"我要离什么时候后悔过？现在就砍我吧。"

"那好。"阖间终于接受了要离的请求,然后对侍卫喊道,"来人,拿刀来。"

第一八三章

要离刺庆忌

俗话说：死要面子活受罪。

要离就是一个死要面子的人。

一辈子在勇士圈子里混，虽然伶牙俐齿让肌肉发达的勇士们佩服，可是毕竟没有什么出名事迹，靠嘴皮子终究还是虚的，所以要离想要做一件实事也就可以理解了。

伍子胥和阖闾的一通忽悠，让要离有点儿云里雾里，他要做天下第一勇士，就一定要杀掉庆忌。所以，他别无选择。

伍子胥投其所好的功夫还是跟专诸学的。

专诸杀人，是为了让老婆孩子过上好日子。

可是要离呢？

由此可见，《史记·刺客列传》收录专诸而不收录要离，是有道理的。

379

公子庆忌在卫国，他时刻想着报仇。他有多想报仇？跟伍子胥一样。

按照政治避难准则，在卫国，庆忌享受大夫待遇。

庆忌很明白，要想借兵攻打吴国，那是不可能的，晋国也不能。所以，干脆连晋国都不去，就在卫国，招纳当地的亡命之徒，策划谋杀吴王阖闾。

眼看着准备工作做得差不多了，公子庆忌派人回吴国打探情报，准备动手。

过了一阵，有人报告说吴国来人了。

"噢，情报探听好了，快让他进来。"公子庆忌以为是探听情报的人回来了。

等到人进来之后，才发现不是派出去的人。

"你，你是谁啊？"庆忌见是一个生人，干瘦矮小，一脸菜色。

"我，我是要离啊。"来人是要离。

"要离？吴国勇士要离？你就是要离？"庆忌听说过要离，可是没见过，没想到长这副德行。

"公子，我就是要离。"

"你，你来干什么？"

"我来刺杀你。"

"刺杀我？哈哈哈哈……"庆忌大笑，庆忌一看这么个人，吹口气也能把他吹跑，他竟然敢来刺杀自己。

"对，吴王阖闾让我来刺杀你，我要是不来，就杀我全家，还砍掉我的右手。"

"所以，你就来了？"

"我没有来。"

第一八三章　要离刺庆忌

"可是你来了。"

"因为我不来,吴王阖闾就杀了我全家,还砍了我的右手。所以,我还是来了。"要离说着,用左手拉开右边的袖子,露出胳膊来。果然,右手已经被砍掉。

"啊——"庆忌吃了一惊,问,"那你还来干什么?"

"我要报仇,公子,我要跟着你,向阖闾报仇,为我冤死的老婆孩子讨回公道。"要离咬牙切齿地说。

要离的老婆孩子是够冤的,可是真不赖人家吴王阖闾。

"好,你先住下养伤,报仇的事情,咱们慢慢计议。"庆忌让人安顿好了要离,不过,他了解吴王阖闾,他担心这不过是一个苦肉计,所以,他并没有太亲近要离。

几天之后,派去吴国探听消息的人回来了。

"据说,吴王阖闾要派要离来刺杀我,要离不来,阖闾就杀了他的老婆孩子,有这事吗?"庆忌问。

"有啊,真惨啊!那孩子才三岁,就被摔死了,母子俩的尸首在大街上放了三天,最后被扔到荒郊野外,估计被野狗吃了。唉,吴王阖闾真是太没有人性了!"派去的人证实了这一点。

现在,庆忌彻底相信了要离。

"唉,真是可怜啊!"庆忌对要离有了一种特殊的亲近感,他以为他们都是阖闾的仇人,都有一个共同的目标。

可是,他不知道的是,要离的目标与他不一样。

要离迅速成了庆忌的亲信,还是一个无话不谈的亲信。从要离那里,庆忌得到了大量吴国的情报,并且要离承诺,他将把自己的朋友圈子纳入庆忌的势力范围之内,共同对付吴王阖闾。

"先生，从此我们同舟共济，共富贵。"庆忌伸出了右手去与要离握手，可是立即发现对方没有右手，于是换了左手。

按照计划，三个月之后，庆忌带领着手下，出发前往吴国，实施刺杀吴王阖闾的计划。要离作为副手兼向导，一同上路。

一路顺利，这一天来到了淮河。渡过淮河，就是吴国。

一行人上了渡船，大家看着对岸的吴国，心情未免都有些激动，庆忌坐在了船头，远望着吴国。水上清风吹来，颇有些豪气勃发的意思。

要离站在庆忌的身边，很自然地用左手拄着一支短矛，那是专门为他打造的，基本上就是个装饰，因为他一只左手根本抡不起来。

河上有些波浪，不过对于江南人来说，这算不得什么，大家一路说笑，向对岸划去。

突然，一个大浪打来，要离猛地将原本拄着的矛提了起来，夹在左臂下，矛尖就对着庆忌，然后乘着船的颠簸，顺势连人带矛刺向庆忌。

庆忌完全没有料到，浪来的时候他的双手都扶在船舷上，等他回过神来要用手去挡的时候，早已经来不及了。

"刺啦！"锋利的矛尖刺进了庆忌的肚子，然后穿过肚子到了后背。

"啊——"庆忌惊叫一声，自己竟然被这个丧失了战斗力的残废暗算，而这样的借力方式应该是要离的唯一机会。他此时明白了一切，于是更加吃惊，世上还有这样疯狂的刺客，竟然以自己的身体和老婆孩子的性命作为代价。

虽然被刺穿了身体，但庆忌并没有立即倒下，他一把揪住要离，将他顺势掼进水中；提出水来，再掼进水中；再提出来，再掼进水里，然后再提出来。

要离呛了几口水，在那里捯气儿。

"公子，杀了他！"大家一致要求。

庆忌笑了，他摇了摇头。

第一八三章 要离刺庆忌

"他能够杀我，要离已经是天下第一勇士了，怎么能一天杀两个勇士呢？送他回吴国去吧，他应该接受奖赏。"庆忌说着，释放了要离。

随后，庆忌用力将肚子上的矛拔了出来，血随后狂喷，庆忌倒在了船头上。

天下第一勇士就这样死了，死得很没面子，但是很有风度。

要离还在那里吐水捯气儿。

首领死了，大家开始商量下一步怎么办。

首先，首领没了，最紧要的是要确定新的首领。

大家没花什么时间就达成了一致：既然首领是被要离杀的，那就干脆奉要离为首领，送他回吴国。这也算继承了庆忌的遗志，当然，还能跟着要离去领赏。

"壮士好些没有？我们都听你的。"既然决定了，大家就开始帮着要离空肚子，三压两倒，要离吐干净了水，长出两口气，算是缓过气来了。

现在，要离有时间思考了。

首先，成功刺杀了天下第一勇士，自己就算天下第一勇士了，从此扬名立万没有问题。

其次，自己现在这副模样，实在是不能再回去了，回去一定受到嘲笑。当初椒丘欣瞎了一只眼就被自己讽刺，如今自己断了一只手，估计没人说自己的好话。

再次，自己虽然杀了庆忌，但庆忌那风度没的说，放了自己一条生路。如果自己的风度比不上庆忌，恐怕也不能说自己就是天下第一勇士。

综合以上三点，要离认为，自己要保持天下第一勇士的荣誉，只能有一个选择：去死。

想到这里，要离站了起来，然后在众目睽睽之下，纵身跳进河中，他要自杀。

可是，想自杀就能自杀吗？

艄公毫不犹豫地跳了下去，三下两下把要离给捞了上来。

"大……大哥，我老婆孩子都死了，庆忌对我这么好，我也把他杀了，我还有什么脸活着？你就让我去死吧。"要离说。

"别这样，我当了一辈子艄公，穷了一辈子，如今就指着你脱贫致富了，怎么能让你死？"艄公说得挺直接，大家听得直点头。

"不行，我，我要死。"要离说完，又是一纵身，往河里跳。

这一回，刚刚沾到水就被提上来了。

谁的动作这么快？原来是庆忌从卫国招聘的一位勇士。

"壮士，别啊，我大老远地到吴国来，就是想发财啊！大哥行行好，提携提携兄弟们呗。"卫国勇士诚恳地说，大家都献出媚笑。

"我，我要死。"要离的态度还是那么坚决，又是纵身一跳。

这一回，连跳都没跳起来，就被庆忌的贴身卫士给抱住了。

"大爷，求求你了，我们立功赎罪，升官发财都靠你了，给点儿面子吧。要死，等领了奖赏再死啊！"这位也憋不住了，庆忌死了，现在是爹死娘嫁人，各人顾各人了。

要离再也没有机会跳河了，船上的每个人都像盯小偷一样盯着他，还有两个人专门拉着他的衣服。

眼看到了对岸，大家纷纷下船，庆忌的尸首也被搬下船，落叶归根，他们要把他带回吴国安葬，这一点道义还是要讲的。

庆忌的尸体很沉重，于是大家都来帮手，要离也忍不住上去帮了一手，他只能帮一手，因为他只有一只手。

帮了庆忌一手之后，要离趁机帮了自己一手。

要离用左手抽出了自己的短剑，然后在众人的惊叫声中用短剑抹了自己的脖子。

血，飞溅而出。

河上，一水的残阳。

新科天下第一勇士也倒下了。

一天之内，两个勇士倒下了。

吴王阖闾得到了两具尸首，一个是庆忌，一个是要离。

看见死人，阖闾忍不住还是哭了。

"大侄子啊，何必呢？何必呢？都是一家人，有什么想不开的？你要是想回来，说一声不就回来了？大伯我还能亏待了你吗？"阖闾一边哭一边说，好像谋杀庆忌的不是他。

庆忌以公子的身份被隆重安葬，葬在吴王僚坟墓的旁边。如今，据说苏州狮子山有公子庆忌坟，被称为庆坟。

"要离兄弟啊，壮哉啊壮哉！你放心，你孩子就是我孩子，你老婆就是……"吴王阖闾没有说下去，他想起要离的老婆孩子都被自己给杀了。

要离被葬在阊门外，今有要离坟。

380

庆忌被杀，吴王阖闾的心腹大患已经除掉。这个时候可以为伍子胥和伯嚭攻打楚国、报仇雪恨了吧？

没有，阖闾根本就不提这件事情，似乎早已经忘记了。

伍子胥和伯嚭原本以为阖闾会主动提出来，可是左等右等也等不到阖闾发话，伍子胥急了，拉着伯嚭去见阖闾。

"大王，庆忌已经除掉，从此可以安枕了吧？"伍子胥先用这句话过渡一下。

"啊，怎么能安枕呢？我三叔一家被我灭门，从此断子绝孙，我惭愧啊！怎么能安枕呢？"阖闾说得若有所思，还带着几分惭愧。

"没有啊，公子盖余和公子烛庸还在楚国啊。"伍子胥觉得很奇怪，阖闾怎么连这个也忘了？

"噢，是吗？公子盖余和公子烛庸还在楚国？"阖闾眨眨眼睛，似乎是才知道，或者才想起来。

之后，阖闾像是陷入了沉思。

伍子胥正要说话，伯嚭拉了他的衣襟一下，示意他不要再说了。

于是，两人又闲扯了几句，告辞出来了。

"兄弟，你怎么不让我说了？"伍子胥问伯嚭。

"子胥，俗话说：话多了不甜，尿多了不咸。这报仇的话说得太多，大王也会烦的。大王当然知道公子盖余和公子烛庸还在楚国，故意自己不说而是让我们说出来，意思很明显啊，那就是想要报仇，先要除掉这兄弟两个。"伯嚭察言观色的能力很强，看出了吴王阖闾的意思。

"果然啊！兄弟，多亏你提醒啊！"伍子胥说着，忍不住看了伯嚭一眼，心说他不寻常，有他在，真是多了一个好帮手。

"子胥，你是报仇心切啊！"伯嚭的意思是，你其实也应该能看出来的。

"我怎么能不报仇心切？想当初我们家从祖爷爷伍参开始就帮助楚庄王称霸，后来我爷爷伍举又受楚康王重用，我爹也是对楚平王忠心耿耿，全力辅佐太子建。可是，就这么一个忠义之家，我爷爷伍举就几乎被杀，被迫逃亡晋国；我爹就没有这么好运，被楚平王所杀，连我哥哥也搭进去了。所以，我恨楚王，我恨楚国，这是一个不能容忍好人的国家，我要灭了他们。"伍子胥说着，又有些激动起来。

"伍兄说得也对，不过小弟还有一点儿自己的看法，不知道子胥有没有兴趣听一听？"伯嚭没有伍子胥那么激动，语调很平静地对伍子胥说。

"兄弟说，我听听。"

"说起来，我们家比你们家还要冤，我祖爷爷伯宗在晋国就是广受称赞的好人，可是怎么样？被人灭门；我爷爷伯州犁对楚国又是忠心耿耿，可是怎样？又被人杀；到了我伯父，又是精忠报国，可是怎样？还是被杀，连我爹也搭进去了。

"我们家冤不冤？冤，比你家还冤。

"可是，回头想想，为什么我们家在晋国被杀，在楚国也被杀呢？赖昏君？赖奸臣？可是别人怎么就不被杀呢？我在想，到了我这辈，会不会在吴国也被杀？

"我感觉，问题不是出在别人身上，是出在我们自己身上。

"所以，仇要报，自己也要反思，不能让前人的悲剧再发生在我们身上。我反思的第一个结论就是：别太死心眼，说话不要太直，反正国家也不是咱的；反思的第二个结论是：干革命要跟对人，我爷爷的死就是因为没有跟对人；反思的第三个结论就是：不要轻易相信别人，我伯父就是这么死的。

"子胥，我说的也许你不爱听，可是，真就是这么回事。"伯嚭说完，看着伍子胥。

伯嚭的一番话让伍子胥吃了一惊，他万万没有想到这个人有这么深的城府。可是，伯嚭的话句句都是真话，都是实话。

"兄弟，我知道你说的都是心里话，也都有道理。可是，江山易改，禀性难移，我做不到。"伍子胥有点儿感动，但是心里有点儿怪怪的味道，看着伯嚭似乎没有从前那么亲近了。

吴王阖闾非常高兴，因为伍子胥和伯嚭又来了，而且这次他们绝口不谈报仇的事情，却说起了楚国人扶持公子盖余和公子烛庸，在舒地（今安徽省庐江县）为他们修建城池，今后作为攻击吴国的据点。

"大王，我们主动请缨，希望率领吴军讨伐楚国，铲除叛徒。"伍子胥请战了。

吴王阖闾看了伯嚭一眼，笑了，他就知道伍子胥想不到这一点，一定是伯嚭的意见。

"好。"吴王阖闾任命伍子胥和伯嚭为主帅，率领吴军讨伐楚国的养地。

在舒地为两位吴国公子筑城的主意是囊瓦出的，当时子西（楚平王庶长子）就劝他说："现在吴国总是打我们，没事还找点儿事，而咱们总是打不过他们。如今你在舒地给两个公子筑城，那不是故意招惹他们吗？"

"嘿，老夫自有妙计。"囊瓦不听，还是实施了筑城计划。

城刚修好，吴国人就来了，由两个楚国人带着。

伍子胥和伯嚭的能力原本就很强，他们不仅熟悉吴国人的战法，还了解楚国人的战法，真正的知己知彼。知己知彼，还带着仇恨，谁能抵挡？

不过两人并不是有勇无谋的人，他们决定采取攻心战术。

"兄弟们，乡亲们，祖国的亲人们想念你们，投降吧。"吴国军队向守城的楚军高声劝降，而守城的楚军都是当初随两个公子投降的吴军，听到乡音，一个个都有些动摇。

这边还没有攻城，城里面就开始有人偷偷翻墙出来投降。

与此同时，囊瓦紧急派司马沈尹戌领军驰援，可是沈尹戌知道去了也打不过，于是在路上磨蹭，迟迟不到。

吴军围城七天，城里的楚军就都变成了吴军，只剩下了公子盖余和公子烛庸两个光杆司令。结果，兵不血刃，吴国占领了舒城，活捉了公子盖余和公子烛庸。

"砍了。"伍子胥下令。他是个聪明人，他知道这样的活口不能留给吴王阖闾。

随后，吴军一把火烧了舒城，浩浩荡荡回国了。

等到沈尹戌率领楚军赶到，只看见一座被烧焦的烂城和两具无头男尸。

"唉。"沈尹戌叹了一口气，因为这城就是他奉命修的，修的时候就猜到了会是这个结果。

第一八四章

孙 武 练 兵

"两位，商量一下怎么讨伐楚国，为你们报仇吧。"吴王阖闾非常高兴，内部问题解决完了，可以考虑外部问题了。

可是，阖闾没有想到的是，从前急吼吼要报仇的伍子胥这一次却不急了。

"大王，楚军的实力依然很强，我们不能匆忙讨伐他们，要先消耗他们。"伍子胥这样说，伯嚭也在一旁点头。

吴王阖闾有点儿惊诧，不过随后他笑了，他怀疑这个主意是伯嚭出的。不过不管怎样，他觉得这是一件好事。

"怎么消耗他们？"吴王阖闾问。

"当年晋国的荀罃用三军轮流出击的办法折腾得楚国服了软，如今我们照方抓药就行，同样分为三军，轮流侵袭楚国，让他们疲于奔命，拖垮他们，然后三军齐出，大举讨伐。"伍子胥的主意，还是跟晋国人学的。

"好主意。"

381

吴国将军队分为三军，轮流出击。

第二年，吴军先后进攻楚国的夷、潜、六，楚军由沈尹戍领大军救援，结果每到一处，吴军都事先撤走。一年之中，吴军数次进攻楚国，但是没有与楚军正面交手过一次，而楚军果然四处救援，疲于奔命。

看到效果不错，吴王阖闾非常高兴。

"兄弟，这样下去，再过两年我们就可以报仇了。"伍子胥也很高兴，对伯嚭说。

"子胥，依我看，大王虽然对我们亲近，可是我们毕竟是两个楚国人，他始终还是不太放心。如果要大举讨伐楚国，恐怕必须再找一个人，而这个人最好是吴国人，至少不能是楚国人。这样大王才会放心。"伯嚭比伍子胥善于揣摩上意，也更早就看出来吴王阖闾的顾虑。

"好，我还恰好有一个朋友，把这个人推荐给大王，他一定喜欢。"伍子胥恍然大悟，立即答应。

从专诸到要离，再到现在要推荐的朋友，伍子胥怎么这么多朋友？

这跟伍子胥的性格有关，伍子胥性格直爽，为人又很慷慨大方，喜欢结交朋友，因此，容易交到朋友。

"大王，我有一个朋友，精通兵法，著有兵书十三篇。这个人的能力在我之上十倍都不止，我想把他举荐给大王。"伍子胥来找吴王阖闾，他是个实在人，诚心举荐。

"啊？比你强十倍？不可能吧？"吴王阖闾说。他倒不是装模作样，而是确实不相信。不过他也知道伍子胥是个实在人，应该不会信口雌黄。

"大王，绝不夸张。"

"这人是谁？"

伍子胥于是将这个朋友的来龙去脉说了一遍。

此人姓孙名武。说起来，身世比较复杂。

孙武是谁？

按《吴越春秋》："孙子者，名武，吴人也，善为兵法。辟隐深居，世人莫知其能。"

按《史记》："孙子武者，齐人也。"

按《唐宰相世系表》："齐陈无宇之子书，伐莒有功，景公赐姓孙，食采于乐安，子孙因乱奔吴，孙武为吴将，其后也。"

按《史记》："陈无宇卒，生武子开与僖子乞。"

而《左传》对孙武没有任何记载。

那么，孙子究竟是齐国人，还是吴国人？究竟是不是陈无宇的后人？这些，都是千古之谜。

如果按《史记》记载，那么，陈无宇根本没有陈书这个儿子。

如果按《唐宰相世系表》，那么可以在《左传》的"鲁昭公十九年（齐景公二十五年，前523年）"中找到孙书的记载："孙书伐莒，拿下纪鄣。"那么，如果这个孙书就是陈书，就是在这一次战斗中立功，然后被赐姓孙的。

可问题是，孙武被推荐给吴王阖闾大致在鲁昭公三十年（前512年），而这十一年期间，齐国并没有发生动乱，不存在"因乱奔吴"的条件。而且，陈家此时在齐国权倾朝野，正在拓展宗族，招募人才，拉拢人心，积极准备篡夺君位。在这样的情况下，孙武这样的超级人才在齐国有大展宏图的机会。不留在齐国，却反而远离家族，南下蛮夷吴国去隐居的可能性可以说是微乎其微。

而孙武在吴国大获成功，辞官之后，也并没有回到齐国，而是留在了吴国。这基本可以说明，他与齐国陈家之间并没有渊源。

而更大的疑点是，鲁哀公十一年（前484年），齐国与吴、鲁联军交战，《左传》有这样的记载：

陈僖子谓其弟书："尔死，我必得志。"陈书曰："此行也，吾闻鼓而已，不闻金矣。"吴、鲁大败齐师。获国书、公孙夏、闾邱明、陈书、东郭书、革车八百乘，甲首三千以献于公。

毫无疑问，这里的陈书就是陈无宇的儿子，而且被吴军活捉。也就是说，在孙武成为吴国将军二十八年之后，陈书成了吴国的俘虏。如果说孙武是陈书的子孙，不是太滑稽了吗？

除了这些明显的错误，还有一个问题，那就是春秋时期并没有国君赐姓的习惯。

所以，可以确定无疑，陈书不是孙书，而且陈书也没有被赐姓，陈书也不会是孙武的父亲或祖父。

综上，孙武不是陈无宇的后人。

事实上，直到唐朝以前，还没有孙武是齐国陈家后代的说法。

如果孙武不是齐国陈家的后代，他应该或者最可能是来自哪一家？来自哪一个国家呢？

孙武很可能是卫国孙林父的后人，理由如下。

首先，鲁襄公二十六年（前547年），卫国发生内乱，孙林父家族被赶出卫国，当时他的一个儿子孙襄被杀，另一个儿子孙嘉恰好出使齐国，很可能孙嘉就留在了齐国。

之后在晋国的帮助下，孙林父占领了卫国的戚地。但是三年之后，季札路过戚地，曾经警告孙林父"夫子在此，犹燕之巢在幕上"，就是说孙林父随时可能被卫国所灭。孙林父之后十分忧虑，终身不听音乐。卫国紧邻齐国，孙林父很有可能预做防范，将自己的子孙移民齐国，上文那个孙书就有可能是孙林父的子侄。

第一八四章 孙武练兵

其次，当时的世界上，晋国的军事理论水平远超其余国家，齐国要落后很多。而孙家虽然是卫国人，却跟晋国关系更密切，往来十分频繁，因此，孙家对晋国的典籍应该有所接触，对于晋国先进的军事思想很可能有研究。孙武的军事思想明显受到晋国的启发和影响，所以，他或者他的家族应该与晋国关系密切。

再次，卫国国家微小，而且夹在大国中间，因此卫国的人才多半不会留在卫国发展。孙武之后的吴起、商鞅等都是卫国人，可是都去了国外。

综合以上，孙武很可能是孙嘉或者孙书的儿子，虽然是卫国人，可是生长在齐国，属于卫国裔齐国人。由于家学渊源，对晋国文化和军事思想比较了解。而且，孙家在齐国缺乏背景，到了孙武这一辈已经就是一个士，在齐国没有前途，从而南下吴国寻找机会。

因此，孙武应当是卫国裔齐国人，孙林父的后代或者族人，客居吴国。

伍子胥把孙武说得花儿一样，以为这样一定能够打动吴王阖闾。

可是，他错了。

吴王阖闾有些奇怪，因为这不是伍子胥的风格，他是一个很骄傲的人，从来没有这样推崇某个人。如今他这样极力推荐这个齐国小子，一定有什么企图，大概这人是他的心腹吧。

有了疑心，吴王阖闾就开始找借口了。

"啊，太年轻了，才二十四五岁，难当大任啊！"吴王阖闾拒绝了。

伍子胥万万没有想到会遭到拒绝，他不知道，他太心急了。

任何事情，当你太迫切的时候，一定会被怀疑是别有企图的。

这是伍子胥的弱点，他总是很急。

可是，伍子胥还有一个优点，这个优点往往能够抵消他的缺点。

什么优点？执着。

每次去见吴王阖闾，伍子胥都会推荐孙武。

在拒绝了六次之后，终于，吴王阖闾被打动了。

"好，请他来看看吧。"第七次的时候，吴王阖闾松口了。

382

孙武来了。

孙武出场了。

孙武带来了一本书，原创的，书名叫作《孙子兵法》。

"子胥说你熟知兵法，来，讲讲看。"吴王阖闾还算客气，他本身是会打仗的人，因此想要看看这个齐国人的真才实学。

"好，那就从第一章开始吧。"孙武说，声音并不大，但是很沉着。

放下了兵书，孙武开始了。

"兵者，国之大事，死生之地，存亡之道，不可不察也。"（《孙子兵法》）孙武说完第一段话，吴王阖闾的眼睛就瞪大了。

就这一段话，吴王阖闾就知道此人的境界在伍子胥之上了，太冷静了，太清醒了。

随着孙武的讲解，吴王阖闾的眼睛越瞪越大。《吴越春秋》记载："每陈一篇，王不错口之称善，其意大悦。"

等到孙武把十三篇大致讲解一遍之后，吴王阖闾已经对这个年轻人佩服得五体投地了。

"先生，你说得太好了。"吴王阖闾现在已经改口称孙武为先生了，满脸的笑容也堆了上来，"可是，能不能找个什么地方演练一下，试一试，让我也感受感受？"

"没问题啊。"

"那，给你一支队伍，去打楚国，或者越国？"

"不可以，兵者，国之大事也，没有正当的理由，没有充分的准备，怎么能挑起战端呢？"孙武拒绝了，拒绝的理由完全符合他的兵法。

吴王阖闾笑了，这是他故意要考验孙武的。

"不错。既然不能轻易攻打邻国，那我就给你一支队伍训练，怎样？"吴王阖闾要继续考验。

"没问题，什么样的队伍都可以。"

"什么队伍都行？"吴王阖闾想了一下，猛然想起来一个好主意，"你说什么都可以，我把后宫的宫女交给你训练，行吗？"

"当然行。"出乎吴王阖闾的意料，孙武毫不犹豫地答应了。

后宫大院，宫女三百。

在孙武的要求下，吴王阖闾派了两个宠姬来担任队长。孙武把三百宫女分为两队，每队一名队长，就是那两个宠姬。

宫里有现成的装备，三百女兵都穿上盔甲，左手持盾，右手握剑。

女人穿上盔甲，那是别有一番英姿，古来就是如此，如今制服诱惑。宫女们把这当成了一种特殊的梳妆打扮，互相看着，都觉得好笑，嘻嘻哈哈笑个不停。

"各位，肃静。现在，你们不再是宫女，而是大王的士兵。"孙武大声说着，勉强把宫女们的叽叽喳喳压下去。

"士兵，嘻嘻，嘻嘻……"宫女们互相说着，又笑了起来。

"击鼓。"孙武命令身后的士兵击鼓。

鼓声大起，一通战鼓之后，宫女们算是静了下来。

"行军打仗，重在步调一致。军中指挥，鼓和旗为号，今天，先练习以鼓为号。"孙武终于可以开始了，然后命令士兵击鼓示范，怎样的鼓点是前进，怎样的鼓点是左转，怎样的鼓点是停止前进，等等。

讲解完了一遍，孙武高声问："记住了没有？"

"嘻嘻，嘻嘻……"宫女们只管笑，没人应声，大都在窃窃私语，轻声讨论着这个指挥官好年轻、好英俊。

"好，既然大家不说话，想必就是记住了。下面，以鼓声为号，第一遍鼓，都要做好准备，原地踏步；第二遍鼓，开始前进；第三遍鼓，就要提盾持剑，准备战斗。"孙武决定开始第一遍演练。

鼓声响起。

"嘻嘻，哈哈，哈哈哈哈……"宫女们没有动，都在原地你看我我看你，嘻嘻哈哈，觉得很搞笑。

第二通鼓声响起来。

宫女们还在笑，并且开起了玩笑。

第三通鼓声响起来。

宫女们笑得弯了腰，有人蹲了下来，甚至有人就干脆坐到了地上。

孙武的脸色变得很难看。

"好，大家不要笑了。这一次，可能是大家没有理解，那么，我再说一遍。"孙武压住火，把命令和注意事项又讲了一遍。

第二次演练开始，孙武亲自击鼓。

第二次演练与第一次演练一样，宫女们一步也没有前进。

孙武的脸色更难看了。

"我再把注意事项向大家讲解一次，此外，两个队长注意，约束好自己的部下。"孙武又耐心地讲解了一次，然后，第三次演练。

第三次演练的结果与前两次毫无区别。

"哈哈哈哈，哈哈哈哈……"笑声一片，宫女们笑得花枝乱颤，一边笑一边用手指着孙武，看他的笑话。

《史记》曰："约束既布，即三令五申之。"

三令五申这个成语，就出自这里。

三令五申的结果是依然如故，这时候孙武怎样了？

第一八四章　孙武练兵

《吴越春秋》记载:"孙子大怒,两目忽张,声如骇虎,发上冲冠,项旁绝缨。顾谓执法曰:'取铁锧(fū zhì)。'"

什么是铁锧?就是铡刀。

孙武要干什么?

"约束不明,申令不信,将之罪也。既以约束,三令五申,卒不却行,士之过也。军法如何?"(《吴越春秋》)孙武说了,三令五申之后而无法执行,那就是队长的问题了,怎么处置?

一旁的执法官回答:"斩!"

"斩!"孙武下令。

一声令下,大内侍卫们一拥而上,把两个队长抓了出来。

"啊——"一片尖叫声。

尖叫声惊动了吴王阖闾,这时候他正在远处高台上观赏孙武练兵,随着尖叫声仔细一看,自己的两个宠姬已经被人老鹰抓小鸡一样抓出了队列,向铡刀走去。

"快快,快去救人。"吴王阖闾急忙下令,身边的侍从飞奔而去。

两名队长现在吓得花容失色、浑身发抖,被按倒在铡刀之下。

正在这个时候,吴王身边侍从赶到。

"孙先生,大王说了,没有这两位宠姬,大王食不甘味啊。大王已经知道先生能用兵了,就把这两位宠姬放了吧。"特使传令。

"不好意思,大王已经任命我为将,将在军中,君命有所不受。"孙武拒绝了,随后对执法军士喊道,"还等什么?斩!"

大铡落下,香消玉殒。

三百宫女,鸦雀无声。

随后,孙武再次任命了两个队长。

鼓声响起,宫女们战战兢兢,小心翼翼地迈出了第一步。

吴王阖闾很生气，可是他没有办法，人死不能复生。

他很后悔让孙武拿宫女做实验，可是现在后悔也来不及了。

他没有办法再在高台上看下去了，于是回到宫里，找了几个剩下的宫女来表演歌舞，以便抵消外面的阵阵鼓声。可是实际上他根本没有心思去看歌舞，他满脑子都是那两个宠姬的曼妙身姿。

终于，鼓声消失了。

不一会儿，孙武来了。

"大王，操练结束，现在宫女们已经整齐划一，请大王亲自指挥，赴汤蹈火，她们也不敢违抗。"孙武来汇报成绩，看来两颗人头的作用不小。

"行了行了，我知道你确实很厉害，你，你回去休息吧，我不想去看。"吴王挥挥手，让孙武出去。

孙武笑了笑，说："看来，大王也就是喜欢说说而已，并不愿意来真的。"

说完，孙武走了。

伍子胥在旁边看着，赶紧来劝："大王，不能这样啊。孙武的能力您也看到了，要称霸，就得靠他这样的人啊。再说了，咱们不用，楚国就会用，那咱们可就危险了。再说了，不就两个宠姬吗？宠姬易得，大将难求啊。有了孙武这样的大将，还愁没有美女？"

吴王阖闾听完这段话，寻思一阵，然后叹了一口气："子胥，宠姬被杀，我，我生会儿气还不行吗？"

伍子胥笑了，他知道吴王阖闾这个人的性格，所以他也知道，生气归生气，吴王阖闾知道自己该怎么做。

果然，第二天，吴王阖闾任命孙武为将军，与伍子胥共同训练军队。

孙武，终于站上了历史的舞台。

第一八五章

一件皮衣引发的战争

孙武担任将军之后,向吴王阖闾提出一个建议:"专心练兵,不要骚扰楚国人。"

"为什么?"吴王阖闾有些奇怪,因为现在分兵骚扰楚国的策略很成功。

"俗话说:没有外患,必有内忧。楚国现在已经非常腐败,国君软弱,大臣贪婪,之所以还没有分崩离析,就是因为他们有外患,因此还能团结。如果没有外患,他们的内斗就会加剧,腐败就会升级,附庸国就会变心,整个国家就会丧失战斗力。那时候,就是我们讨伐他们的机会。"孙武的说法,站在了更高的高度。

"这就是上兵伐谋了吧?"吴王阖闾眼前一亮,他越来越看出来了,孙武确实不是伍子胥和伯嚭可以相提并论的。

于是,吴国停止了对楚国的骚扰。

383

从吴王阖闾五年（前510年）开始，吴国不再骚扰楚国。

一切都在孙武的预料之中。

楚国令尹囊瓦感到很轻松了，现在可以集中精力搞点儿个人福利。当然，大家都是这个想法。

第二年的时候，楚国的属国都来朝见楚昭王。当然，囊瓦等楚国的官员也都能发笔小财。

蔡昭公专门制作了两块佩玉和两件皮衣，到了楚国，就给楚昭王献了一块佩玉和一件皮衣。后来楚昭王宴请蔡昭公，蔡昭公自己就把另外一件皮衣穿上，另外一块佩玉戴上了。

没承想，蔡昭公的皮衣和佩玉被囊瓦看上了，于是派人来要。偏偏蔡昭公是个舍命不舍财的人，说什么也不给。

"不给？扣了他。"囊瓦一生气，随便找了个借口，把蔡昭公就给扣押在楚国了。

蔡昭公并不是唯一的倒霉蛋，他还有个同命可怜虫。

唐成公也来了，来的时候呢，带来两匹名叫骕骦的好马，这两匹马也被囊瓦看上了。于是，囊瓦也派人来要这两匹马，谁知道唐成公又是个舍命不舍财的主儿，也不给。

"咳，不把土地爷当神仙？扣了。"囊瓦又找了个借口，把唐成公也给扣了。

就这样，囊瓦扣押了两个国家的国君。

到吴王阖闾七年（前508年），囊瓦见吴国总不来骚扰自己，还挺想念吴国。于是，囊瓦竟然出兵讨伐吴国，挺进到两国交界的豫章。

楚军来了，怎么办？那还用说？打回去。

结果，吴军采用了孙武的计谋，在豫章用水军诱敌，主力绕到楚军背后，然后两面夹击，打得楚军丢盔弃甲，大败亏输。随后吴军占领了楚国的巢，活捉了守将公子繁。

打了败仗，囊瓦也不担心，因为吴国人并没有乘胜追击。

"蔡侯这么小气，那件衣服还不给我。"逃回郢都的第二天，囊瓦就想起这件事情来了。

"小气的唐侯，马也不给我。"然后，又想起了这件事情。

还好，唐侯并没有让他恼火太长时间。

第二年，也就是吴王阖闾八年，唐国派人来，说是唐成公在楚国待着没什么关系，可是几个侍卫家里不是老婆死了就是孩子病了，反正，派人来接替他们回去。

楚国人同意了，于是，新来的侍卫们就去接替老侍卫们。在换防当天，兄弟们痛饮了一顿送行酒，把老侍卫们都给灌倒了，然后新来的兄弟们把那两匹好马偷偷牵出去，送给了囊瓦。

囊瓦一高兴，第二天就把唐成公给放了。

直到回到唐国，唐成公才算想明白："唉，早给他，不就早回来了吗？"

听说唐成公回国了，蔡国人民就有点儿急了。

于是，蔡国派人来到楚国，见到蔡昭公，强烈要求他把那衣服和佩玉给囊瓦，早点儿回国。

没办法，蔡昭公忍痛割爱，把两件宝物献了出去。

于是，蔡昭公终于也可以回家了。

"哈哈哈哈，跟我斗？"囊瓦穿着那件皮衣，戴着那块佩玉，坐在那两匹好马拉的豪车上，放声大笑，得意忘形。

他没有想到的是，他得意得太早了。

被扣押了三年，蔡昭公很窝火。

被扣押了三年，皮衣和佩玉还是没保住，蔡昭公就更窝火。

回到蔡国的第二天，蔡昭公就又上路了，去哪里？晋国。

"楚国人太可恶了，我们不能跟蛮子混，我们请求贵国出兵讨伐楚国，我们愿意做前导。为了表达诚意，我把儿子带来了，在晋国做人质。"蔡昭公要投入晋国的怀抱，要找楚国报仇。

看来，蔡昭公真是豁出去了。

这个时候的晋国六卿早已经换了阵容，韩起已经去世，儿子韩须接班；中行吴也已经去世，儿子中行寅接班；魏舒在韩起去世之后接任中军帅，此时也已经去世，儿子魏侈接班；赵成也已经去世，儿子赵鞅接班。上一届六卿就只剩下了范鞅和智跞。

现在，是范鞅为中军帅，智跞为中军佐。而负责诸侯事务的，是中行寅。

蔡昭公首先见到的就是中行寅。

听完了蔡昭公的汇报，中行寅翻了翻白眼，看了看蔡昭公，突然眼前一亮。

"楚国人真是太贪了，不过呢，说实话，你这身皮衣还真不错，这块佩玉也很精巧啊！"中行寅看上了蔡昭公现在这身行头了。

蔡昭公一听，只知道楚国有个囊瓦，现在看来晋国也有个囊瓦啊。

俗话说得好：天下乌鸦一般黑。

"嘿，这身衣服，我也是借的别人的。"蔡昭公还是那个舍命不舍财的劲头，也是赌气，你要啊，我偏不给。给了囊瓦就够心疼的，我吃饱了撑的再来给你送上门？

中行寅一看，不给？好啊，你不舍得，那我就让你白跑一趟。

中行寅去向范鞅汇报，按照以往的惯例，首先中行寅会告诉范鞅有什么好处。这一次，中行寅什么也没提，范鞅就知道蔡昭公看来不太会做事。

第一八五章　一件皮衣引发的战争

"老蔡来，什么意思啊？"范鞅问。

中行寅把意思大致说了一遍，然后说了："元帅，现在咱们自己还顾不过来呢，国内又是水灾又是旱灾的，外面还有鲜虞人老骚扰我们。再者说了，楚国人也不好对付啊。我看，打发他走算了。"

"也是啊，又没什么实惠。"范鞅也是这意思，想了想说，"你打发他走吧，不过告诉他，三月的时候周王室要搞个什么盟会，号召中原诸侯讨伐楚国的，到时候他可以去看看，说不定能实现他的愿望。"

就这样，蔡昭公算是白跑了一趟。

三月份，周王室还真的组织了一个盟会。说是王室，实际上是王室的上卿刘文公搞的，他听说楚国现在不行了，想着号召中原诸侯讨伐楚国，抢点儿地盘过来充实周王室的土地。当然，主要是给自己弄点儿实惠。

对于这个盟会，大家都在暗地里笑刘文公太天真，这世界上谁也不是傻瓜，谁愿意给你当长工啊？虽然大家都觉得这件事情很无厘头，可是大家也都愿意来看看热闹。就这样，三月的盟会真就开成了。

晋国派出了中行寅，他路过郑国的时候，从郑国借用羽毛，然后就用这些羽毛装饰旗子，去了盟会。大家一看，好嘛，连这也要贪。

卫国和蔡国也都参加了，还为了排名先后发生了争执。

整个盟会，除了吃吃喝喝，谈到楚国的时候大家就打哈哈。刘文公后悔死了，白白花了许多接待费。

蔡昭公也很郁闷，看这样子，在楚国的这口恶气是出不了了。

中行寅也很郁闷，原本指望着蔡昭公这段时间能想明白，这次带点儿什么实惠过来，没想到还是这么不懂事。

"让我来整他。"中行寅想了一个坏主意，于是悄悄来找蔡昭公。

"老蔡啊，你不是想打楚国吗？说实话，我们很支持你。可是，你也知道，我们跟楚国签有和平协议，我们是讲信用的文明人，不能说撕毁就撕毁。

怎么办呢？我来之前跟范鞅元帅商量好了，给你出个主意，让你报仇。"中行寅态度很客气，话说得也很真诚。

"太好了，什么主意？"蔡昭公很高兴，看到了希望。

"这次啊，沈国不是没有来吗？这是违反和平协议的事情。所以，你们就以沈国违反和平协议为由，讨伐沈国。你们讨伐沈国，楚国一定来打你们，到时候你们向我们求救，我们就有理由攻打楚国了，你看这主意怎么样？"

"好主意。"蔡昭公也不知道是脑子不好使，还是报仇心切，竟然丝毫没有怀疑。

春天开完会，夏天，蔡昭公就率领蔡国军队讨伐沈国。蔡国虽然是个小国，可是沈国更小。三下五除二，蔡国就灭掉了沈国。

沈国是楚国的属国，蔡国灭了沈国，楚国当然不会善罢甘休。

夏天蔡国灭了沈国，秋天，楚国就出兵攻打蔡国。

放在过去，楚国大军一到，蔡国就彻底沦陷。可是现在不一样了，楚国已经腐败到家，军队也已经没有战斗力，各自为战，指挥不灵。因此，楚军也只能包围蔡国，无法强行拿下。这也是蔡昭公敢于跟楚国斗一斗的原因。

楚军一到，蔡昭公的特使就前往晋国求救了。

"我们晋国一向坚持以和平方式解决国际争端，从不粗暴干涉别国内政。我们强烈呼吁贵国和楚国坐下来，搁置争议，共同……"范鞅搬出一套套话来敷衍蔡国人，说到这里，蔡国特使可就急了。

"范元帅，不是这么说吧？上次盟会的时候中行元帅对我家主公说好了啊，我们讨伐沈国，然后楚国来打我们，贵国就趁机出兵讨伐楚国啊！"蔡国特使有些愤怒，但是还不敢发火。

"有这事吗？"

"当然了，当时我就在旁边啊！"

"那什么，请中行元帅。"

没多久，中行寅来了。

"中行元帅，你上次不是说一旦楚国出兵，你们就攻打楚国吗？"特使看见中行寅，赶忙说。

"我，我说过吗？"中行寅开始抵赖。

"说过啊，那时候我就在旁边啊！"

"那，你弄错了。我那次是说，如果蔡国遭到楚国侵犯，我愿意帮你们去求情，实在不行，我出动我们家的兵力帮助你们。你想想啊，我怎么敢说出动晋国的军队呢？晋国军队出动，那只有范元帅才敢说啊！"中行寅说得自然，好像真是这么回事。

"你，你……"蔡国特使气得说不出话来了，他一转身，走了。

"哈哈哈哈……"身后，范鞅和中行寅放声大笑。

蔡昭公傻眼了。

"晋国人比楚国人更坏啊！"蔡昭公感慨，现在是被楚国人讨伐，被晋国人忽悠，活路在哪里？

紧急会议。

有人建议投降，实在不行就肉袒。

"别肉袒了，肯定直接扔锅里了。"蔡昭公说。现在他头脑倒很清楚。

有人建议逃跑。

"跑，跑哪里去啊？"蔡昭公真是无路可逃。

关键时刻，还是有人头脑清醒的。

"我们为什么不向吴国求救呢？楚国最怕他们。"有人提出。

"好。"蔡昭公又看到了希望。

当晚，蔡昭公派出太子乾前往吴国求救。

384

太子乾走的第二天，吴国人来了。谁？伍子胥。

"哎呀妈呀，我儿子是飞过去的？怎么才走一天就把吴国人请来了？"蔡昭公又惊又喜，弄不明白。

太子乾当然不会飞，因为吴国人根本不是他请来的，而是吴国人自己找上门来的。

当楚国讨伐蔡国的消息传到吴国之后，吴国人就召开了五人会议。哪五个人？吴王阖闾、阖闾的弟弟夫概、伍子胥、伯嚭、孙武。

"看来，孙武的策略是对的，我们没有骚扰楚国，楚国的内部就出了问题。如今，楚国的属国都无法忍受而要公开背叛楚国，说明楚国已经国力衰弱了。现在，楚军包围了蔡国，我们是不是可以行动了？"吴王阖闾提出问题。

"可以。"有人回答。谁？全部。

"上兵伐谋，其次伐交。大王，我建议我们立即联络蔡国和唐国，联军讨伐楚国。这两个国家虽然没有战斗力，但是他们加入讨伐楚国的行列，对于楚国人的心理是沉重打击。"孙武提出建议，按照《孙子兵法》的原则。

于是，伍子胥就这样来到了蔡国。

"楚国人是强盗，晋国人是骗子，吴国大哥真是好人哪！"蔡昭公高兴得如同瞎猫碰上死耗子一般。

唐、蔡两国纷纷响应，吴国准备出兵。

怎样出兵？

五人会议再次召开。

"我建议围楚救蔡，我们直接攻打楚国，等楚军回来，我们再以逸待劳。"这是伍子胥的建议，也就是吴军出巢湖，过长江，自东向西攻击楚国本土。

第一八五章　一件皮衣引发的战争

伍子胥的建议得到伯嚭的支持，吴王阖闾点点头。不过，他还是要听听另外两个人的想法。

"这样太示弱了，我建议我们直扑蔡国，与楚军主力决战。"夫概是这个意见，他是一名猛将，喜欢直来直去。

吴王阖闾皱了皱眉头，问孙武："孙先生，你看呢？"

"我支持公子的意见。"孙武说。话音刚落，在座的另外四人都觉得出乎意料。

"为什么？"伍子胥问。他觉得夫概的方案缺乏技术含量。

"围楚救蔡，只能救蔡国。如果楚军不来与我们决战，而是固守城池，我们就很被动。这是第一。目前已经是临近冬季，地里都没有了粮食，很难就食于敌。如果我们向西行进，一路山水不断，辎重运输困难，不等楚军来到，我们就会因补给不足而撤军。再来看公子的方案，如果我们直扑蔡国，就是逼迫楚军与我们决战，这样就能歼灭楚军主力；此外，我们可以走北线，沿淮河进入蔡国，这样，我们的辎重就可以由船运解决，就没有了后顾之忧。所以，走淮河，由蔡国攻击楚国是更好的路线。"孙武一番话，说得清清楚楚。

"哇。"在座的人都是恍然大悟。

秋天楚国攻打蔡国，冬天，吴国就出兵攻打楚国。

吴军多少人？精兵三万。

《左传》记载："冬，蔡侯、吴子、唐侯伐楚，舍舟于淮汭，自豫章与楚夹汉。"

吴军北上，然后沿淮河向西，直到淮河口（今河南省潢川县西北）弃舟登陆，这时候已经是蔡国境内，而船只顺淮河而下，再运粮沿淮河而上。

吴军登陆，会合蔡国军队，而唐国军队随后赶到。

楚军统帅是囊瓦，听说吴军到来，二话没说：撤。

楚军一口气撤到了豫章（今湖北省安陆市），然后渡过汉水，沿汉水西岸隔江布防。

吴军不依不饶，翻越大别山，挺进到汉水东岸，与楚军隔江相望。

囊瓦这时候很后悔，跟吴国人打仗，从来没有打赢过，而且从来没有全身而退过。原本以为吴国人已经变成了爱好和平的人民，谁知道这次竟然来了。早知道他们会来，就不打蔡国了。

到这个时候，进攻是绝对不敢的，想都不敢想。撤退呢？现在已经是退到自家的地盘了，还往哪里撤？再说了，如果把汉水让给了吴军，后面更是无险可守。

怎么办？囊瓦这叫一个愁，自从当上令尹之后，还没有这么愁过。

还好，楚军中还有一个有点儿想法的人。谁？司马沈尹戌。

"令尹，准备怎么办？"沈尹戌来找囊瓦。

"怎……怎么办？还能怎么办？据险死守，等吴军没有粮食了，自己撤退。"囊瓦说。他也只有这个办法了。

"恐怕不行，吴国现在用淮河运粮，估计等他们撤军，要到明年秋天了。"

"那……那怎么办？"囊瓦倒真没有想到这一点，更加傻眼。

"我有一个办法，吴军主力都在汉水对面，令尹在这里拖着他们。我率领本部人马从汉水上游，绕道随地过汉水，然后包抄到淮河口，烧掉他们的运粮船。随后占据大别山的大隧、直辕、冥厄三个关口，断绝吴军回蔡国的道路。这样，吴军无粮，并且没有归路，一定军心大乱。然后，令尹渡过汉水，我则率部从背面杀来，两面夹击，一定大败吴国人。"沈尹戌的主意很正，并且很有可操性。

"好主意，就这样办。"囊瓦喜出望外，命令沈尹戌立即出发。

现在，楚国人要反客为主了。

第一八六章

楚国沦陷

沈尹戌的计划太完美了。

吴国人想到了没有？孙武想到了没有？没有答案，因为不需要答案。

沈尹戌的计划太完美了。

所以囊瓦在梦里也能梦到楚军大胜，他不再忧愁，面带笑容，似乎胜利就在眼前。

可是，很多人不高兴。

沈尹戌是楚国的另类，或者说是楚国官场的另类，他不贪污、不受贿、不拍马屁、不买官卖官，所以大家都不喜欢他，所以大家都不想让他的计划获得成功。

所以俗话说：不怕没好事，就怕没好人。

385

武城黑是楚国武城大夫，很黑，人送绰号"五成黑"。

"令尹，我们的战车是包皮的，吴国的战车是实木的，现在动不动下场雨什么的，我们的战车很容易损坏啊！所以啊，赶紧跟吴国人交战吧，否则战车都坏了，还怎么打？"五成黑就属于"没好人"，他很担心沈尹戌会成功。为什么包皮容易坏呢？因为包皮是用胶粘在木头上的，见水潮湿就容易脱落。

"这个，这个，老黑说得也对啊。"囊瓦其实也不喜欢沈尹戌，他觉得"五成黑"说的包皮确实是个问题。

老黑并没能够说服囊瓦，于是又来了一个"没好人"。

"令尹啊，楚国人一向对您有意见，都说沈尹戌好。如果这次沈尹戌打败了吴国人，估计您这令尹的位置就保不住了。我看啊，咱们别等他了，跟吴国干吧。"说话的叫史皇，外号"屎黄"，是囊瓦的亲信。

"这个，这个我还真没想过。"囊瓦现在开始想，越想越觉得"屎黄"的话有道理，"如果等沈尹戌打败了吴国人，我是肯定要完蛋。如果不等他，我先跟吴国人交手，不是还有赢的机会？"

囊瓦分析得挺有道理，一个是必然完蛋，一个是还有机会，两害相权取其轻，最后囊瓦一拍桌子："明天渡江，与吴国人一战去。"

楚军渡过汉水，与吴军决战。

第一战，不分胜负，吴军后撤。

"吴国人害怕了，追击。"囊瓦高兴，楚军追击。

第二战，又是不分胜负，吴军继续后撤。

"吴国人怎么这么差？国内出问题了？"囊瓦有些奇怪，下令继续追击。

第三战，还是不分胜负，吴军还是后撤。

"追，还是不追？"囊瓦有点儿犹豫了，他觉得有点儿不对劲儿。

"追啊！谁怕谁啊？""五成黑"和"屎黄"说。

于是，继续追击。

这个时候，楚军已经从豫章追到了柏举，也就是从湖北安陆追到了麻城，再追，就该上大别山了。

表面上，吴军在撤，但是一切都掌控在吴军的手中。换句话说，吴军掌握着节奏。

按照孙武的部署，吴军不在平原地带与楚军交战，因为双方的兵力对比是三万对九万。吴军更适合在地势狭窄、地形复杂的地带战斗，楚军的人数优势就无法发挥。

所以，吴国且战且退，将楚军引到了柏举。

与此同时，虽然节节挺进，囊瓦却越来越心虚。一来吴军虽然撤退，但是并没有战败，而是有秩序地撤退，看得出来，吴军的纪律性比从前要好很多，战术也非常清晰；二来虽然楚军在前进，但是每战的伤亡都远远大于对方，逃兵一天比一天多，各部的将领们也都互不服气，随时准备逃命。

眼下，来到了柏举，囊瓦怎么看怎么觉得不对劲儿，似乎每当到了这样的地形，楚军就必败无疑。

"不行了，我，我想逃跑了。"囊瓦感到很绝望，也很恐慌。

"不行，和平时期你想着执掌大权，战争来了就想逃跑？你跑了倒轻松，兄弟们怎么办啊？你必须拼死一战，万一打赢了，你就是民族英雄，过去的恶名就能一笔勾销了。""屎黄"反对，囊瓦的亲信们都反对。

囊瓦叹了一口气，一个大腐败，下面牵着一群小腐败，大腐败要逃，小腐败当然不干了。

十一月十八日，楚军和吴军在柏举进行第四次决战。

一大早布阵之前，夫概就来找阖闾了。这些天夫概感觉很不爽，他觉得这几仗打得很不过瘾，好像还没活动开就收兵了。从前跟楚国人打仗，不把楚国人打得哭爹喊娘而逃是决不罢休的，如今搞得这么娘娘腔，不爽，太不爽。

"大王，囊瓦不得军心，他的手下没人愿意为他卖命。我请求派我率精兵先行攻击囊瓦，他的手下必然逃奔。然后我们大军跟进，楚军一定崩溃。"夫概请战，要充当先锋直捣楚军中军。

"《孙子兵法》这么说：'夫用兵之法，全国为上，破国次之；全军为上，破军次之。是故百战百胜，非善之善者也；不战而屈人之兵，善之善者也。'急什么？楚军就快自行崩溃了。"吴王阖闾现在是孙武的粉丝，随时背几段《孙子兵法》出来。

夫概一看，无法说服吴王，算了，不跟他啰唆了。

双方布阵，还是吴国快楚国慢。

夫概的部属在吴国中军，一共五千人。夫概这时候来到军前，大声说道："弟兄们，有利于国家的事情，就不必等主帅下令了。今天，我们率先冲锋，就算战死，也能让吴国战胜楚国，跟我冲！"

五千吴军，都是精锐中的精锐。五千红了眼不要命的吴军，发疯一样扑向了楚国中军元帅的旗下。

本来就胆战心惊的楚军害怕了，本来就痛恨囊瓦的士兵们决定不再为这个腐败分子卖命了。

囊瓦的卫队第一个崩溃，随后是整个中军。

"擂鼓！"吴王阖闾终于下令冲锋了。

楚军崩溃。

除了逃命，囊瓦已经没有别的想法了。这个时候，他倒很清醒，他不敢向南逃，他知道逃回楚国的结果只能是死得更没有面子。所以，他向北逃去，逃到了郑国。而"屎黄"运气不佳，被打成了黄屎；五成黑也没有能够逃脱，被打成了五成红。

看上去，夫概首功，实际上，孙武的计划是中路诱敌，两翼包抄，聚歼楚军。

楚军的残兵败将一路奔逃，到了清发，后面的吴军紧紧追赶。

"大王，古人打仗，不追逃啊。"伯嚭提出一个看法。

"孙先生，你看呢？"吴王阖闾问。

"我们是蛮夷，不讲这个。"孙武说得毫不犹豫，《孙子兵法》里可没有什么礼法。

前面是涢水（汉水支流），楚军在岸边集结。

"看你们往哪里跑？准备攻击。"吴王阖闾笑了，要将楚军聚歼在涢水河畔。

"困兽犹斗，况人乎？"（《左传》）夫概又发表意见了，不过这一次他反对进攻，"如果人知道自己要死，一定会拼命，如今楚军人数多于我们，如果他们拼命，我们恐怕就要失败了。不如让他们渡河，前面的过河就跑，后面的急着渡河，渡过一半的时候，我们发起攻击，一定大胜。"

困兽犹斗，这个成语由夫概发明，意思是野兽被逼到了绝路也会跟你拼命。

"嗯，对，《孙子兵法》说道：'投之亡地然后存，陷之死地然后生。'就是这个意思，对吧，孙先生？"吴王阖闾现在对《孙子兵法》倒背如流，随时应用。

孙武笑了。

果然，楚军开始渡河。刚开始的时候，阵形还算整齐。之后不久，就开始乱了，等到渡过一半的时候，就已经没有阵形了，人人都要抢着过河。

战鼓响起，吴国人的战鼓。

冲锋。

马的嘶叫声，车的奔驰声，士兵的喊杀声，随后是楚国士兵的惨叫声。

已经渡河的楚军回头看对岸自己的兄弟们，不是被杀就是跳进河中，被滔滔江水冲走。

逃生的楚军拼命奔逃了一阵,没有看见吴军追上来,于是开始埋锅造饭。饭刚熟,还没有来得及吃,后面杀声又起,夫概带着吴军精兵,追杀而来。

"快跑吧,吴国人来了。"楚军哪里还有心思吃饭,拔腿就跑。

吴国人也饿了,现成的饭吃饱了喝足了,吴国人继续追击。

可怜的楚国士兵,饥寒交迫,只能拼命逃跑。

就这样,楚国人在前面跑,吴国人在后面追。

十一月二十八日,吴军进抵郢都。

郢都城里,楚昭王在一天前落荒而逃,公卿大夫能逃的都逃了。

"进城。"吴王阖闾下令,连攻城都免了。

从柏举之战到首都沦陷,仅仅十天时间,楚国的脆弱超乎想象。

那么,这边全线崩溃,首都沦陷。那一边,包抄敌后的沈尹戌怎样了?

沈尹戌率领本部从汉水上游过江,一路包抄,已经到了息(今河南省息县),距离淮河口咫尺之遥。可是,就在这个时候,得知囊瓦的楚军主力大败,吴军势如破竹,向郢都挺进。

"唉,不怕没好事,就怕没好人啊。"沈尹戌仰天长叹,之后下令全军南下,迅速回救郢都。

沈尹戌的部队最终并没有回援郢都,而是在今湖北京山市境内遭遇吴军,结果,楚军战败,沈尹戌为国捐躯。

386

在吴军进入郢都之前,孙武曾经提出建议。

"此次讨伐楚国,进展之顺利出乎意料。下一步,大王准备怎么办?"孙武问。他也没有想到这样快就打到了郢都。

"怎么办？弟兄们先进去爽一爽再说，哈哈哈哈……"吴王阖闾更是没有想到楚国如此不堪一击，真没有想过今后怎么办。

"不可，希望大王约束军队，进城后不要扰民。与此同时，一边追杀楚王，一边迅速把公孙胜从吴国弄来，立他为楚王。这样楚国就可以短期内安定下来。"

"啊？我们辛苦一场，为公孙胜打工了？"吴王阖闾有点儿吃惊，很不愿意。

"不然，等到楚国安定之后，大王就可以把公孙胜贬为县公，给几亩地让他做个小地主，那时候，楚国自然就成了吴国的地盘。"孙武想得够周到，也够长远。

"不好，这样会节外生枝。"吴王阖闾还是不愿意。

"那，即便不这样，进城之后，也要找到在楚国德高望重的人出来担任令尹，安定人心。"孙武见吴王阖闾不愿意，退了一步。

"孙先生，有什么事，咱们进城再说吧。"吴王阖闾已经有些不耐烦了，随即下令，"进城。"

吴国大军进城了，吴军将士们嗷嗷乱叫，一阵狂欢。

孙武叹了一口气，他知道随后会发生些什么。

吴王阖闾带着亲兵卫队直扑楚王的后宫，楚昭王逃得匆忙，只来得及带着妹妹季芈出逃，一众妻妾都留在了宫中，甚至连他亲娘秦国夫人也没有逃走。

吴王阖闾带着人马闯进宫中，下令：男人全部杀死，女人统统留下。

"哇！"看着眼前的女人们，吴王阖闾发出惊叹，这里的后宫比自己的后宫实在是好太多了，美女风格多样，形态各异，美不胜收。什么叫楚楚动人？就是楚国的美女很动人。正是：东西南北中，美女在楚宫。

楚昭王的大床很大，逃得匆忙，连被子都没有叠。

吴王阖闾跳到了床上。

"好床！"吴王阖闾再次发出赞叹。

从那之后，一天之内吴王阖闾就没有下过床。

而吴王阖闾的亲兵们也没有闲着，宫女们成了他们发泄的对象。

夫概领着亲兵，四处打探囊瓦的家在哪里，一路打听，来到了囊瓦的家。

"哇，富丽堂皇啊！"夫概赞叹，这里比吴国的王宫还要豪华，"弟兄们，这里属于老子的了。"

可是，他没有想到，这里早已经名花有主了，他来晚了一步。

是谁这么大胆，明知道夫概看好了这里，却抢先来占了？要知道，在吴国，除了吴王阖闾，就是夫概最有权势了。

可想而知，这个人的来头也不小。

谁？公子子山，吴王阖闾的儿子，夫概的侄子。

"你敢跟我抢？给我滚开！"夫概大怒，也不管子山是谁，破口就骂。

"叔，凡事有个先来后到啊。"子山当然不想让出。

"狗屁，老子杀人的时候，你还尿裤子呢，还跟我讲什么先来后到？立即给我滚，否则别怪老子不客气。"夫概是个天不怕地不怕的人，就是吴王阖闾平时也让他三分，这时候红了眼，竟然要动手。

"我的妈呀，我走还不行吗？"子山是真害怕了，心里一边骂着，一边命令手下赶紧撤走，给叔叔腾地方。

"哎，把那个小妞留下来。"夫概眼尖，见子山的手下要带走囊瓦的一个小妾，大声喝道。

就这样，夫概占据了囊瓦的家，囊瓦的财宝和女人都属于他了。

被从囊瓦家赶出来之后，子山再找了一个大夫家，寻欢作乐去了。

吴国的将军们忙着找地方寻欢作乐，可是有两个人暂时还没有这样的心情。谁？伍子胥和伯嚭，他们先要把仇报了再说。

两人的大仇家都是费无极，可惜费无极已经死了，而且全家被灭，弄得两人拿着刀砍不到仇人。

不过，既然回来了，大仇人砍不到，小仇人还有不少。两人早早拟了一个名单，此时按名单抓人，两人都是楚国人，倒也熟门熟路，抓住人就砍了。

小仇家们杀得差不多了，最后一件事情就是彻底了结恩怨。

伯嚭来到了囊瓦家，进城之前他就跟夫概打过招呼："囊瓦家里，女人都归你，男人给我留下。"

囊瓦家里，年轻貌美的女人们都被抓去。男人们则被关押起来，等候伯嚭来处置。

等到伯嚭来到，把这些囊瓦家的男人不分老少，一刀一个，全部杀死。

"走，弟兄们也找地方爽去。"报完了仇，伯嚭带着自己的手下，找地方奸淫掳掠去了。

伍子胥要做的事情比伯嚭略复杂一些，他带着手下来到城外，找到了楚平王的坟墓，将尸体挖了出来，然后亲自动手，在楚平王的尸体上抽了三百鞭，算是解恨。

楚平王的尸体原本就早已经腐烂，再加上这三百鞭，被抽得支离破碎。这还不算，又被抛到荒郊野外，落得个尸骨无存。

"父亲、哥哥，我给你们报仇了。"伍子胥对天长啸。

没有回音，因为不是山谷。

"弟兄们，走，我们找地方乐呵乐呵。"伍子胥带着亲兵，又进城去了。

当自己老婆和老娘都被吴王阖闾糟蹋的时候，楚昭王去了哪里？

楚昭王在吴军攻到郢都的头一天傍晚仓皇出逃了，渡过沮水和长江，逃到了云梦泽。这原本是楚王打猎的地方，如今成了逃难的地方。

到了云梦泽，总算可以休息一下，于是住到了原先打猎的行宫。

俗话说：人要倒霉了，喝凉水都能塞牙。

此时兵荒马乱，云梦泽也是一样。到了晚上，当地一帮土匪前来抢劫，还好，他们的目标是财物，因此楚昭王一行又是仓皇出逃，土匪们也并没有追杀。

一路逃，逃到了郧地（今湖北省京山市境内），投奔郧公斗辛。

斗辛是谁？蔓成然的儿子。想当年，蔓成然被楚平王所杀，斗辛与楚昭王的父亲有杀父之仇。

正是：才出狼窟，又入虎穴。

"杀了楚王，为咱爹报仇。"有人动了杀心，斗辛吗？幸亏不是斗辛，而是斗辛的弟弟斗怀，他想学习伍子胥和伯嚭了。

"不行，咱爹被杀，是因为咱爹贪污腐败。楚平王虽然杀了咱爹，可是对咱们家还是不错啊，否则咱们还能在这里吃香的喝辣的？你要是杀楚王，我就先杀了你。"斗辛不同意。

就这样，楚昭王总算找到个地方喘口气。

可是，也就是喘口气而已。

转眼间，吴国的追兵到了。

怎么办？还能怎么办？继续逃命吧。

斗辛和另一个弟弟斗巢带着家兵，保护楚昭王逃到了随地。

吴军追到了随地，但是，却不敢轻举妄动了。为什么？一来此地地形复杂，吴国人不敢深入；二来吴军数量不多，大部队在郢都享受花花世界，这只是小股部队。本来人少胆就不壮，再加上想起弟兄们正在郢都享乐，自己却在这荒山野岭忍饥挨饿，谁还有心情去抓人？

于是，吴军首领派人去找随地的部族首领，要他们交出楚昭王。

当地部族权衡利弊之后，觉得还是不交出去比较好，于是派人告诉吴军：

第一八六章　楚国沦陷

"楚王是在我们这里，可是，我们不能这么随便交给你们，谁知道你们能待多久啊？这样，等你们平定了整个楚国，我们把人给你们送去。"

"好好好，替我们看管好啊。"吴军撤了，要赶回郢都去享受享受，虽然只能吃吃别人的剩饭，捡个残枝败柳之类，但总比什么也没捞到好吧？

楚昭王算是有惊无险，就躲在了随地。

囊瓦呢？囊瓦就没有这么好运了。

囊瓦逃到了郑国，把郑国人给愁坏了。囊瓦这人名声太差，郑国人一点儿也不欢迎他，可是人都来了，要赶他走又好像有失风范；不赶走他呢，迟早是个麻烦。

没办法，郑国人对他也还是好吃好喝好招待，不过就暂时没有按照政治避难准则的待遇给他具体的级别，只当个临时客人。

没过几天，麻烦真来了，吴国的特使来到，说囊瓦是吴国的敌人，害死了伯嚭的全家，因此吴国一定要捉住他，请郑国把人送来，否则，吴军将攻打郑国。

郑国人会为了囊瓦而得罪吴国？傻瓜才会。

郑国派人去见囊瓦，把吴国的意思说了一遍。

"那，那我逃到晋国去吧。"囊瓦还想逃，他很怕死。

"那什么，忘了告诉你，晋国特使昨天也来了，说不欢迎你。"郑国人说。

其实是编的。

"那，那我逃到秦国去？"

"算了吧，秦国也不一定欢迎你。我们给你准备了一顿好酒好肉，吃完之后，我这里还有一包楚国产的七步倒，你吃了之后，也算是叶落归根吧。"郑国人早已经准备好了，把药放下，走了。

囊瓦就这样死在了郑国。

第一八七章

楚 国 光 复

楚国沦陷，楚军主力被歼灭。那么，楚国是不是就已经亡国了呢？

没有。

楚昭王还在，所以楚国人还有盼头，楚国人还可以团结在一起。

除此之外，更重要的是，吴军占领郢都之后，没有继续向周边扩张，而是留守郢都，安于淫乐。

而更重要的是，吴军十分暴虐。如果说楚国人民此前生活在水深火热之中，那么现在就是朝不保夕。吴军没有善待楚国百姓，而是扮演了强盗的角色，赶走吴国侵略者成了楚国人民的最大愿望。

斗辛对楚昭王说："大王放心，我们一定能够重新回到郢都。我听说吴国人在郢都互相争夺，很不团结。一支不团结的军队是不能远征的。如今吴国人在楚国内斗，一定会内乱的，只要内乱，他们就只能回国，绝对安定不了楚国。"

斗辛看得非常清楚。

斗辛看到的，孙武早已经看到。

孙武很清楚，吴王阖闾并没有远大志向，同样没有远大的谋略，他只是追求个人的欲望；夫概的眼中已经没有任何人，他将是一个危险人物；伍子胥和伯嚭都只是为了报仇，而不会去考虑吴国的利益。

"这不过是一群暴徒，他们躺在楚国人的大床上奸淫楚国人的妻女的时候，大概怎么也想不到他们正在错过一个千载难逢的良机吧。"孙武暗自感慨，对眼前的一切都很失望，他知道自己下一步应该怎样选择了。

387

吴军的暴行激怒了所有的楚国人，如果说从前囊瓦及追随他的官员的贪污腐败令他们难以忍受的话，现在吴国人的残忍和暴虐就让他们随时准备奋起反抗了。

一个楚国人，伍子胥的朋友，派人给伍子胥带了几句话。此人是谁？申包胥。

"子之报仇，其以甚乎？吾闻之，人众者胜天，天定亦能破人。今子故平王之臣，亲北面事之。今至于戮死人，此岂其无天道之极乎？"（《史记》）申包胥严厉斥责伍子胥，话的意思是：你如此报仇太过分了，怎么说楚平王也曾经是你的君主，如今你掘墓鞭尸，还有比你这样更没有天道的吗？

伍子胥怎样回答？

"为我谢申包胥曰：吾日暮途远，故倒行而逆施也。"替我谢谢申包胥吧，告诉他，我现在是太阳要落山，可是前面的路还远，没办法，只好往回走了。

日暮途穷、倒行逆施，这两个成语被伍子胥在一句话里发明了出来。不过，现在多半分开来用。

申包胥并没有等到伍子胥的回答，因为他要行动。

如果说伍子胥是一个个性男，申包胥也同样是一个个性男，这也许就是他们成为朋友的原因。

现在，是申包胥实现他当初"你能灭楚，我必复之"诺言的时候了。

申包胥知道，靠自己的力量，甚至靠楚国本身残存的力量，要驱逐吴国人都是做不到的，到了这个时候，必须借助外部的力量了。综观天下，能够借助的力量只有两个国家。一个是晋国，另一个是秦国。

申包胥是不会去找晋国人的。不错，虽然晋国人有这样的实力，但是晋国人靠不住，依靠他们只能有两种结果，要么忽悠你，要么就是引狼入室。

而秦国人不一样，他们淳朴可信，而且他们是楚国的亲戚，秦国国君秦哀公是楚昭王的亲外公。

于是，申包胥上路了，一个人上路了，就像当初伍子胥离开楚国的时候。只不过，伍子胥向东，申包胥向西。

虽然没有追兵没有关卡，但是申包胥的求救之路走得比当年伍子胥的逃亡之路一点儿也不逊色。《吴越春秋》写道："昼驰夜趋，足踵趼劈，裂裳裹膝。"不分白天黑夜地走，脚肿了，脚趾裂了，膝盖磨得血肉模糊，用衣服裹着。

一路辛苦，申包胥来到了秦国，冒充楚昭王的特使，紧急求见秦哀公。

吴国灭楚国的事情秦国早已经知道，这样大的事情众多国家都早已经知道，所以，废话就不用说了。

"主公，吴国人就像野猪和毒蛇，他们不是人，他们多次侵犯我们中原国家，楚国最先受害。现在，楚国濒于灭亡，您的外孙楚王流落荒郊野外，特地派我前来求救。吴国这样的蛮夷是贪得无厌的，如果他们占领了楚国，下一步就是贵国了。如今主公何不趁吴国人立足未稳，发兵入楚，攻击吴军？如果楚国就这样灭亡的话，那么楚国就是吴国的了；如果上天有眼，让楚国留存下来，那么楚国人民世世代代都会念您的好。主公，求您行行好吧。"申包胥这一番话，一边哭一边说，说服力是有，但是并不是太强。

秦哀公想了想，秦国跟楚国之间其实一向关系一般，再加上吴军这么

第一八七章 楚国光复

凶悍，秦国出兵会不会惹火上身呢？

"那这样，你呢，先去宾馆休息，让我们商量商量再答复你。"秦哀公说，明显在推托。

"楚王流离失所，无处安居，我怎么能贪图安逸呢？"申包胥看出来秦哀公的意思，不肯走。

不肯走又能怎么样呢？

申包胥就在秦朝朝廷的门口开始哭泣，时而高亢，时而低沉。

于是，在秦朝朝廷外面，人们发现一个大汉，此人头发蓬乱、衣衫褴褛、面容憔悴，时而哭泣，时而哀叹。

整个，又是一个"犀利哥"。

想一想伍子胥当年在吴国当"犀利哥"，再看看如今申包胥在秦国当"犀利哥"，真是一个比一个犀利啊。

"犀利哥"在朝廷外面，整整哭了七天。

秦哀公并没有去管"犀利哥"，尽管他知道"犀利哥"就在外面，并且宫里的宫女们也在谈论"犀利哥"。

秦国驻楚国地下办事处的线报终于又来了。

根据线报，吴国军队四处寻欢作乐，已经没有士气可言。同时，楚国残军正向随地集结，准备向吴军发起反击。而楚昭王的母亲秦国夫人被吴王阖闾奸淫之后，又先后转手给伍子胥和伯嚭，最终不堪受辱，自杀身亡。

"吴国人，禽兽不如啊！"秦哀公大怒，自己的女儿受到这样的屈辱，这也是整个秦国的耻辱。

秦哀公知道，现在出兵，已经是时候了。

"来人，请外面那个楚国人进来。"秦哀公下令。

"犀利哥"再一次见到了秦哀公。

"楚国人，我送你一首诗。"秦哀公清了清嗓子，高声吟诵起来，"岂曰无衣，与子同袍……"

这首诗收于《诗经》，全诗如下：

> 岂曰无衣？与子同袍。王于兴师，修我戈矛。与子同仇！
> 岂曰无衣？与子同泽。王于兴师，修我矛戟。与子偕作！
> 岂曰无衣？与子同裳。王于兴师，修我甲兵。与子偕行！
> ——《诗经·秦风·无衣》

这是一首非常著名的诗，描写的是秦国军队准备战斗的情形。

秦哀公的诗朗诵完的时候，申包胥已经跪在了地上，紧接着磕了九个头。

废话不用再说。

秦哀公下令，秦军集结，子蒲、子虎两人率领五百乘战车，跟随申包胥救楚国。

《哭秦庭》成为后来诸多剧种的经典剧目，与《文昭关》遥相呼应。

388

吴王阖闾在郢都的日子过得很爽，一转眼冬去春来，再一转眼，春天过去，夏天到了。

秦、楚之间，道路难行，秦军还在路上。

秦国出兵的消息早已经传到吴王阖闾这里，他已经安排了夫概预做提防。虽然夫概很不愿意，还是带着满营的美女出了郢都。

可是，西线战事还没有开始，东线却传来了战事的消息，吴国本土受到攻击。

是谁这么大胆？是哪个国家比吴国还要凶悍？

答案只有一个：越国。

越国趁着吴国国内空虚，竟然出兵攻打吴国本土。

我们来大致看看越国的情况。

越国是夏朝的后裔，说起来，倒跟北狄同宗同源了。

按《吴越春秋》，当年大禹巡行天下，回到大越，登上茅山（今浙江省绍兴市的会稽山）接见四方诸侯，死后就葬在这里。至夏朝少康的时候，担心大禹香火断绝，就封自己的庶子于越，称为"无余"，越国就是这么来的。

近年有说法认为会稽本来是在泰山附近，商朝时越国的封地也本在古雷泽地区，也就是如今的山东菏泽地区。再后来却逐次南下，在周朝诸侯的排挤下一路南迁，周朝初年迁到今江苏吴中，到吴王阖闾初年，被吴国挤压，迁到了今浙江绍兴，当时叫作会稽。

不管怎么说，历经了夏商周，到了这个时候，越国的王叫作允常。

历史有个规律：不管从前怎么亲，只要是邻居，最后都要变成仇人。

秦晋之好，现在是仇人了；齐鲁之好，现在是仇人了；吴楚之间，那是从来就没有好过。

吴越之间呢？原本，两个国家都是小国寡民，地大人少，八竿子打不到一起，风马牛不相及的那种。后来，两个国家都在扩张，尤其是吴国，于是两国终于有了接触。四年前，吴国曾经攻打过越国，越国知道不是对手，没敢还手，不过，梁子结下了。

现在，吴军主力出征楚国，一去半年多，看那架势还不知道什么时候回来，越国人就动了趁机报仇的念头。

"掏他们老窝。"越王允常下令，于是越军出动，偷袭吴国。

好在，吴国有所防范，没有吃大亏。不过毕竟国内空虚，有些吃紧，于是镇守国内的太子终累派人紧急前往郢都请求救援。

这边刚刚收到国内的告急，另一边秦军已经赶到，会合楚国北方边防军，向随地进发。

夫概率领吴军北上迎敌，双方在沂（今河南省信阳市境内）相遇。于是，秦、楚联军与吴军交手了。

"我们不清楚吴军的打法，你们先上，我们策应。"秦军主帅子蒲对传说中的吴军有些忌惮，要让楚军垫底。

放在过去，楚国人是不干的。可是事到如今，一来是没有讨价还价的资本，二来楚军也是憋着一股火要跟吴军拼命，毕竟老婆孩子都惨遭吴军践踏。

于是，楚军在前，秦军在后，以这样一个奇怪的阵形迎战吴军。

换过去，这样一个阵形就是一个找死的阵形，因为吴军一冲，楚军必然崩溃，也就必然冲乱秦军阵形，随后吴军掩杀，秦军也是挨宰的命。

可是，现在不是过去。过去，楚军士气低迷，吴军凶悍无比。现在楚军士气高涨，吴军则被淘空了身子。

此消彼长。

红了眼的楚军与酒色过度的吴军交手了，这一次被砍杀的不是楚军，而是吴军。秦军则锦上添花，乘胜追击。

吴军大败。

秦楚联军乘胜推进，直达随地，与楚昭王胜利会师。

吴国有两个要报仇的人，就能让楚国几乎灭亡。

而现在楚国有成千上万要报仇的人，吴国又怎么能够抵挡？

兵败如山倒。

到了这个时候，就算是孙武也无能为力了。

此后，楚秦联军与吴军交手三次，吴军三次大败。

吴国人有点麻烦了，怎么办？吴王阖闾拒绝撤军。

可是，有一个人先撤了，这让吴王阖闾不得不撤军。谁敢先撤？夫概。

第一八七章　楚国光复

夫概不怕吴王阖闾跟他秋后算账？不怕，因为他造反了。

用夫概的话说："你占了楚王的后宫，我就占你的后宫。"

夫概眼看着吴军在楚国已经待不下去，而吴王阖闾还要硬撑，干脆率领本部人马悄悄回到吴国，自立为王。夫概的意思，干脆楚国人把吴王阖闾给宰了，大家都省事。

老窝出事，吴王阖闾就不得不撤军了。

于是，吴军全面撤军。

秦楚联军并没有追赶，而是找个空子把唐国给灭掉了，算是小出一口恶气。

上一年十一月，郢都沦陷；次年的九月，楚昭王终于又回到了郢都。

一转眼十个月过去，楚昭王回到自己后宫，物是人非啊！

"把那张大床拉出去烧掉。"楚昭王下令。

随后，楚昭王开始奖赏有功之臣。

一等功共有九个人，他们是斗辛、王孙由于、王孙圉、钟建、斗巢、申包胥、王孙贾、宋木、斗怀。

其中，几位王孙和钟建、宋木都是全程跟随、贴身保护的人，申包胥从秦国请来救兵，斗辛、斗巢兄弟从郧地率领甲兵保护楚昭王，这些人获赏都没有异议。可是斗怀不仅曾经图谋杀害楚昭王，而且也没有随同楚昭王前往随地。

"大王，斗怀也算有功之臣？"楚昭王的哥哥子西提出异议。

"我们刚刚复国，要以德报怨啊，这样人们才会安心。奖赏斗辛，是因为他忠于国君；奖赏斗怀，是因为他没有忘记父亲的仇恨。倒是蓝尹亹这厮可恨，当初去随地过臼水的时候，说什么也不让我上船，非要先把他老婆孩子渡过去再来渡我，我要收拾他。"楚昭王算得挺清楚，有原谅的，有不原谅的。

"大王，既然以德报怨了，干脆蓝尹亹也就一块儿报了吧。当年囊瓦就是因为总是记着旧怨，因此大家都很讨厌他，何必学他呢？"这回，轮到子西来扮大度。

于是，楚昭王决定放蓝尹亹一马，让他官复原职。

大家都在请功，可是申包胥却拒绝了赏赐。

"国家已经安定，我的目的已经达到了。我很瞧不起贪得无厌的人，如果接受赏赐，岂不是也成了这样的人？"申包胥没有领赏，悄悄地溜了。

申包胥，真的很犀利。

所有人中，钟建的奖赏是最实惠的，他原本是个宫廷乐师，跟随楚昭王出奔，因为在过河的时候背了楚昭王的妹妹季芈，两人由此而一背定情，发生了一段战地爱情故事。回到郢都，季芈强烈要求嫁给钟建，于是钟建就成了楚昭王的妹夫，官升乐尹。

自古以来，背人也是门学问。当年晋景公的小内侍背了晋景公，结果被殉葬了；而钟建背了楚昭王的妹妹，于是攀龙附凤了。

现在，楚国政局重新洗牌。

子西担任令尹，他是楚昭王的庶兄大哥。子西忠诚而且有才能，郢都失守的时候，子西逃到了脾泄这个地方，于是假冒楚昭王，在当地收拢楚军，安抚人心。之后得知楚昭王在随，于是率领自己收拢的人马前去与楚昭王会合。

子期担任司马，他也是楚昭王的哥哥。当初逃亡在随地的时候，吴国军队要求随地人交出楚昭王，子期挺身而出，要求冒充楚昭王，把自己交出去。最终虽然没有这样执行，但是子期的精神感动了所有人。在与吴军的几次交锋中，子期表现得极其出色。

子西这个人是个实在人，当初楚平王薨的时候，楚昭王岁数还小，于是囊瓦建议子西继位，被子西严词拒绝。

此时赶走了吴国人，楚国上下都有一点儿浮躁，认为吴国人不过如此。楚昭王回到郢都之后，也有些不思进取。这些，都让子西感到忧虑。

第二年，楚军与吴军发生两次战斗，结果楚军两次大败。楚国人这才知道，楚军的军力依然不是吴军的对手。而两次战败令楚国人重新清醒，这是子西希望楚国人意识到的。

于是，在子西的主持下，楚国迁都到鄀（今湖北省宜城市），并着手采取了一系列民生措施，这才安定了楚国。

需要一提的是，吴军攻破郢都之后，将楚国典章制度大部分运回了吴国，剩下的则全部毁掉。因此，楚昭王复国之后，竟然没有典章可以使用。直到迁都之后，大夫蒙谷才重新制作了一套典章献给楚昭王，这样楚国才重新有法可依。

顺便说说蒙姓的起源。颛顼后代在商朝被封到蒙双城，其后代中有的以地名中的蒙和双字作为姓氏，分别称为蒙氏和双氏，这是今天蒙姓的最早起源。还有一支蒙姓起源于周朝，那时朝廷在蒙山（在今山东省中部）设了祭坛，并设有专门主持蒙山祭祀的官员，称为东蒙主。东蒙主的后代有的定居在蒙山，他们以地名作为姓氏。后世的蒙姓多出于东蒙主，因此蒙姓族人主要来自姬姓。

第一八八章

盟主变流氓

吴国人在楚国是去得快，回得也快，跟旅游差不多。

吴王阖闾率领大军匆忙回国，第一件事情就是要把王位夺回来。

夫概是个一勇之夫，就算想当王，也该做得有点儿技术含量啊。在楚国的时候该找个机会把吴王阖闾给刺杀了，吴国大军就是自己的了，当上吴王岂不是顺理成章？如今偷偷跑回来称王，一看就是没底气。

吴王阖闾率领大军杀回，人人都憋着气，都认为吴军在楚国战场上的失败是夫概造成的，都认为夫概暗通越国，再加上有孙武的指挥，夫概哪里是对手？

三下五除二，夫概的队伍就崩溃掉了。

于是，夫概在占领吴王后宫之后不到一个月，仓皇出逃到了楚国。看在夫概为自己报仇的情分上，楚昭王将夫概封在了棠溪（今河南省遂平县）。

389

楚国国力大伤，自尊大伤，需要休息。

吴国男人伤了筋骨，也需要休养。

"大王，身体不佳，请求退休。"孙武要求退休，所谓道不同，不与谋，经过这一次战争，孙武对吴国彻底失望。

"休息吧，大家都该休息休息了。"吴王阖闾批准了，大家这段时间把一辈子的坏事都做完了，也该休息了。

"是啊，累了，该休息了。"伍子胥和伯嚭大仇已报，人生目标基本实现，也没有了继续折腾的动力。

孙武退休了，几年后英年早逝于吴国。

如今，苏州有孙武墓。

孙武的一生并不长，而且有些颠沛流离，甚至搞得身世不清。对楚作战，孙武不过是统帅之一，但绝对不是主帅，否则《左传》不会没有他的名字。所以说，以战功而论，孙武并不出众。

然而，一部《孙子兵法》，孙武可以不朽。

吴国人确实休息了，从吴王阖闾十一年（前504年）开始，八年内吴国人竟然没有对外开战。

八年时间，可以做很多事的。

吴国人休息了，楚国人休息了。

可是，晋国人没有休息。

吴、楚大战的时候，另一个超级大国晋国却没有发出声音，难道不是很奇怪吗？

世界大战，哪个有实力的国家不出来报个仇或者趁火打劫啊？不说别的，郑国还趁着这个机会把许国给灭了呢。

晋国衰落了，衰落得厉害。

齐国已经完全不参与晋国结盟了，郑国也不理晋国这个茬儿了，卫国也在动摇，只有鲁国还保持着百依百顺的原则。

鲁定公六年（前505年），也就是吴军撤离楚国的第二年。

宋国的乐祁在分析了国际形势之后，发现现在各国真正还能忠于晋国的好像只有宋国了，于是有了一个想法。

"主公，现在全世界都不重视晋国了，只有咱们还是忠贞不渝，这时候咱们要是去聘问聘问，岂不是晋国人会对咱们另眼相看？"乐祁去找宋景公，这算是逆向思维法。

"好，我考虑考虑。"宋景公觉得有道理，不过没有立即决定。

乐祁回到家里，把这事情对自己的家宰陈寅说了。

"等着瞧，肯定派你去。"陈寅断言，很简单，因为没人愿意去。

果然，几天之后，宋景公叫来乐祁。

"我这几天都问了一下，大家都说不该去，可是我觉得还是该去，那什么，你提出来的，你就去吧。"宋景公把活儿真就派给了乐祁，不过乐祁还挺愿意。

回到家里，乐祁又把这事情告诉了陈寅。

"你怎么知道会派我去？"乐祁问陈寅。

"除了你，谁还愿意去啊？晋国遍地腐败分子，六大家族一个比一个贪，伺候好这个，伺候不好那个，花了钱还得罪人，谁去啊？"

"不至于吧？我心底无私天地宽，谁还能把我怎么样？"乐祁不太相信。

"我看，悬。我建议，走之前，先把继承人给立好了，万一你有个三长两短的，乐家也不至于没落了。"陈寅提这么个建议，也不讲什么忌讳不忌讳了。

乐祁一看，弄得跟上战场一样。

不管怎样，乐祁还是接受了陈寅的建议，走之前带着儿子乐溷（hùn）去见宋景公，明确了这就是自己的继承人。

溷是什么意思？厕所、猪圈。给儿子取这么个名字，也就可以理解乐祁为什么这么缺心眼了。

乐祁出使晋国了，带着陈寅。

到了晋国，赵鞅出来迎接，并且设宴招待。

三杯小酒下肚，赵鞅又给拍了拍小马屁，说了些晋国和宋国人民世代友好之类的套话，乐祁就有些云里雾里了。

"赵元帅，咱哥俩，没的说。那什么，我带了六十副杨木盾牌，都……都给你。"喝多了一激动，乐祁把六十副盾牌送给了赵鞅。

陈寅一看，好嘛，原本准备给晋国六卿每家十副的，一激动都给了赵鞅了。赵鞅发财了，那另外五家怎么打发？

等到第二天乐祁酒醒了，陈寅就来说事了："主人啊，从前咱们家主要是跟范家关系好，每次来都是先到范家，礼物呢也是单独给范家备一份不同的。如今范鞅还是中军帅，您把这些礼物全给了赵家，我看，一定有麻烦。"

"那……那你当时怎么不拦着我？"乐祁有点儿慌了。

"我哪里拦得住你？就算拦得住你，我也拦不住赵鞅啊！你刚说完给他，他的人就来搬了，你后悔都来不及啊！"陈寅苦笑，晋国六卿都专门有搬礼物的人，每当外国使节来了，这帮人就守在国宾馆外，随时等着搬礼物。

怎么办？撞大运吧。

这个时候乐祁后悔自己不该揽这趟事了，可是后悔有什么用？

陈寅的担忧立即变成了现实，腐败分子的效率有时是惊人的。

范鞅第一时间知道了乐祁给赵鞅送礼的事情，第二时间就去找晋定公了。

"主公，乐祁奉了宋国国君的命令出使我国，可是还没来见您，就私自参加别人宴席，这是违背礼节的，是对双方国君的不敬。这样的行为，难道我们能够容忍吗？"范鞅如此说。实际上外国使臣到晋国来，多半是要先喝他的酒的。

"那，怎么处置？"中军元帅说话了，晋定公也不能反对。

"把他扣下。"

倒霉的乐祁就这么被扣在了晋国。

"我……我不是吃饱了撑的吗？"乐祁仰天长叹。

"哈哈，宋国人，脑袋被门夹了。"各国都在嘲笑乐祁。

所以，出使他国有的时候就像出去吃饭。客人少的馆子千万别去，你好心帮衬他，他却一定会宰你。

齐国和郑国暗通款曲，第二年决定结盟，与晋国彻底决裂。为了扩大联盟，他们邀请了卫国参加盟会。

卫国国君卫灵公早就想背叛晋国了，这么多年来，晋国人除了压榨卫国，没有给卫国公室带来一点儿好处，长期支持孙家对抗卫国国君。

卫灵公想跟齐国人、郑国人结盟，可是大臣们不愿意，怎么办？卫灵公自己想了个办法。

秋天的时候，三国领导人、在郑国会见，结果齐国人和郑国人把卫灵公给绑架了，然后发兵攻打卫国。

"只要你们结盟，我们就放了你们国君。"齐国人和郑国人提出要求。

"那、那就结盟吧。"

于是，卫国和齐国、郑国结盟。

其实，这场绑架案就是卫灵公自己设计的。

现在常听说自己绑架自己的，祖师爷就是卫灵公了。

结盟达成后，齐国就开始攻打鲁国。

鲁国一开始还想求救，睁开眼一看，齐国、卫国、郑国都是一伙的，宋国也惦记着加盟呢，算来算去，整个盟国现在就只剩下晋国和自己了，一个盟主加自己一个兵。

去晋国求救吗？

"我们有病啊？"所有鲁国大夫都拒绝前往晋国，乐祁还在晋国关着呢，鲁国历史上，特使被晋国人扣押的例子数不胜数，连国君都被扣过好几次，"谁去谁傻。"

是啊，又要花钱，又不一定能请来救兵，还有可能被扣押，去干什么？

晋国人是肯定靠不住了，别人也没法靠，这个时候，只能靠自己了。

结果，鲁国人靠自己的力量抵御齐国人，竟然也让齐国人没有办法。

"看来，我们今后也不用再搭理晋国人了。"鲁国人终于也看清楚了形势。

390

眼看结盟已经分崩离析，背叛的背叛，没背叛的也不信任自己了，晋国人开始反思了：这样下去，还怎么发财？

不管怎么说，鲁国人竟然没有来求救，让晋国人的心灵受到了很大的冲击。

第二年春天，赵鞅找了个机会去见晋定公，于公于私，他觉得都应该帮乐祁一把了。

"主公，现在诸侯当中也就是宋国还在侍奉我们，他们的使者来了，我们好好款待还来不及呢，可是我们却把人家抓起来了，今后哪个诸侯还愿意跟我们来往啊？"赵鞅来为乐祁求情，尽管这样会得罪范鞅。

"这，也是啊。范元帅，你怎么看？"晋定公也不敢拿主意，还要问范鞅。

"这个，咱们扣了人家三年了，无缘无故放他走，那不是等于承认咱们做错了？那不是逼着宋国背叛我们？"范鞅还不同意，不过，这并不等于他不放乐祁回去，而是他不希望把这个人情给赵鞅。

果然，范鞅来找乐祁了。

"老乐啊，不是我想留您哪，是我们国君担心不能侍奉贵国国君，所以款留了您三年。这不，您要是想回去，我们也不能拦着您啊。我跟国君据理力争了，只要您让您儿子乐溷来替代您，您就可以回去了。"范鞅的话，把扣留乐祁的责任全都推到晋定公的身上，自己做好人，然后还要乐祁派他儿子来做人质，防止宋国背叛。

"那，我寻思寻思。"乐祁不知道范鞅什么意思，一时也没想明白。

范鞅走后，乐祁把陈寅找来，把事情告诉了他。

"范鞅真不是东西。"陈寅先骂了范鞅一句，然后开始分析，"这是晋国人迫于形势要放您了。但是，千万别让乐溷来，因为宋国跟晋国决裂是迟早的事情，乐溷来了，那就是害了他。咱们啊，就跟他们熬，看谁能熬过谁。"

别说，陈寅比乐祁高明太多了。

乐祁回绝了范鞅，说自己在晋国过得挺好，过几天准备娶个小老婆，就在晋国安家了。

"那，那你还是走吧。"范鞅没脾气了，要讹没讹着，心里说：世界真变了，宋国人也不好忽悠了。

现在，乐祁可以回家了。

可是，人算不如天算。

还没出晋国，乐祁就病倒了，而且是一病不起，紧接着一命呜呼。

范鞅听说乐祁死了，又来事了。

"不行了，竖着来，躺着回去，宋国人肯定不干啊。不能让乐祁回去了，把尸体扣了，宋国人想要尸体，就必须跟我们结盟。"范鞅作为晋国中军元帅，想的主意都跟流氓没有区别。

所以，这时候的晋国，也就是一个流氓国家了。

就这样，乐祁的尸体被扣下来了。

当年的夏天，齐国再次攻打鲁国。这一回鲁国还是不去向晋国求救。

世界上的事情就是这样，你不去求他，他反而主动来帮你。

"就鲁国这么个朋友了，要是他们也投降了齐国，咱们还玩什么？"范鞅这时候也急了，也不索贿受贿了，主动提出来领军救援鲁国。

于是，范鞅、赵鞅、中行寅三人率领着晋国军队前去救援鲁国。不仅去救援，态度也谦卑了，见到鲁定公的时候，范鞅手持羊羔，赵鞅和中行寅手持大雁，给鲁定公献礼。

鲁国人被感动了，或者说叫受宠若惊了。

晋军来到，于是齐军撤退。

齐军撤退，晋军也撤退。到了这个时候，晋军也没有把握战胜齐军了。

晋军撤军路过卫国，想想卫国现在跟着齐国混，于是准备派人去跟卫灵公结盟。

"谁去？"

按级别说应该是中行寅，可这哥们儿打死也不去，这些年来敲诈了卫国不少，怕卫国人砍他。

中行寅不去，范鞅和赵鞅更不去。

"谁敢去？"赵鞅发出号召。

结果，真有两个想出风头的。谁啊？涉佗和成何，两个大夫。

晋国人提出盟誓，并且大军就驻扎在卫国，卫灵公不敢拒绝。于是，双方就在卫国的专泽盟誓。卫灵公亲自出马，而晋国方面就派了两个大夫。

本来晋国派的大夫级别就低了，可是就这两个大夫，也没把卫灵公放在眼里。

"卫国也就是我们两个县那么大，算个狗屁诸侯啊？"成何公开说。

盟誓的时候，卫灵公执牛耳，涉佗看着就不顺眼，故意用手去推卫灵公的手，血顺着手一直流到腕子上。

卫灵公大怒，本来看见晋国只派了两个大夫来，他就憋着一肚子火。如今这两个大夫也不把自己放在眼里，能不恼火？

卫灵公正要发作，卫国大夫王孙贾急忙上前拦住了，然后对两个晋国人说："结盟是一件很严肃的事情啊！要像我们主公这样才行，你们这样不讲礼法，结盟还有什么意义呢？"

两个晋国人嬉皮笑脸，不当回事。

卫灵公一甩袖子，下坛去了。

盟誓流产。

卫灵公是越想越气，越气越想，暗自发誓一定要跟晋国人对着干。可是，他知道卫国的大夫害怕晋国，恐怕很难说服他们。怎么办？王孙贾给他出了个主意。

回到楚丘，卫灵公干脆不进城，就在城外住下了。

大臣们不知道发生了什么事，都跑到城外去见卫灵公，问问原因。

"各位，这次跟晋国人结盟，丧权辱国啊！"卫灵公开始忽悠，把晋国人怎样羞辱自己，添油加醋说了一遍，最后一把鼻涕一把泪地说，"我给卫国丢人了，没脸回来了，所以不敢进城，我，我辞职不干了行吗？各位，另请高人当国君吧。"

卫灵公话音一落，当时就炸了锅了。

"不行啊，这事不怪主公啊，是晋国人太不是东西了。"大夫们纷纷为卫灵公抱不平，对晋国人不满。

"还有啊，晋国人提条件了，说我们必须派国君的儿子去晋国做人质。这也罢了，还要大夫们也都把儿子送过去做人质。时间都定好了，这个月底必须出发。"这一段是卫灵公即兴创作的，不过大家都没有怀疑，因为晋国人既然能把宋国人的尸体都当人质了，还有什么做不出来的？

第一八八章　盟主变流氓

"那，主公都把儿子牺牲了，我们的儿子也只好跟着去了。"大家有点儿气愤，可是也没办法。

效果还行，不过还没有到大家喊出"不跟晋国人玩了"的地步。

所以，王孙贾又加了一条。

"晋国人还提了个条件，还要我们五百名商人和工匠。"王孙贾能想到的也就是这个了。

"那，那怎么办？去吧。"卫国人被晋国欺负惯了，逆来顺受惯了，到这个程度，还不敢跟晋国彻底决裂。

卫灵公有点儿傻眼，王孙贾也有点儿傻眼，看来激将法不灵啊！

事情弄假成真了。

大夫们回去组织了五百名商人和工匠，把自己的儿子们也都编好了名册，哭哭啼啼准备送他们上路，没办法，卫灵公也只好假模假式派一个儿子去晋国。

眼看就到了月底。

各家各户都准备送儿子上路，去晋国可不是去西部旅游，除了自己儿子的衣物等要准备，还要准备些方方面面打点的东西。除了这些，还要叮嘱儿子"情况不妙就偷偷跑回来，别等死"之类。

总之，跟送儿子上刑场很接近了。

卫灵公让王孙贾召集大家开个会，说是谈一谈注意事项。大家都到齐了，卫灵公却不肯出来，于是大家都在问为什么。

"主公因为要送儿子去晋国，伤心过度，正哭着呢。"王孙贾解释。不解释也就罢了，他这一解释，大家全哭了。

效果很理想。

"那什么，主公让我问问大家，如果晋国人来攻打我们，我们能不能抵抗？"王孙贾趁热打铁，引导大家。

"当然能，就算打我们五次，我们也能抵抗。"群情激愤。

"那好啊，那我们还傻乎乎地把儿子送去晋国干什么？我们不理他们，如果他们来打我们，我们实在顶不住了再把人送去也不晚啊。"王孙贾顺着大家的意思说。

"对，我们不跟晋国人玩了，跟他们绝交！"大家喊了出来，现在，这是大家的一致呼声。

第一八九章

赵简子

卫国人彻底投向了齐国。

第二年，齐国攻打晋国的夷仪（今山东省聊城市境内），卫国出兵相助，正式宣布与晋国决裂。

又是第二年，齐国与鲁国结盟，这一次盟会中，孔子作为鲁国的相礼参加。

这连续两件事，宣告结盟彻底崩溃，晋国成了光杆司令。

晋国人又有点儿急了，具体说，赵鞅有点儿急了。范鞅没有急吗？没机会急了，因为他已经死了，现在是智跞出任中军元帅，赵鞅为上军元帅，而范鞅的儿子范吉射接了他爹的班。

赵鞅和范鞅虽然都是鞅，可是此鞅非彼鞅，范鞅爱占小便宜，赵鞅瞄着的都是大便宜。

赵鞅死后谥号为简子，因此后世称之为赵简子。

赵简子最有名的一件事情出现在《中山狼传》中，这个故事就是"东郭先生和狼"的故事，追杀狼的那个人就是赵简子。

从这里开始，我们改称赵鞅为赵简子。

赵简子是个人物。为什么是个人物？请大家看看再说。

391

赵家自从赵氏孤儿赵武复兴之后，赵武和赵成父子都很小心谨慎。赵成去世，儿子赵简子接任。

三代才能培养出贵族，赵简子现在就是贵族了。与其他各家相比，其实赵家是资历最浅的，所以赵简子身上那种公子哥儿的惰性也就最少。看到公室越来越弱，赵简子也就看到了历史将向哪里走。

"让他们占小便宜去吧，我要玩大的。"赵简子不简单，他要玩大的。

赵简子的性格很像赵盾：能看到人的优点，能大胆使用能人，同时也够狠。

赵简子仔细研究了晋国的历史，他研究晋国历史有一个方便之处，那就是晋国史官不知道怎么回事由赵家人出任了。借着这个便利，就能看到晋国的史籍，从中学习历史。

研究的结果，赵简子总结如下：

首先，要有人；其次，要有地；最后，其他的都无所谓。

有了这三大原则，赵简子开始照方抓药了。

"有人"分为两个部分，一个部分是人心，另一个部分是人才。

当初，范匄为中军帅的时候，曾经制定了一部刑法，后世称为"范宣子刑书"，这是中国历史上最早的成文法。不过，这部刑法由范匄自己保存，老百姓根本不知道内容。说起来，这也算法治，但却是只有法官才了解内容的法治。

后来，赵简子主持诉讼的时候，做了一个鼎，把刑法都刻到了鼎上，放在公共场合。于是，全国人民都知道刑法内容了。当然，这个刑鼎比郑国子产的刑鼎要晚，但是因为在晋国，其影响力并不小于子产的刑鼎。

就因为铸刑鼎，赵简子在普通百姓心中的形象大大提高。

晋国六卿都有大量的土地，全国人民几乎都在为他们打工。

为了吸引更多的人来自己这里打工，六卿先后推出劳务工优惠政策。

按照规定，"百步为亩"，即每亩地长宽均为百步。所有公室的亩制都遵循百步的原则，也就是"国有企业"还按照传统的规格。

那么，六卿的"集体企业"呢？他们纷纷改制，范家、中行家、智家的亩制改为八十步乘一百六十步为一亩，韩家、魏家每亩为一百步乘二百步，赵家的亩制最大，每亩为一百二十步乘二百四十步。

亩制的大小有什么区别？

按照规定，每亩地要纳税和缴租。六卿的土地纳税按照收成的百分之十，交给公室，这相当于国税。缴租按照固定额缴给六卿，这相当于地税。公室的土地没有地租，但是税的比例高。

按照以上的规定，其实给公室种地和给六卿种地没什么区别。

现在六卿的亩制改了，区别来了。

亩制大了，但是每亩地的地租没有变，所以农民得到了实惠，在这一点上，赵家的农民明显实惠更大。

但是，更大的实惠不在这里。

六卿都调整了国税的比例，从百分之十减少到百分之五，也就是说，拿百分之五的国税来补贴了自己的农民。国家收入减少了，可是晋国国君也没脾气，只能干瞪眼。

而赵家更绝，索性连百分之五的国税也免了，免农业税。那么，这百分之五的国税怎么办？赵家从自己的地租里出。

这样，赵家在亩制上已经比其他五家大了，而且比他们少征百分之五的税。

于是，劳务工纷纷从公室流向六卿，而主要流向了赵家。

赵家，被评为春秋时期的最佳雇主。

人心，正在被赵家笼络。

让利于民，固然大得人心，但是赵家的收入不是就少了很多？实力不是就会下降？

不错，收入比其他六家少了很多。但是，钱多就是好事吗？

吴王阖闾曾经跟孙武探讨过这个事情，说到晋国六卿谁会先灭亡，孙武做了非常精辟的阐释。

孙武说："范家和中行家两家亩制最小，最富裕，家里养的士就最多。但是这两家富了很多代了，现在又这么富，'主骄臣奢，冀功数战'，范、中行两家很骄纵蛮横，所以，这两家先完蛋。

"智家亩制也不大，但是连续两代早亡，因此家风没有这么骄横。所以，他们第三个灭亡。魏、韩两家的亩制较大，因此更晚灭亡。而赵家亩制最大，家里钱不多，养的士也不多，但是都很精干，'主金臣收，以御富民，故曰固国'，主人谦恭，属下收敛，而员工很富有，这样的家族，稳定而且团结，所以，晋国最后恐怕要归了赵家。"

这段分析，一针见血，随后的发展验证了这一点。只不过，孙武没有料到三家分晋的结局。

赵家养士是有传统的，而且是非常有心得的。赵家能够在灭门之后起死回生，就得益于养士。所以，赵家复兴之后，继续养士。

赵简子一开始的养士方法与其他五家没有区别，那就是拼命养，以量取胜。可是，他很难从中发现令他满意的人才，所以他很犯愁。

一天他到西河去游玩，坐在船上，发出一声叹息："唉，怎样才能得到贤能的人呢？"

话刚说完，旁边的船夫咕咚跪在了面前，吓了赵简子一跳。什么意思？要告谁？

"元帅啊，珍珠和宝玉没有脚，却能从几千里外来到这里，为啥？因为有人喜欢它们。现在贤能的人有脚却不来，大概是主人不喜欢他们吧。"船夫壮着胆子，说了这样一段话。

赵简子看他一眼，觉得这人挺有胆量。

"不是这么说啊，我门下养了门客上千人，早上的饭不够，晚上就到市场上去征税；晚上的饭不够，早上就去市场上征税，我这还不算喜欢士人吗？"赵简子说，倒没有生气。

"鸿鹄飞得高，飞得远，是依靠翅膀上的六根大羽毛，别的地方的毛，多一把少一把都没什么区别。不知道您手下的这些门客，是翅膀上的大羽毛呢，还是肚子上的绒毛呢？"船夫见赵简子挺和蔼，继续说。

"你叫什么？"

"我，我叫古乘。"

"别撑船了，跟我干吧。"

这就是赵简子的风格。

古乘的话让赵简子决意裁减门客数量，这样才能提高真正人才的待遇，也才能给自己的农民提高福利。问题是，这一千多门客，你赶谁不赶谁？如果用一刀切的办法赶人，不仅名声坏了，另外几家也可能趁机捣乱，那麻烦就大了。所以，最好的办法是让没什么才能的门客们自觉自愿地滚蛋。可是，怎样才能做到这一点呢？赵简子有点儿发愁。

"元帅，你看，风景如画，不如来杯酒抒抒情怀？"旁边有人递上一杯酒来，赵简子一看，是栾激。

栾激是他非常喜欢的一个门客，平时吃喝玩乐都由他安排。这一次赵简子来玩水，就是他安排的，连这船也是他督造的。

看见栾激，赵简子眼前一亮，计上心头。

"来人，把栾激给我扔河里去。"赵简子接过酒杯，将酒杯扔到了河里，喝道。

"元帅，开……开玩笑吧？"栾激吓了一跳，赶紧问。

"开什么玩笑？快。"赵简子黑着脸，接着下令。

于是，栾激被扔进了河里，这兄弟还不会游泳，冒了两下泡就跟河神走了。

所有人都惊呆了，不知道赵简子为什么要杀栾激。

"大家想知道为什么栾激该死吗？我告诉大家。可恶的栾激，跟随我已经六年了。六年来，知道我喜欢泡妞，就到处给我找美女；知道我喜欢宫榭楼台，就到处找地方给我修别墅；知道我喜欢马，就到处给我找好马。可是，知道我喜欢贤士，却一个也没有推荐。这样的人，给我做的事情都是花钱的，教我做的事情都是缺德的，这不是在害我吗？好在我现在觉悟了，所以，这样的人必须杀。"赵简子说完，扫了大家一眼，大家都感到害怕。

栾激的死迅速在赵简子的门客中传开，随后几天，大批门客前来辞职，要么就是不辞而别。人人心里都有数，像栾激这样的都被杀了，自己好像也不比栾激强，再不走，说不清什么时候也是栾激的命。

就这样，通过杀了一个栾激，精简了门客队伍。

说起来，政府精简机构难以推进，就是没有树立几个栾激这样的典型。

赵简子，够狠。

反面典型树立了，效果不错，正面典型也要树立。

一个士人来求见赵简子，赵简子正在精简人员呢，也没有听说这人有什么能耐，于是拒绝接见。

这人倒挺有韧性，就是不走，一口气在赵简子的门前待了三天三夜。

再这么下去，就赶上申包胥了。

赵简子一看这人这么有性格，那就见见吧。

"先生，你非要见我，那请问你有什么本事啊？"赵简子问，还有点儿不耐烦。

"我这人没别的本事，我就能拿个笔记本，整天跟在您后面，看您办哪些缺心眼或者缺德的事情，随时给您记下来。每天都记，每个月进行总结，每年写本反思录。我就会干这个。"这人直愣愣地说，说完看着赵简子，好像就要开始准备记了。

"那什么，你叫什么？"赵简子问。

"我叫周舍。"

"行了，你被录用了。"

周舍此后就成了赵简子的随从人员，赵简子天天跟他交谈，看他记了什么。还真行，赵简子怕被记什么，周舍就记他什么。赵简子骂了他两回，结果骂人的话也被记下来了，赵简子再也不敢骂他。

赵简子，够有胸怀。

俗话说：好日子总是很容易到头，就如坏日子总是望不到头。

没多长时间，周舍竟然心脏病突发死了。

"呜呜呜呜……"赵简子很伤心，亲自操办丧事，厚葬了他。

周舍的事迹很快传开，真正有才能的人纷纷前来投奔赵简子。

三年之后，有一次赵简子请大家喝酒，喝得正高兴，突然赵简子哭了起来，而且越哭越伤心。

"主公，为什么哭？我们有什么过错吗？"大家都很惊慌，急忙问，

"跟你们没关系啊，是我想起好朋友周舍来了。当年周舍活着的时候曾经对我说过：'千羊之皮，不如一狐之腋。'众人之唯唯，不如周舍之谔谔。古时候商纣王糊里糊涂就亡了国，周文王身边则有很多人给他提意见，因此周朝就兴起了。自从周舍死了以后，再也没有人批评我了。故人君不闻

其非，及闻而不改者亡。我怀疑我们赵家就快完蛋了，所以我要哭。"赵简子想起周舍来了。

大家都哭了，被赵简子感动了。

"众人之唯唯，不如周舍之谔谔。"这句话，就成了千古美谈。

"故人君不闻其非，及闻而不改者亡。"赵简子的胸怀和远见，不是每个领导者都能有的。

对这个故事，司马迁评说道："简子由此能附赵邑而怀晋人。"（《史记》）

两面的典型都树立了，这还不够，赵简子还要作秀。

赵家在六家中最穷，因此对士的待遇比其他几家就有点儿差距。那么，怎样留住这些人才？赵简子用心去留住他们，感动他们。

赵家最好的车、最好的衣服都给士人穿用，赵简子本人的车就是一辆旧车，拉车的马也都是些瘦马，穿的皮衣也都是最差的羊皮。

"元帅，换辆车吧，换几匹好点儿的马，别让别人笑话。还有，天冷了，整件狐狸皮的衣服吧。"有人就劝他。

"不行，你说的我也知道。可是我听说，君子穿上华美的衣服，依然会很谦恭；可是小人穿上好衣服就会骄傲。我不知道自己是不是君子，所以我不敢穿好衣服。传注上说：周公越是地位高就越谦恭，越是打胜仗就越畏惧，越富有就越节俭。我怕自己做不到，所以，还是把好用好穿的物品留给贤能的人吧。"赵简子的话后来传了出去，手下的门客们非常感动。

所以，早在春秋时期，赵简子就告诉了我们：钱，不是万能的。

还有两件事情也让赵家的门客们感动。

赵简子有两匹白色骡子，平时非常喜欢。手下一位门客生了急病，郎中看过之后，说是骡肝可以治，赵简子毫不犹豫，当即杀了白骡，取出肝来给这位门客治病。后来这位门客病好了，对赵简子是死心塌地，在一次与狄人的战斗中，带领手下士兵，率先攻破城池。

这是其一。

那一年，赵简子率领部队攻打陶丘，手下有两位门客十分英勇，攻上了城头，但是后续部队没有跟上，两位门客孤军作战，结果双双牺牲在城头。

"把尸体还给我们。"赵简子派人去谈判，没有别的条件，也没有别的要求，就这一条。

"你们撤军，我们就还尸体。"陶丘守军提出条件。

"不行，无条件还尸体，之后再说别的。"赵简子不同意，就是要尸体。

陶丘守军不干。

"不干是吧？老子挖你们的祖坟，焚骨扬灰。打不破陶丘，绝不撤军。"赵简子发狠，用当年狐偃对付曹国人的招数来威胁陶丘人。

"那……那……那我们把尸体还了还不行吗？"陶丘人害怕了，先还了尸体，然后求和。

赵简子厚葬了两个战死的门客。

这一次，赵简子的士人感动不已。

赵简子爱士固然有作秀的成分，但还是真的能够听进劝说的。

有一次，赵简子带着大家去郊外登山，上山的时候，马拉得很吃力，赵简子坐在车上，家臣们都脱光膀子，下去推车，要争着表现，只有一个叫虎会的兄弟不肯推车，扛着自己的戟，一边走一边唱着歌曲，歌曲的内容大致就是"财主有腿不走路"之类。

"虎会，你是侮辱我吗？"赵简子有点儿生气

"我错了，对不起。可是，您也错了，您知道吗？您让我们推车伺候您，这不是侮辱我们吗？谁还会为您卖命？"虎会竟然顶撞起来。

"哎呀妈呀，你说得对啊，我是错了，我改行不？"

赵简子跳下车来，给大家道歉，之后山也不上了，直接下山找馆子撮

了一顿，虎会从此得到重用。

那一年，赵简子决定出兵讨伐总是跟晋国作对的齐国，并且下令："谁也不要劝我，谁劝我砍了谁。"

赵简子的意思，要借这个机会提高自己在国内和各国间的声誉。

赵简子愿意去，其余的五卿懒得管，你爱去就去，我们不爱去就歇着。

出征之前检阅军队的时候，一个叫公卢的门客穿着铠甲，对着赵简子大笑，笑得赵简子莫名其妙，非常恼火。

"你笑什么？"赵简子问。

"没什么啊，我这人就喜欢笑，没事就笑笑。"

"胡说，你一定要解释清楚，否则算你犯上，砍了你祭旗。"赵简子更加恼火。

"那我说说吧，当初我还在种地的时候，邻居有两口子去地里采桑叶，看见一个女人长得不错，那个男的就去追求那个女人。结果，漂亮女人没追上，回来的时候，老婆也生气走了。我现在啊，就是在笑那男人太放肆了。"公卢话里有话，表面上说你想搞婚外情，结果婚外情没搞成，老婆还跟别人跑了。实际上呢，是说你现在去打齐国，可是另外的五个卿都盯着你的地盘呢。

"噢。"赵简子恍然大悟。

晋国和齐国之间隔着卫国，就算打赢了，也没什么好处；如果打了败仗，那后果就不堪设想了。

"怪不得范家父子和韩起都不肯对外用兵，原来是这样考虑的啊！"

想明白了之后，赵简子决定不出兵了。

就因为赵简子对士们很尊重而且听得进批评，所以他的门下聚了很多能人，譬如董安于、尹铎、张孟谈、成抟、羊殖、史魇、史臾、武子胜、郝厥、尹绰等。

第一八九章 赵简子

第一九〇章

六卿咬起来了

在笼络人心、招贤纳士的同时,赵简子一直在拓展地盘,建立大本营。

赵家从祖上赵夙开始,被封在耿。其后赵衰先后被封在温、原等地,赵盾、赵朔又都有封赏,但是按当时的规矩,封地随时在变,因此赵家并没有固定的地盘。

赵家重建之后,得到了原来的封地,但是地盘并不大。而之后六卿之中赵家实力较弱,好一点儿的地盘多被中行家、范家和韩家拿走,其余三家的地盘多半在边远地区。

赵家的地盘主要集中在晋国东北部,也就是现在的山西中部和河北南部一带,而这一带从前是北狄的地盘,地处偏远,而且人口稀少。

"营造晋阳。"赵简子果断地做出了决策,他决定把大本营放在晋国的发祥地:太原。

392

太原是唐叔虞初封的地盘，但是之后晋国向南拓展，中心南移，太原竟然成了晋国的飞地，被北狄所包围，没人愿意去那里。只是到了近年，晋国持续向北拓展，才将太原和晋国本土连在了一起。尽管如此，太原依然是很偏僻落后的地区。

赵简子要营造的晋阳城在太原西南，紧靠晋水。

赵简子派了董安于修建晋阳城，按照大城修建，也就是按照国家国都的规格兴建。城墙极厚，利于防守；城里有宫室、官府、仓库等。按照当时当地的人民数量来说，这是提前二十年的规模。

董安于修建了晋阳城之后，就留在晋阳进行治理。

城修好了，现在新的问题出现了：人呢？

晋阳城中需要大量的移民，能够尽快移进去的，就是周围一带的百姓。可是，这些人不仅数量不足，更糟糕的是这些人多半是北狄的后代，素质不行。

怎么办？没有什么能够难倒赵简子的。

现在，卫国和齐国联手侵扰晋国，赵简子决定，攻打卫国。

这一次，谁劝也没用，赵简子决心已下，他有他的盘算。

晋国军队来到了卫国。说是晋国军队，实际上就是赵家的部队，因为其余五个卿都找借口请假了。现在的晋国六卿，谁也不愿意得罪谁，谁也不理谁。有好处就混在一起，没好处各干各的。

赵家的部队装模作样攻打楚丘，卫国人既不敢出城迎战，也不投降，据城死守。卫国人倒也不怕，现在看透了晋国人。

折腾了几天之后，赵简子派人来了，质问卫灵公为什么要跟晋国作对。

"这不怪我们，是你们涉佗、成何羞辱了我，士可杀不可辱啊！再怎么说我也是一个堂堂国君，比士还高几级吧？"卫灵公把事情的原委说了一遍，拒绝跟晋国人讲和。

赵简子于是把涉佗给抓起来了，再次派人去跟卫灵公讲和。

"不行，除非你们杀了涉佗。"卫灵公还不干，顺口提了个条件。

"老涉，对不起了啊，为国捐躯也是件光荣的事情啊，算你烈士。"赵简子够狠，一点儿没犹豫砍了涉佗，成何吓得半死，急忙逃命了。

涉佗的人头就被送到了卫灵公的面前。

不管怎么说，晋国人还是表现出了和平的诚意。

于是，双方讲和。

现在，晋国人提出来一个条件：不用人质了，你们卫国不是人多地少吗？给我们五百家老百姓就行，保证享受国民待遇。

卫灵公算了算，这个条件倒不算苛刻，甚至还挺好，不就是给你五百家移民吗？成交。

就这样，卫国向晋国移民五百家。不过，卫灵公提出一个附加条件：都是乡里乡亲的，移民可以，不能太远，这样回老家探个亲什么的也方便。

"没问题，就邯郸吧。"赵简子满口答应，把五百家移民放到了邯郸。

这才是赵简子的目的，他要的是人。

这一年，是吴王阖闾十五年（前500年）。

三年之后，到了吴王阖闾十八年（前497年），赵简子决定兑现人口红利了，他决定把放在邯郸的五百户卫国移民迁移到晋阳，增加晋阳人口，改善人口素质。

于是赵简子给邯郸大夫邯郸午下令，搬迁卫国移民。

邯郸午是什么人？

说起来，邯郸午跟赵简子还是亲戚，同宗。

原本邯郸是卫国的地盘，后来被晋国给占了。于是，赵穿的后人被封在了邯郸，改姓邯郸了。所以，邯郸午也可以叫赵午。

不过话说回来，尽管是同宗，但邯郸是邯郸午的地盘，不是赵简子的地盘。当初卫国的五百家百姓安置在邯郸的时候，赵简子就跟邯郸午说好了："暂时安放，过几年我把他们都迁走。"

所以，当赵简子的命令下达的时候，邯郸午立即就答应了。

邯郸午答应了，可是邯郸午的兄弟们不愿意了。要知道卫国人是周人和商人精英的混血后代，素质明显高于周边国家，再加上邯郸本来是卫国的地盘，这五百户卫国移民已经在这里生活习惯了，根本不愿意再搬了。

所以，邯郸上下都希望留下这五百家。

"当初跟人家卫国说好了移民到邯郸，现在又要移去晋阳，这不是忽悠卫国人吗？这以后还怎么让卫国相信我们？"大家都这么说。

邯郸午被大家说动了，于是动了贪念。可是，不给也不行啊！

商量来商量去，最后商量了一个主意，这主意是邯郸午的弟弟邯郸稷也就是赵稷出的："这样，咱们去招惹齐国人，让他们来攻打我们，我们不是就有借口说没时间移交移民了？"

大家觉得可行，问题是，这种小伎俩能骗得过赵简子吗？

低估赵简子的智商是危险的。

邯郸午亲自到晋阳去回复，他觉得自己的理由很充分，就算赵简子不满意，看在同宗的分上也不至于把自己怎么样。

"什么？想骗我？"赵简子一辈子忽悠人，什么时候被人忽悠过？"给我抓起来。"

邯郸午万万没有想到，自己连忽悠的机会都没有，就被抓了起来。

"你们把剑都交上来。"赵简子随后命令邯郸午的随从解除武装。

"不给。"随从们拒绝，并且做出要拼命的架势来。

第一九○章　六卿咬起来了

"好，既然你们不交，就别怪我不客气。回去告诉邯郸人，我以私人的名义杀掉了邯郸午，你们随便选个人做邯郸大夫吧。"赵简子懒得跟他们废话，立即下令处死邯郸午。

邯郸午就这么死了，死在了同宗赵简子的手下。

血浓于水，再一次被证明是靠不住的。

赵简子，够狠。

393

邯郸午被杀，邯郸午的弟弟邯郸稷宣布独立。

赵简子料到了这个结局，他要借这个机会把邯郸拿下，变成自己的地盘。

五月杀了邯郸午，六月，赵简子出动上军包围了邯郸。说是上军，实际上就是赵家的家族军队。

事实证明，这一次赵简子有点儿冒失了。

邯郸人民同仇敌忾，坚决抵抗，赵简子的部队竟然无法拿下。

与此同时，晋国国内有人对赵简子开始有想法了。

邯郸午是中行寅姐姐的儿子，也就是中行寅的外甥。俗话说：打狗还要看主人。你赵简子随随便便就把人家外甥给杀了，中行寅当然很气愤。何况，中行家一直把邯郸当作自己的地盘，岂能容你赵家夺走？

而中行家和范家是通家之好，两个腐败家族之间是数代姻亲，舅舅姥姥地叫着，早已经是攻守同盟。

而且，两家对赵家的势头一向就很不满。

"干他丫的。"中行寅和范吉射一拍即合，两家要联手收拾赵家。

中行寅和范吉射开始准备，而赵家的卧底很快知道了消息。

消息第一时间报到了董安于这里。为什么报到了董安于这里？因为董安于是赵家的头号谋臣，服务了赵家三代人，在赵家的威望甚至高于赵简子。

"我们先发制人吧。"董安于向赵简子汇报之后，提出建议。

"不行，按晋国法律，先发动祸乱的首罪，我们等他们先动手，然后后发制人吧。"赵简子不愧铸过刑鼎，法律意识超强，对法律条文的理解非常到位，这一点他又很像赵盾。

"那，恐怕不妥。"董安于有些担忧，中行家和范家实力雄厚，在另外四家之上，他们联合起来攻打赵家，只怕赵家没有后发制人的机会了，"要不，把攻打邯郸的责任推给我，处死我算了，这样他们就不会攻打我们了。"

"那怎么行？不行。"赵简子断然拒绝，然后安慰董安于，"怕什么？我们还有晋阳呢。"

说到晋阳，董安于略微放了一点儿心，那是他营造的地盘，他心里有数。

七月，该来的终于来了。

中行家和范家联军攻打赵家，赵家早有防范，在两家攻打之前已经撤出新绛，逃往晋阳。实际上，赵家的家底大部分早就搬到了晋阳。

"跑？没那么容易。"中行寅和范吉射率领着两家的部队，包围了晋阳。两个人想得很好，灭了赵家，分掉赵家的地盘。

可是，晋阳没有那么容易拿下，晋阳城的坚固程度比新绛要强得多，中行家和范家虽然人多势众，也拿不下晋阳。

这样三家在晋阳僵持。

这时候，要想想公卢的那个故事了：泡别人的妞的时候，自己的老婆也许正在被别人泡。

螳螂捕蝉，黄雀在后。

这个成语的出处在后面将会交代，不过在这里先借用一下。

中行寅和范吉射在晋阳攻打赵简子，后方，有人有想法了，不是一个人，而是一群人；不是一家人，而是三家人。

韩须这个时候已经去世，儿子韩不信（韩简子）接掌韩家，韩不信跟中行寅有仇；魏家依然是魏侈（魏襄子），他跟范吉射也是仇人。这两家是仇人也就罢了，智跞跟中行家和范家也不对眼。智家和中行家也是同宗，可是同宗根本算不上什么，赵简子和邯郸午还是同宗呢。智跞和梁婴父是好朋友，一直在想着帮梁婴父弄个卿当当，早就盘算整垮一家，腾个位置出来。整谁家呢？左看右看，就觉得中行家最可恶。

外部有仇人也就罢了，最可怕的是，内部也有内奸。

范皋夷是范家的人，可不是嫡出，总是受气，于是范皋夷平时就跟另外几大家族走得近，一直就想着要靠外部力量把范家夺过来。

这些人找了个时间聚在一起开了个会，一致同意驱逐中行家和范家。于是，智跞去找晋定公，首先说了一通中行家和范家贪污受贿买官卖官的罪行，最后说了："现在晋国内乱，三家在那里打仗，这三家谁也没有经过主公您同意就出兵了。按照晋国的法律，首先发起祸乱的都有罪，可是现在仅仅驱逐了赵家，太不公平，中行家和范家也要驱逐。"

"好好好好。"晋定公现在根本没有实力跟他的卿讨价还价，谁说什么就是什么，就算这时候中行寅来说驱逐智家，晋定公也是这样回答。

有了晋定公的话，十一月初，智家、韩家和魏家三家出兵，攻打范家和中行家。

这下新绛热闹了，除了被赶走的赵家，另外五家都干上了。

要说，中行家和范家实力确实雄厚，尽管大部队在晋阳，家里的小部队竟然也战斗力不减，两家互为犄角，三家联军竟然不得其门而入。

中行寅和范吉射得到后院起火的消息之后，立即撤军。

现在，赵家没事了，可以看热闹了。

中行寅和范吉射回到新绛，另外三家都有点儿发毛，实力对比来看，那两家比这三家还要强。怎么办？三家现在加强防守，转攻为守了。与此同时，赶紧联络赵家，想变成四家战两家。

"好好好。"赵简子这么答应，实际上屁股根本没动窝，等着看热闹。

中行寅和范吉射很恼怒，两人在一起商量怎样收拾这个局面。

按照正常思维，这个时候最应该做的是争取晋定公的支持，然后瞄准一家先行歼灭，再各个击破其余各家。这样做的操作性很强，因为晋定公现在只会说"好好好好"，而智、韩、魏三家之间也并不团结。

可是，中行寅和范吉射的思维是不正常的，两人从小就骄横跋扈，目中无人。两人算了算，就觉得智、韩、魏三家虽然可恶，可是毕竟这里还有他们的利害关系，倒是晋定公吃饱了撑的也跟他们混，实在是让人气愤。

"不行，先攻打晋定公，废了他再说。"这两位商量的结果就是这样，手下有人劝，劝也没用。

就这样，中行家和范家联手攻打晋定公。

听到这个消息，另外三家笑得前仰后合。往天堂的路有一百条，可是这两位偏偏挑上了唯一的下地狱的路。

三家立即联手去救晋定公。首都人民听说中行家和范家竟然攻打国君，纷纷前来支持三家联军，送水的送饭的就不说了，还有好多人扛着锄头举着火把去攻打中行家和范家。

激起公愤了。

任何时候，激起公愤都是要命的。

中行家和范家战败了，十一月十八日，两大家族仓皇出逃，逃到了朝歌，这里是中行家的地盘。

现在，六卿中，三家被驱逐，剩下了三卿。

剩下的三家当中，智家实力最强。于是，另外两家就有点儿发慌了。

"老魏，你看现在的形势，智家的实力明显强于我们两家，我们为什么不把赵家弄回来呢？"韩不信来找魏侈商量，话没有说得太明白，因为大

第一九〇章　六卿咬起来了

家都是明白人。

魏侈其实也在想这个问题，他知道韩家和赵家的关系非同一般，而且是姻亲，赵家回来，对韩家的好处大于自己。可是，这个时候，似乎也只能这么办了。有韩、魏、赵三家，智跞就不敢轻举妄动了。

"好，我同意。"魏侈同意了，可是，仅仅他同意还不行，人家智跞是中军元帅，还要智跞同意才行。

于是，韩不信和魏侈来找智跞。

"智元帅，中行寅和范吉射虽然被赶走了，可是实力还非常强啊，如果再勾结齐国，我们就很危险了。所以我建议，把赵家弄回来。"韩不信和魏侈来忽悠智跞。

智跞当然知道这两位在想什么，可是想想，这两位说的也有道理。再说了，如果不让赵家回来，岂不是一次得罪了三家？如果这三家联合中行家和范家，自己岂不是会死翘翘？

"好，我支持，你们去跟主公汇报一下。"

之后，韩不信和魏侈又来找晋定公。

"什么？赵家回来？智元帅什么意思？"晋定公根本没有主意，他只听中军元帅的。

"智元帅让我们来的。"

"那还有什么问题？好好。"

十二月十二日，赵简子从晋阳回到了新绛。

赵简子回来了，智跞就后悔了。可是这时候后悔，有点儿来不及了。

梁婴父给他出了个主意："赵鞅确实很厉害，不过，赵家最厉害的还不是他，而是董安于。没有董安于，赵鞅就不可怕了。所以，借机除掉董安于就行了。"

智跞一听，恍然大悟，于是就派梁婴父去找赵简子。

"赵元帅，智元帅派我来的。你们三家闹矛盾，人家另外三家仗义执言了。按照晋国的法律，首先发动祸乱的要处死，现在另外两家都被赶走了，可是你们实际上是最先挑起事端的，不处罚你们的话，全国人民都不答应啊，也太不公平了。我们听说攻打邯郸都是董安于指使的，怎么处置，你们自己先拿个意见吧。"梁婴父的话说得很明白，你们必须杀了董安于。

赵简子这下有点儿傻眼，他没想到智跞会来这么一招。杀董安于吧，于情于理说不过去；不杀吧，智跞这边又说不过去。

没办法，赵简子请董安于来商量。

"咳，谁还能不死呢？我死了，能换来国家的安定、赵家的幸福，我死得值啊。"赵简子没想到的是，董安于这么想得开。

当天，董安于上吊自杀。

赵简子把董安于的尸体放到了大街上示众，然后告诉智跞，智跞这才没话可说。

之后，赵简子把董安于安葬在了赵家祖坟，在赵家祖庙安放了董安于的牌位。

这样赵家祖庙就有了两个外姓人的牌位：程婴、董安于。

第一九一章

犀利哥战术

晋国内乱，各国震惊。

晋国内乱，天下欢庆。

"可恶的晋国，想不到你们也有这一天。"没有一个国家不为此而幸灾乐祸的，恨不得晋国就此分崩离析。

对于晋国这场狗咬狗的战争，以齐国为首的国家秉持这样一个原则：咬的时间越长越好。在这个原则下，要做的就是帮助弱势的一方对抗强势的一方。

第二年，也就是晋定公十六年（前496年），智、赵、韩、魏四家联军决定讨伐中行寅和范吉射。很明显，范家和中行家两家处于劣势。

穿梭外交开始，交战双方都派出使者前往各国寻求支持。

从情理上讲，各诸侯国更讨厌中行家和范家，因为这两家是最贪的，也是最傲慢无礼的。因此从情感上说，大家都希望灭掉这两家。可是，从利益上说，帮助这两家对付另外四家，以此来削弱甚至搞垮晋国，则是最好的选择。

在感情和理智之间，在心情和利益之间，大家摆得非常清楚。

支持中行家和范家，这是所有国家的选择。

晋国混到这个份儿上，悲哀啊！

齐景公、鲁定公、卫灵公、宋景公和郑声公接连举行了几次会面，商讨怎样支援范家和中行家，对抗另外四家。

大家的愿望是一致的，可是到了具体的操作层面上，问题就出来了。齐国和郑国比较坚决，卫国也还有积极性，可是鲁国和宋国就有点儿推搪了。鲁国还是"百依百顺"的意思，提起晋国来就有点儿发抖；宋国也还是那种"我们是周朝的客人"的意思，既不敢出头，又不想当跟班。

所以，商讨来商讨去，也没商讨出个结果来。

这边没结果，那边中行寅和范吉射等不及了。

"这些国家就该是受欺负的命。"两人本来就瞧不起这些国家，现在更瞧不起了。到现在，也知道靠这些国家没戏，到头来还要靠自己。

于是，两人索性起兵主动反攻，向新绛挺进。结果，四家联军在潞与中行、范两家联军进行了一场决战。决战的结果是中行家和范家大败，狼狈而逃。

四家联军随后追赶，追到百泉（今河南省辉县市境内），郑国军队前来支援中行寅和范吉射，结果双方再次交战。

不幸的是，郑国军队、中行寅和范吉射的队伍再次惨败。

顺势，四家联军包围了朝歌。

中行家和范家死守朝歌。这里是中行家的大本营，因此也是大城规模，

第一九一章　犀利哥战术

城里储备了大量的粮草。

转眼到了第二年的四月，朝歌被围了半年，情况越来越糟。

齐国、卫国和鲁国决定救援这两家，但是又不敢跟晋军正面作战，于是，三国联军包围了五鹿。五鹿原本是卫国的地盘，后来被晋国夺走，现在是赵家的地盘。

到了八月，五鹿还是拿不下来，于是三国联军又拉上鲜虞人，算是四国联军，终于拿下了晋国的棘蒲。

然而，这几个国家的小打小闹根本不解决问题，由赵简子统率的四家联军紧紧包围朝歌，根本不理会这几个国家的行动。

转眼又是一年过去，朝歌城里接近断粮。

齐国紧急准备了一千辆车的粮食，由郑国出兵护送，要把粮食送进朝歌。结果，被赵简子亲自率军在戚进行拦截。郑军的战斗力超强，赵简子在战斗中被郑军一戟打在背上，所幸穿了三层最好的甲，没有被当场砍死，但是也被打得吐血，当时就趴在了车上，大旗也被郑军夺走。好在晋军人多，最终战胜了郑军，夺走了所有的粮食。

这下好了，四家联军的粮食够吃了，围城更有信心了。

中行寅和范吉射又苦苦挣扎了一年，终于，在晋定公二十年（前492年）十月，朝歌被攻破，中行寅和范吉射落荒而逃，逃往邯郸。

拿下了朝歌，也就等于中行家和范家实际上已无法东山再起。智、赵、韩、魏四家都松了口气，但是最高兴的不是他们，而是范皋夷。

四卿开会的时候，范皋夷来了。

"四位元帅，两个叛贼已经没戏了，那什么，我的事情是不是该上会了？"范皋夷一脸媚笑，他的意思是该让他取代范吉射为卿，同时继承范家的地盘。

"你……你的什么事情？"智跞瞪了瞪眼，假装不知道。

"智元帅，这……你怎么忘了呢？就是让我取代范吉射啊！咱们不是商量好的吗?"

"是吗?"智踪装傻,然后故意去看韩不信和魏侈。

韩不信和魏侈哼哼唧唧,承认吧,不愿意;不承认吧,又是说谎,毕竟当初大家是共同起了盟誓的。

就在智踪、韩不信和魏侈无言以对的时候,赵简子说话了。

"范皋夷,你还好意思说什么取代范吉射?我们围攻三年才拿下朝歌,就是因为有内奸向中行寅和范吉射提供情报。这次攻破朝歌之后,我们从城里搜到了许多没有烧毁的情报。嘿嘿,范皋夷,大量证据证明,你就是个奸细。本来看在大家一起长大的分儿上,准备放过你。既然你自己要来找死,没办法,别怪我们不客气了。智元帅,范皋夷里通外国,出卖情报,该当何罪?"赵简子说得义正词严,最后把球又踢给了智踪。

"斩无赦。"智踪眼睛都没眨一下。

"该杀该杀。"韩不信和魏侈也在旁边说。

"来人,把范皋夷拉出去砍了!"赵简子下令。

范皋夷吓傻了,直等到被拖到了门口,才想起来破口大骂:"可恶的赵鞅,你诬陷好人,你不得好死!"

骂人是没有用的,被砍的还是范皋夷。

政治斗争中,当一个被利用的人失去了利用价值的时候,他也就失去了存在的价值。

想从实力派手中获取实利,首先要看自己有多大实力。

这是一个历史教训。

范皋夷被砍,意味着范家从六卿中正式消失。

"那什么,现在少了两个卿,是不是要补上?大家认为梁婴父怎么样?"智踪提出梁婴父来,这显然不是一个好的时机。

"不行。"赵简子脱口而出,他恨死了梁婴父,董安于的死就是因为梁婴父。之后，赵简子觉察到自己太过生硬，于是语气缓和了一些说："论功劳论实力，梁婴父都不够格啊，再说，处死了范皋夷，却让梁婴父做卿，只怕会有闲话。"

"那，你们两位看呢？"智跞转头去问韩不信和魏侈。

"我们也觉得不好，四卿就四卿吧。这些年来，六个卿里有几个干活的？"韩不信和魏侈都支持赵简子的意见，谁也不愿意再多一个人分赃。

"既然大家都这么认为，那就这样吧。"智跞同意了，实际上，这个时候他也不愿意让梁婴父做卿了。现在是朋友，谁知道什么时候就是敌人了？

这就是智跞选择这个时机的原因了。他回去可以对梁婴父说："你的事情我提出来了，可是另外三家都反对，我也没办法。"

表面上，对得起朋友；实际上，对得起自己，而且，不得罪人。

智跞，也算是老奸巨猾了。

第二年秋收之后，赵简子再次率军出征，包围了邯郸。两个月之后，拿下邯郸。拿下邯郸的第一件事情，就是把那五百户卫国移民迁移到了晋阳。

说起来，这场战争最初不就是为了这五百户移民吗？

中行寅和范吉射再次出逃，这一次逃到了鲜虞。此后，鲜虞会同齐国攻打晋国，拿下了柏人（今河北省隆尧县西南）等几块地盘，又将中行寅和范吉射送到了柏人。

赵简子没客气，发兵攻打柏人。这一回中行寅和范吉射是彻底没有了抵抗能力，直接逃到了齐国。

中行家和范家正式从晋国的版图上被抹去了。

而中行家和范家的灭亡，再次印证了那句话：谁猖狂，谁灭亡。

赵家拿到了邯郸，因为那原本就是赵家的地盘，这个理由勉强成立。

而中行家和范家的地盘，全部退回公室，收归国有。

最猖狂的两家没有了，其余的四家形成了一个新的均衡。打破这个均衡，还需要时间。那么在这段时间里，再回头看看吴国人在干什么。

395

吴王阖闾十九年，也就是中行寅和范吉射逃往朝歌的第二年。在休息八年之后，吴王阖闾决定要报个小仇。报什么小仇？讨伐越国。

吴越之间一向有怨无恩，吴国人总是欺负越国人，占了越国许多地盘。而越国人对吴国人唯一的报复就是上次吴王阖闾在郢都期间偷袭吴国。

为什么这个时候想起来找越国人报仇了？原因很简单：越王允常死了，儿子勾践刚刚继位。算起来，这是吴国人第三次趁别国国丧期间发起进攻了，前两次都是打楚国，结果是两次大败。

吴王阖闾亲自领军，率领吴国大军挺进到越国的槜（zuì）里（今浙江省嘉兴市南）。

在吴王寿梦之前，吴、越的打法是一样的，那就是群殴，打死一方为止。自从吴王寿梦到中原学习了先进文化，以及晋国人、楚国人、齐国人先后来为吴国练兵，吴国现在的打法已经完全不一样了，讲究阵形，使用车战。

吴、越两军对垒，吴军阵形整齐，号令统一，很有气势。再看看越军，就是一帮"犀利哥"，一个个破衣烂衫，东斜西倒，哇哇乱叫。

越王勾践一看，这仗没法打，一打准输。

"吴军太整齐了，准备逃命吧。"勾践实在没信心，准备逃命。

"大王，他们不就是整齐吗？不怕，派些兄弟过去，冲乱他们的阵形。"勾践手下一位叫作灵姑浮的大将提出建议。

于是，越王勾践找了几十个亡命之徒，扛着兵器就冲了过去。

吴王阖闾一看，笑了，这种"犀利哥"打法早就被吴国淘汰了，老掉牙了。

"射箭！"吴王阖闾下令。

一阵乱箭，几十名"犀利哥"就成了无名男尸。

再看吴军阵形，纹丝不动。

勾践看见，倒吸一口凉气。这次，多派几个"犀利哥"。

一百多名"犀利哥"冲上去了。

又是一阵乱箭，多数"犀利哥"成了无名男尸，还有十多名"犀利哥"冲到了吴军阵前。可是，吴军的大戟不客气，将剩余的"犀利哥"全部戳死在阵前。

再看吴军阵地，还是整齐划一。

勾践傻眼了。

"大王，我还有一个办法。"灵姑浮又来出主意。

三百名"犀利哥"站成了三排，每个人都没有长兵器，都只拿着短剑。

三百名"犀利哥"站好了队，向吴国走去。队列不算太整齐，但是还行。吴王阖闾不知道越国人要干什么，这帮人就算冲过来，这么短的兵器，无非也是找死。

所以，吴王阖闾并没有下令射箭。

三百名"犀利哥"来到了吴军阵地前，站住了。第一排中间一个"犀利哥"上前一步走，然后大声说道："两国交锋，我们违背了军令，辜负了大王对我们的期待。为此，只好以死谢罪。"

说完，"犀利哥"一剑把自己的脖子给抹了，重重地摔倒在地。

第一排的"犀利哥"们随后也把短剑架在了自己的脖子上，一起用力，都抹了脖子。整个一排"犀利哥"倒在地上。

"哇，太犀利了。"吴军看得有点儿发呆，这样的事情只在传说中听说过，自从吴国人民从野蛮走向文明之后，这样的事情就再也没见过了。

第二排，一名"犀利哥"向前走了一步。

"两国交锋……"还是那一套，然后还是抹脖子自杀。

吴国人看傻了，越国人这是根本不把自己的命当命啊！

不知不觉，两翼的吴军忍不住向前凑，去看越国"犀利哥"们表演集体自杀。

第二排"犀利哥"们又都倒下了。

第三排照方抓药，又是集体自杀。

"哎哟，越国人真野蛮。""太恐怖了，太没有人性了。"吴国人纷纷议论着。

等吴国人一边感慨一边准备站回自己位置的时候，他们却发现，越国人已经冲到了近前。

越国人冲锋是不擂鼓的，他们趁着吴国人聚精会神观看越国"犀利哥"表演集体自杀的当口，已经杀了过来。

吴军手忙脚乱，措手不及，再加上刚才受到刺激而无法专心应对，于是阵形大乱。

在凶狠和不要命的程度上，越国人比吴国人有过之而无不及。

吴军大败，吴王阖闾被灵姑浮一戟砍在脚上，当场砍掉了右脚的大脚趾，撤退到七里之外的陉地。后来，吴王阖闾竟然被痛死了。

看来，趁人国丧之机发起进攻，是不会有好果子吃的。

吴王阖闾死了，太子夫差继位，就是吴王夫差。

吴王夫差继位后做了两件事情。

第一件，提升伯嚭为太宰，主持国政。这样伯嚭的地位已经高于伍子胥。

第二件，专门布置了一个人在后宫，这个人每天只做一件事情，那就是每天站在后宫的门口，只要看见吴王夫差进出，就问他："夫差，你忘掉越国人杀了你的父亲吗？"夫差就会回答："噢，我不敢忘记。"

夫差用这个办法来每天提醒自己要为父亲报仇。

说来说去，吴国的强大，就是一部复仇史。

那么，为什么夫差重用伯嚭而不是伍子胥呢？

伍子胥是一个很骄傲的人，性子很直。他跟吴王阖闾之间不仅是君臣，还是朋友，平时说话比较随便。所以，伍子胥平时对夫差不够恭敬。而伯嚭恰好相反，他很谨慎，也很善于察言观色，祖上三代的教训让他决心要保护自己。所以，他对夫差一向很尊重，因为他知道夫差会是自己未来的主人。

其实，夫差的性格很像伍子胥，很强硬，很任性。可是，两个这样性格的人，是绝对不会相互欣赏的。

伯嚭当上了太宰，伍子胥很不高兴，他对夫差很有看法。当然，对伯嚭也有看法。

吴王夫差二年（前494年），夫差要给父亲报仇了。

吴王夫差亲领大军南下，越军无法抵挡，因此吴军一直杀到了越国会稽附近的夫椒（今浙江省绍兴市东南），在这里，吴、越两军再次决战。

两军决战，还是吴军齐整、越军杂乱。不过这一次，吴国人没有给越国人捣乱的机会。

吴王夫差下令，布阵之后，全体向后转，管你越国人表演什么，你就是大变活人，我这里也看不见。之后三通战鼓，转身冲锋。

这下越王勾践没脾气了。

吴军集团作战，战斗力极强，正面进攻，侧面包抄；而越军杂乱无章，指挥不灵，根本不是吴军的对手。一仗下来，越军除了被歼的士卒之外，其余四处奔逃，不见踪影。大将灵姑浮战死，越王勾践拼命逃回。但是，都城诸暨城小难守，勾践只能退守至会稽山。这个时候手下只剩下五千士卒。

吴军随后追到，屯兵会稽山下。

山下，吴军三万；山上，越军五千。

要守，恐怕守不了多久；要投降，可是越国人从来就不投降。

怎么办？越王勾践这叫一个愁。

下山决战，越王勾践知道那绝对就是送死。可是就这么熬，也确实不是办法。

"投降吧。"大夫文种建议。文种不是越国人，而是楚国人。这些年来勾践也在招贤纳士，因此从楚国还是有些人来投奔。

"这，我们越国人不投降的，死就死了。"勾践不同意。

"投降吧。"大夫范蠡也这么劝他。范蠡也不是越国人，也是楚国人，晋国裔楚国人。范蠡的父亲原本是晋国范家的人，因为只是旁支，在晋国混得没有前途，看到范家的架势，知道范家没什么好结果，于是就到了楚国。到范蠡长大，眼看在楚国也混不出个模样来，就去了吴国，可是在吴国也不好混，前几年知道越国招贤，就来到了越国。

对文种和范蠡这两个跨国人才，勾践一向非常看重。从野蛮到文明，从落后到先进，超吴赶楚撵齐鲁，就靠这哥儿俩了。

"投降？"看见范蠡也劝他投降，勾践没有刚才那么坚决了。

看来，投降是文明和进步的一个部分。

"对，投降。投降怕什么？当年周文王……"范蠡开始进行文明教育，讲述了几个从投降到崛起反击的故事，最后总结，"所以说，不挨骂，长不大；不投降，难称王。"

勾践听得懵懵懂懂，但是他听明白了一件事：投降，今后还有机会；不投降，就没机会了。

第一九二章

养马尝粪

吴王夫差没有发起进攻，因为他知道越国人的性格。

越国人的性格就是：大不了是个死，老子跟你拼了。

所以，吴军的策略就是：围而不攻，等越国人下山拼命。

那么，越国人会下山拼命吗？一定会。

396

出乎吴国人意料的是，越国人没有下山拼命。相反，越国人来投降了。

"咦，这不是越国人的性格啊！"不仅夫差，伍子胥和伯嚭都觉得奇怪。

等到越国的使者一开口说话，大家都明白了：哦，原来前来投降的是楚国人。

使者是谁？文种。

"大王，我家主公勾践派我文种来做使者，我们越国君臣实在不值得大王动手的，请大王允许我们投降。勾践愿意率领越国人民跟随大王，越国的女子随大王挑选，越国的宝物大王任取。简单说吧，我们投降，只要大王不灭了我们。"文种话说得低三下四、文绉绉的，一看就不是土著越国人。

"投降？"夫差反问了一句，然后没有说话。他有些犹豫，他知道越国这样的国家，你要消灭它并不容易，而且只要你不消灭它，越国人就会跟你对抗到底，非常难缠。实际上，夫差怎样看越国人，就像楚国人当初怎样看吴国人。吴国人要想过安定日子，最好是让越国人投降。可是，就这么让他们投降，是不是太便宜他们了？

没有等夫差想明白，伍子胥大声说话了：

"不行，不能答应他们，我听说'树德莫如滋，去疾莫如尽'，意思是培养好的品德务求日益增多，消除祸害务求坚决彻底。从前夏朝的时候，过国灭了夏朝，可是夏朝国君后相的夫人生了一个遗腹子少康，结果少康长大之后灭了过国，恢复了夏朝。越国人很难缠的，勾践又很爱民很能吃苦，这次放过他，他总有一天会向我们复仇的。"

伍子胥说完，也不待夫差说话，转头喝令文种："你滚回去吧，告诉勾践，我们不接受投降。"

文种看看夫差，夫差向他摆摆手。

文种失望地走了。

夫差有点儿不高兴，他感觉伍子胥没有把自己放在眼里。

文种带回了坏消息。

"算了，不就是个死吗？我们把老婆孩子都杀了，下山去跟他们拼了，多杀一个算一个。"勾践听说吴国人不准投降，准备下山拼命。

"大王，且慢，实在没办法了再拼命啊，现在还有办法可想，别急。"范蠡急忙拦住了勾践，他在吴国也待过，因此对于吴国的情况也比较清楚，"我知道夫差并不信任伍子胥，他比较信任伯嚭，伯嚭这人很贪财。文种再辛苦一趟，咱们收拾点儿财宝，你悄悄给伯嚭送去，让他去跟夫差求情。"

文种收拾了些财宝，二次下山，找到了伯嚭。礼物献上，伯嚭非常高兴。坐下来一聊，两人都是郢都人，正宗老乡。老乡见老乡，两眼泪汪汪，就用楚国话交谈起来。

"行了老乡，这事情包在我身上了。"伯嚭应承下来，也不知道是看在财宝的分上，还是看在老乡的面子上。

得了贿赂，伯嚭带着文种去见吴王夫差。

"大王，还是让越国人投降吧。你想想，要称霸，就不要随便灭别人的国家，当年齐桓公灭了谁了？再说了，越国人还有五千精兵，那要真拼起命来，说实话，咱们少说要搭进去一万条人命，何必呢？"伯嚭早就想好了说辞，他知道夫差有称霸的雄心，因此拿出齐桓公来说事。

"嗯，太宰说得有道理。"夫差点了点头，可是没等夫差再说下一句话，伍子胥又开口了。

"大王，不能答应他们。吴、越两国山水相连，夹在三江之中，低头不见抬头见。所以，吴、越两国必有一亡。我听说'陆人居陆，水人居水'，咱们能够战胜中原国家，但是没法在那里生活；而越国不一样，他们也是山水国家，我们能占他们的地，能撑他们的船，那为什么不灭了他们呢？"伍子胥的话是真有道理，虽然说得有些急。

夫差瞪了伍子胥一眼，他很不喜欢这样的感觉。原本，他还在权衡利弊，可是现在，他决定了，他决定不听伍子胥的，要让伍子胥看看谁才是老大。

"文种，回去告诉勾践，我们接受你们投降。"夫差对文种说。

"大王……"伍子胥急了，喊出声来。

"我已经决定了，不必再说了。"夫差冷冷地说。

文种跪地谢恩。

伍子胥站起身来，一甩袖子，转身出去了。

伍子胥一边走，一边气哼哼地说："越国人用十年休养生息，再用十年练兵，二十年之后，吴国就会成为废墟了。"

声音很大，夫差听得非常清楚，他的脸色变得非常难看，嘴嚅动了一下，最终没有说出话来。

伯嚭摇了摇头，心想：子胥啊，还是没有接受教训啊。

越国投降，国家保住了。

但是，投降也没有那么简单。夫差不是傻瓜，伯嚭也不是傻瓜。

作为投降的条件，勾践夫妇必须前往吴国做吴王夫差的奴仆。

"那，那还不如跟吴国人拼了。"勾践无法接受这样的条件，自己堂堂国君，竟然要沦为奴仆，他对范蠡说，"范先生，你经常说士可杀而不可辱，我，我比士还高几级吧？"

范蠡笑了，这话他确实说过。

"大王，您不是士啊！一个士，死了也就死了。可是您不一样，您是一国之主，整个国家要靠您，您不是自己的，您是这个国家的，所以，您一定要忍辱负重。"范蠡随后又开始讲故事，一通故事讲完，勾践又听得云里雾里。

不管怎样，勾践接受了投降的条件。

带着越国的财宝和美女，吴军撤军了。

勾践得到了三个月的安排后事的时间，三个月后，他将北上吴国，给吴王夫差当奴仆。

三个月很快过去，勾践要北上为奴了。他也不想过去，可是那样必然再次招来吴军，到时候连投降的机会都不会有。所以，只能去。

"范先生，我去吴国了，太子还小，越国就拜托先生了。"勾践嘱托范蠡，让他留在越国辅佐太子。

"大王，行军打仗，出谋划策，文种不如我；但是治理国家，使百姓亲附，我不如文种。我跟大王去吴国，让文种辅佐太子吧。"范蠡说，他选择去吴国做奴隶。

于是，勾践夫妇带着范蠡，乘船北上吴国了。

想到将要为奴，勾践的心情十分糟糕，他独坐船头，一言不发。

突然身边传来阵阵歌声。这个时候，还有谁会唱歌？夫人。唱的什么歌？悲歌。

歌词是这样的：

"彼飞鸟兮鸢乌，已回翔兮翕苏。心在专兮素虾，何居食兮江湖？徊复翔兮游飏，去复返兮于乎！始事君兮去家，终我命兮君都。终来遇兮何幸，离我国兮去吴。妻衣褐兮为婢，夫去冕兮为奴。岁遥遥兮难极，冤悲痛兮心恻。肠千结兮服膺，于乎哀兮忘食。愿我身兮如鸟，身翱翔兮矫翼。去我国兮心摇，情愤惋兮谁识？"

不用翻译，就能看出有多么悲伤凄凉。

"别唱了。"勾践大声喊了起来，然后一把抱住夫人，两人抱头痛哭起来。

寒江，孤舟，悲声，清影。

此情此景，或许要用李清照的《武陵春·春晚》来形容了：

风住尘香花已尽，日晚倦梳头。物是人非事事休，欲语泪先流。

闻说双溪春尚好，也拟泛轻舟。只恐双溪舴艋舟，载不动许多愁。

勾践夫妇来到吴国，晋见吴王夫差。

"东海贱臣勾践，承蒙厚恩，得保须臾之命，不胜仰感俯愧。臣勾践叩头顿首。"勾践跪在夫差面前，声音有些发抖，不是害怕，是伤心。

夫差笑了笑，他喜欢这样的感觉。

"大王。"没有等夫差说话，有人说话了，夫差皱了皱眉头，不用看，他知道说话的只能是伍子胥，"鸟飞于天，我们还要拿箭去射它。如今到了院子里，这机会还要放过吗？勾践如果流窜到山里，想抓可就难了，如今自己送上门来，杀了他。"

勾践一听，浑身发毛，弄来弄去，这是吴国人的诡计啊？

"嗯，人家讲信用，说来就来了。如果我们不讲信用，今后怎么称霸各国？咱们不能跟晋国一样啊。"夫差瞥了伍子胥一眼，表示反对。

"是啊是啊，子胥不要只看到眼前，眼光要看远点儿啊！"伯嚭在一旁附和。

伯嚭不说话也就罢了，他一说话，伍子胥就气不打一处来，指着伯嚭的鼻子喝问："伯嚭，你给我住口！想当年你可怜兮兮来到吴国，要不是我极力推荐，你能有今天？现在你只管贪污受贿，不顾国家利益，你就是吴国的费无极。"

伯嚭摇摇头，苦笑一下，没有说话。

"伍子胥，一码归一码，说那些有什么意思！越国人投降的时候，你不是说越国人不守信用，勾践肯定不会来吗？现在人家来了，你又要杀人家。不来是不讲信用，讲信用你又杀人家，这跟蛮夷有什么区别？啊，对了，明天上朝的时候，大家都把帽子戴上。"夫差站在了伯嚭这一边，说得伍子胥连声叹气，无话可说。

可是，戴帽子是怎么回事？

原来，吴国虽然从寿梦开始学习中原文化，但是主要还是军事和农耕方面。

后来伍子胥和孙武来到吴国，也都是集中于军事目的。伍子胥修建阖闾城，算是一大进步。但是，中原国家的礼仪制度、官职等始终没有被引进。

夫差对伍子胥不满，很大一部分原因就是认为伍子胥在吴国就是为了报私仇，对吴国国内发展的贡献不大。

而伯嚭与伍子胥出身不同，其家族来自晋国，而且爷爷伯州犁是楚国

第一九二章　养马尝粪

太宰，在礼仪制度方面是楚国的权威。因此，伯嚭对中原礼仪不仅了解更多，也重视更多。夫差还在做太子的时候，两人就经常谈论中原的礼仪制度。

到夫差继位，一门心思都在向越国报仇。现在征服了越国，夫差决心开始礼仪制度改革。而第一项就是戴上帽子。

这个时候夫差提醒大家戴帽子，除了戴帽子本身之外，还有三层意思。第一，伯嚭是改革礼仪的设计师，今后大家听他的，而不是听伍子胥的；第二，咱们现在是文明人了，文明人要讲信用；第三，越国人是蛮子，要让蛮子看到他们跟文明人的区别。

这项举措，简称为"戴帽子工程"。

397

勾践在吴王夫差这里得到了一份新工作：养马。

居住条件不是太好：一间小屋，石头砌成的。

家私也不是太好，或者说根本就没有，地上铺着草，就这么睡。

简单地说，现在勾践的待遇就是下等奴役的待遇。

每天勾践夫妇和范蠡干的活就是养马，给马喂草喂水，收拾马厩，而且随时有人看管。至于吃的，都是宫里的剩饭剩菜。

"唉，早知道，还不如当个农民，至少还有自由，还能自己弄几顿饭吃。"勾践常常在半夜对着星星暗自感慨，屋顶有几个大窟窿，可以看见星星。

三个人住在一个小石屋里，勉强能够躺下。

这样的生活，什么时候是个头呢？

转眼，三个月过去。对于勾践来说，这三个月比三十年还要漫长。

吴王夫差召见越国人，于是越王勾践夫妇和范蠡来见。勾践夫妇跪在夫差面前，不敢抬头，范蠡则站在他们的身后。

"范蠡，我听说好女人不嫁到破败的家庭，好男人不去灭绝的国家做官。现在越国几乎亡国了，你和勾践沦为奴隶。我现在想赦免你的罪过，来跟我干吧。"夫差看上了范蠡，要他弃越从吴。

勾践不敢抬头，他看不到范蠡的脸色。不过他相信范蠡一定会答应夫差，换了自己，一定会的。

"臣闻亡国之臣，不敢语政，败军之将，不敢语勇。"(《吴越春秋》)范蠡首先贡献了"败军之将不敢言勇"这个俗语，然后态度坚决地说，"我现在是罪有应得，多谢大王的恩德，不过我还是愿意跟勾践一起服侍大王。"

出乎在场所有人的意料，范蠡拒绝了。

"既然这样，你还住回你的小屋去吧。"吴王夫差略略有些恼火，心说：这范蠡有点儿给脸不要脸了。

"多谢大王。"范蠡说。他并没有失望。

时间真快，又一转眼，三年过去了。

三个春夏秋冬，勾践夫妇和范蠡就在小石屋里度过。每天干同样的活儿，吃同样的饭。冬天来了，把地上的草铺厚一些；下雨的时候，用草盖住屋顶的洞。

三年过去，三个人都成了养马的高手。

三年时间，文种每隔三个月就派人到吴国来打探勾践的消息，同时给伯嚭送来礼物和美女。

三年时间，吴王夫差似乎已经忘了自己这里还有三个特殊的奴仆。

这一天，吴王夫差在后宫的高台上望向马厩，看见三个人一丝不苟地喂马，他们的动作很娴熟，配合得很默契，而且相处得非常和谐。

"这几个养马的是什么人？"夫差觉得很奇怪，问身边的伯嚭。

"勾践啊。"伯嚭回答。

"噢，是勾践。看上去，养马养得不错啊。"夫差说道，随后感慨，"唉，人生有几个三年啊！他们也不容易。"

"是啊，大王，他们已经从心里顺服了。我看，放了他们算了。"伯嚭趁机提出建议，拿人手短，越国人的礼物源源不断，自己都不太好意思了。

"好，那就赦免他们。"夫差同意了。

吴王夫差要赦免越国人的消息很快传了出来。

有两个人非常着急，一个是勾践，另一个是伍子胥。

"范先生，我听说吴王准备释放我们了，可是，会不会只是心血来潮说说呢？"勾践偷偷地问范蠡，他既期盼又紧张。

"一定会的，三年我们都熬过去了，怕什么？"范蠡安慰他。

另一边，伍子胥去找夫差了。

"大王，俗话说：斩草不除根，春风吹又生。所以，我能向楚国报仇，大王能向越国报仇。如果放了勾践，他就能向我们报仇啊！"伍子胥果然是来说这个的。

夫差原本还在犹豫是不是放勾践，如今伍子胥来说这些，反而当即做了决定。

"照你这么说，世上就没有俘虏了。我听说齐桓公、晋文公、楚庄王称霸，也没听说他们杀了哪个国家的君主啊！你别管了，我决定了。"夫差一点儿也不给伍子胥面子，他越来越觉得这个老家伙很讨厌。

当令人讨厌的老家伙伍子胥走了之后，夫差下令："让勾践他们明天来见我。"

勾践心潮澎湃，久久不能平静。

三年了，三年非人的生活，三年没有尊严的生活。现在，希望来了，回家的希望，自由的希望。

夫人也按捺不住心头的喜悦，她用草绳把自己的头发拴出一个花样，美滋滋地想象着自己的模样。不过随后她把草绳撤了下来,她担心自己收拾得太漂亮了,明天夫差会打她的主意。

只有范蠡不动声色,他觉得事情没有这么简单。

第二天,太阳照样升起。

勾践夫妇和范蠡依然去喂马,然后等待着有人来领他们去见吴王夫差。

可是,没有人来领他们。一直到天黑收工,也没有人来。

晚上,月亮也照常升起。

勾践失眠了,夫人也失眠了。

人之所以会从失望走到绝望,是因为中间曾经有希望。而希望破灭之后,失望就升华为绝望。

勾践哭了,夫人也哭了。

范蠡没有哭,因为他没有绝望。

第一九三章

卧薪尝胆

吴王夫差为什么临时改变了主意？

忘了？听了伍子胥的劝告？还是其他什么原因？

勾践在猜想，做了各种假设。

直到一个月之后，他才知道了原因：吴王三个月前就生了病，而在原定接见他们的那一天早上，病情突然加重。而且，一直到现在还没有好。

"要是我能治他的病就好了。"勾践在马厩里想，看着眼前的马，他突然眼前一亮。

398

勾践央求看守他们的人向夫差提出请求，请求看望大王。

层层转达之后，夫差竟然同意了勾践的请求。

这一天勾践来到了夫差的卧室。

"大王贵体欠安，勾践忧心如焚啊！"勾践跪在夫差床前，深情地说，还挤出几滴眼泪。

夫差看了，倒有点儿感动起来，这么多大臣，还没有人做到这一步呢。

"难得你来看望我。"夫差有气无力地说，也不知道自己这是什么怪病，总之治了三个月，就是不好。

勾践还要说话，突然夫差向内侍说："拿盆来，大便。"

内侍急忙拿来了盆，两个内侍扶着夫差起身，下了床，就在床边解了大便，然后再扶上床去了。

一个小内侍端着便盆就要出去，勾践急忙说："且慢，让我看看，我能看出大王的病来。"

小内侍显然有点儿吃惊，不敢擅自做主，去看夫差。

"噢，你能看出来？"夫差也觉得奇怪。

"我从前学过医。"勾践说。但实际上他没有学过医。

"好，给他看看。"

便盆就放在勾践的面前，一股粪臭扑鼻而来。勾践仔细看了看，然后凑近了用鼻子狠狠地嗅了嗅，恶臭，带着酸味。

换了别人，就该吐出来了。好在勾践常年在马厩工作，而且住处也是常年恶臭，此时还能忍受。

下一个步骤，难度更大了。

勾践皱一皱眉头，做出一副若有所思的样子来，随后毫不犹豫地用两个手指伸进了便盆，捏起一块大便来。

内侍们捏着鼻子，好奇地看着。夫差用胳膊撑起半个身子，也在好奇地看着。

勾践把那块大便放在鼻子边上闻了闻，之后又放在了嘴边，伸出舌头舔了舔。

所有人都看得目瞪口呆，勾践竟然尝了夫差的大便。

勾践点了点头，似乎从大便中发觉了什么。之后他把大便放回了便盆中，又用一个指头蘸了一些小便,然后放进嘴里嘬了嘬。

勾践强忍住没有呕出来,为了这一天,他已经吃过马粪喝过马尿了,不过夫差的粪尿显然比马的要臭也更恶心得多。

勾践煞有介事地点了点头,然后抬起头来,很真诚地说:"恭喜大王贺喜大王,大王的病已经在好转了,不出半个月,必然痊愈。"

夫差瞠目结舌,这世上竟然还有人靠亲尝粪尿诊病的?这医生岂不是很辛苦?

"勾践,你怎么看出来的?还是,尝出来的?"夫差问。

"大王,医者讲究的是望闻问切,其实,还有一个'尝'字,只不过没人愿意尝,所以就不提了。我的老师就教过我怎样尝:'闻粪者顺谷味,逆时气者死,顺时气者生。今者臣窃尝大王之粪,其恶味苦且酸楚,是味也,应春夏之气。臣以是知之。'(《吴越春秋》)"勾践说了,粪的味道跟粮食的味道相搭配,如果与时气一致,那就没什么问题;如果跟时气相反,那就快死了。今天很荣幸尝了尝大王的粪便,味道苦而且酸,这个味道就是春夏的味道。现在正好是二月末。所以啊,大王您就快痊愈了。

"嗯,不错不错。"夫差很高兴,也很感动,就是亲儿子也不会尝自己的粪啊!

夫差当即下令,给勾践改善住宿环境,从石屋搬到了一个大套间,有床有被,勾践两口子睡里面,范蠡睡外面。

勾践回到马厩就吐了,吐得苦胆绿都出来了。

夫人和范蠡都来问怎么回事,勾践说了一遍,夫人哭了,范蠡面色有些凝重起来,他现在对勾践更有信心,但是,也更担心了。

那么,为什么勾践想到了这个法子呢?因为养马启发了他,养了三年马,他已经能够从马的粪便形态来判断马的身体状况。

也不知道是勾践的尝粪诊法真的很灵,还是命中注定勾践能够回国,半个月后，夫差的病如期痊愈了。

夫差高兴，在文台设宴，招待大臣们。同时，特邀勾践和范蠡参加。

伍子胥原本高高兴兴来赴宴，看见勾践也在，转身就走。

"子胥，子胥。"伯嚭叫了两声，伍子胥头也不回，走了。

夫差面无表情，毫不在乎。

"哈哈，子胥这人，大概是觉得这几个月也没给大王出上力，心存惭愧，所以走了。唉，自尊心太强了。"伯嚭打了个哈哈，找了个台阶。

"也许是吧。"夫差接话，然后命令开席。

宴席上，夫差高兴，给大家讲了勾践的尝粪诊法，大家一阵唏嘘。

"太神了，有时间也教教我们，以后也可以为大王诊病了。"有几个大夫觉得这是拍马屁的好法子，纷纷表态要学。

趁着夫差高兴，勾践和范蠡现场大拍马屁，无非是祝吴王身体健康，万寿无疆，人民幸福，国家富强之类的套话。

当晚，尽欢而散。

第二天，伍子胥去找夫差了。

看见伍子胥，夫差就有些心烦，心说：这老东西怎么这么讨人嫌？

"大王，勾践不是好人哪，伯嚭就是奸臣哪，你千万不要听他们的，千万不要放勾践回国啊，大王要迷途知返啊！"伍子胥说得语重心长。

"伍子胥啊，你说你，我病了三个月，你什么时候来关心过我？什么时候给我送过好吃的？可是你看看人家勾践，虽然从前跟我们作对，可是后来全心全意投降我们，美女送过来，宝物送过来，亲自来当奴仆，这也就算了，我病了，人家用尝粪诊法给我看病，亲自尝我的屎尿，这样的忠心，你有吗？你一直劝我杀了他，幸亏没听你的，我怀疑你是跟他有什么私人恩怨。再说了，你总说人家伯嚭如何如何，可是人家在我面前从来没说过你的坏话，人跟人的境界咋就差这么远呢？你啊，回家凉快去吧。"夫差没有给伍子胥留情面，一番话，直接将伍子胥赶走了。

夫差决定，立即释放勾践。

勾践走的那一天，吴王夫差亲自送出蛇门。

"保重啊，不要背叛我们。"夫差叮嘱。

"大王，永生永世，不敢忘记大王的恩德啊！"勾践动情地说，心说：我永远也忘不了你臭屎的味道。

两人依依不舍，送别而去。

"唉，好人哪！"夫差感慨，像送走了自己的兄弟。

勾践登船而去，船到越国境内，看到自己的大好河山，勾践忍不住放声大哭起来。

399

回到故乡，回到故国，回到自己的大床。

勾践感慨万千，万千感慨，汇成两个字："报仇"。

"我要报仇。"勾践对范蠡说。

三年的共同养马生涯，三年的同室而卧，勾践对范蠡有一种特别的亲近和信任："告诉我该怎么办？"

"很简单，伍子胥都已经告诉我们了。"范蠡说。

"怎么，伍子胥告诉你了？"勾践惊诧，难道伍子胥是我们的卧底？

"不错，伍子胥说过，我们十年生聚，十年教训，二十年就可以灭掉吴国。"

"二十年？太长了吧？"

"不长，从现在开始，大王祈祷夫差不要死得太早吧。"

"那伍子胥还教给你什么？"

"吴国伐楚，第一件事就是修建都城。如果我们有坚固的都城，也不至于一场败仗就要投降。"

"好,你来操办一切。"

范蠡,现在是越国复兴的主要负责人。

特别要提出,这个时候越国沦为吴国的属国,因此,越国虽然没有被灭,但是地盘都变成了吴国所封,吴王夫差只封给了越国一百里地。按《国语》记载,越国此时的地盘为"南至于句无(今浙江诸暨),北至于御儿(今嘉兴),东至于鄞(今宁波),西至于姑蔑(今浙江省衢州市衢江区),广运百里"。

那么,原先属于越国的地盘呢?要么被吴国夺走,要么处于三不管状态:吴国无力管,越国无权管,当地无人管。

以区区几百里的地盘,越国这个时候只能继续装孙子。

范蠡把越国都城从诸暨搬到了会稽,新都城分内、外两城。内城周长一千一百二十二步,一圆三方。外城故意不筑西北角,象征臣服吴国,吴军随时进入。自然,这是用来忽悠吴国人的。

修建都城仅仅是一个方面,更重要的是实施积极的人口政策,也就是春秋越国版的鼓励生育政策。

来看看越国的鼓励生育政策:壮年男子不准娶老妇,老年男子不准娶壮妻。姑娘十七岁还不嫁人,她的父母就要论罪;小伙二十岁不娶妻,他的父母也要论罪。

有要生孩子的报告上去,公家派医生看护。生了男孩,赏两壶酒,一条狗;生了女孩,赏两壶酒,一头小猪。生三胞胎的,公家提供奶妈;生双胞胎的,公家供给食物。

嫡子死了,免除三年徭役;庶子死了,免除三个月的徭役,而且勾践一定亲自哭着参加埋葬,像对待自己的儿子一样。

除了积极的生育政策,还有养老福利政策和人才吸引政策。

凡是鳏夫、寡妇、有病和贫弱的家庭,由公家供给其子女生活费用。

第一九三章 卧薪尝胆

对那些有才干的人，提供给他们整洁的住房，给他们穿好的，吃好的，让他们切磋磨炼以崇尚正义。对各地来投奔的士人，一定在庙堂里以礼接待。勾践还坐着装载粮食和肉的船出行，遇到流浪的年轻人，给吃给喝，记下姓名安排工作。

勾践以各种方法折磨自己，让自己时刻不忘在吴国所受的侮辱和痛苦。他怎样折磨自己？来看看两种版本的说法。

按《吴越春秋》："越王念复吴仇非一旦也，苦身劳心，夜以接日。目卧，则攻之以蓼；足寒，则渍之以水。冬常抱冰，夏还握火。愁心苦志，悬胆于户，出入尝之，不绝于口。中夜潜泣，泣而复啸。"

简单翻译：勾践日夜想着报仇，困了，就用蓼叶刺激自己的眼睛；脚冷，就用更冷的水去泡。冬天经常抱着冰，夏天总是烤火。门口挂着苦胆，进出都尝一下。半夜经常哭泣，哭完了还对天长啸。

基本上，《吴越春秋》比较夸张，勾践自己神经衰弱也就罢了，估计把后宫所有人都要弄成精神病。

按《国语》："吴既赦越，越王勾践返国，乃苦身焦思，置胆于坐，坐卧即仰胆，饮食亦尝胆也。曰：'汝忘会稽之耻邪？'"

简单翻译：勾践苦思冥想怎样报仇，座位上挂了一个苦胆，时常尝一口，吃饭的时候也要尝一口。经常对自己说："你忘掉了会稽投降的耻辱了吗？"

基本上，《国语》比较真实。

卧薪尝胆，这个成语就出自这里。

除此之外，勾践亲自下地干活，夫人亲自织布。不是自己种出的粮食就不吃，不是夫人亲自织成的布就不穿。同时，宣布整整十年在国内不收赋税。

看得出来，勾践复仇的决心远远大于当初夫差复仇的决心，同样也大于伍子胥复仇的决心。

对内，勾践苦心经营，卧薪尝胆。对吴国，还要继续装孙子，拿出养马尝粪的精神来。

勾践先后向吴王夫差进贡"葛布十万，甘蜜九党，文笥七枚，狐皮五双，晋竹十艘"。同时也继续贿赂伯嚭，结果吴王夫差一高兴，把越国的封地增加到八百里；再一高兴，把越国原来的地盘全部还给了越国，于是越国的地盘超过了一千里。

勾践很努力，但是仅仅有努力是不够的。

两年过去，越国的变化不算太大。

"大王，这样下去，报仇大概要五十年了。"范蠡对勾践说。

"什么？只怕我也活不了五十年了。"勾践瞪着眼说，有点儿急了。

"这样下去不行。"

"那，那怎么办？我都自己下地种田了，还天天尝苦胆，这都不行，我，我可怎么办啊？"勾践哭丧着脸说。他有报仇的决心，可是真没有办法，范蠡这么说，让他有些绝望。

"大王，有一个人很有才能，不妨请他来给大王出出主意。"范蠡这人这点好，提出问题的时候，多半有了解决问题的方法。

"快请来。"勾践迫不及待地说。

计然，范蠡介绍的这个人叫计然。

计然也不是越国人，是蔡国人，不过，他是晋文公的后人，晋国公子都流落在外国，计然的祖辈就到了蔡国。计然原本姓辛，字文子，博学多才，天文地理无所不通。不过此人性格内向，酷爱山水，不求功名。从蔡国到越国，也不过是游山玩水。恰好遇上了范蠡，两人一交谈，范蠡大吃一惊，知道这是一个真正的人才，比自己还厉害的人才。

所以，范蠡把他推荐给了越王勾践。

"先生请坐,您就是计……计然?"勾践说话有一点儿结巴,为什么?不是因为忘了尝苦胆,而是觉得眼前这个人不像是个有学问的人。

这也难怪,计然这人外貌平平,甚至看上去有些木讷。

"是。"计然话不多。

勾践没有再说话,他对计然很失望。这也难怪,范蠡平时滔滔不绝,这与计然的沉默截然不同。

"大王,计然先生大智若愚、外讷内秀,有什么问题,大王尽管问。"范蠡看见勾践犹豫,赶紧说。

见范蠡这样说,勾践总算对计然有了一点儿信心。

"计然先生,我回国已经两年,为了国家的强大,我卧薪尝胆,甚至自己下地种田,老婆亲自织布。可是为什么不见什么成效?请先生教我。"勾践开始提问。

"大王错了,你亲自种地,不会比老农收获得多;夫人亲自织布,也不会比农妇织得好。你们这样做,不过是做一时的榜样,遇上天灾,就什么用也没有了。所以,大王要做大王应该做的事情,你应该去了解这个世界的规律,应时而动,才能让百姓富裕、国家强大。"计然不拐弯抹角,直接开始批评。

勾践一愣,再一想,竟然有豁然开朗的感觉。

"计然先生,您真是一席话点醒梦中人,继续啊。"勾践来了精神,说话也客气了很多。

一旁,范蠡一边点头,一边也聚精会神地听。

"夫兴师举兵,必先内蓄五谷,实其金银,满其府库,励其甲兵。"(《吴越春秋》)计然开始了,他说首先要做的事情是有足够的粮食储备。我们要藏富于民,税赋要低。可是,大王免了税,为什么百姓还是不富有?粮食还是没有储备?因为免税是错误的。

勾践眨眨眼,觉得有点儿不可思议。范蠡也眨眨眼,思考着。

"如果向百姓收取二十石粮食以下的税，百姓就不会努力种粮，因为不用努力就够吃了；向商人收取九十石粮食以上的税，商人就无利可图，就不会经商了。所以，税赋应该在三十石到八十石之间，这样农民就必须努力种田，而商人有利可图，就会经商。那么最后，农民的收入增加了，商人的利益增加了，国家的粮食库存也增加了。"计然说到这里，勾践眼都直了，茅塞顿开。

"我怎么就不会这么思考问题呢？"范蠡喃喃自语，对计然十分佩服。

"种地不是傻种，要懂得自然的规律。月亮每十二年为一个周期，进行周期性循环时，大地万物也会随之变化……自然的周期是每隔六年一次丰收，每隔六年一次持平，十二年一次饥荒。如果处理不好，人民就会对您的统治没有信心，离您而去。古代的圣人由于能早早预知自然界的变化，所以预先做好准备……"计然侃侃而谈，都是勾践从来没有听说过的道理。

哇，从前以为有没有文化都一个样，现在看来真不一样。勾践在心里说，从此对中原文化有了憧憬。

"越国国土狭小，如果单靠种地，恐怕很难富足。但是，我们越国的位置处在吴国、楚国和百越之间，这是三个完全不同的国家，我们如果经商，那将是快速致富的方法。"计然说起了经商，范蠡瞪大了眼睛，他也对经商很感兴趣。

"旱则资舟，水则资车，物之理也……以物相贸易，腐败而食之货勿留，无敢居贵。论其有余不足，则知贵贱。贵上极则反贱，贱下极则反贵。贵出如粪土，贱取如珠玉，财币欲其行如流水……"（《史记》）计然说了一通原理，又举了几个例子，范蠡细心地记录下来。

"先生，那，具体点儿，我们该怎么做？"勾践探出头去，两眼盯着计然，急急地问。

"好，我有七条经商策略，按照这七条去施行，应该可以帮助大王早日复仇成功。"计然说，还是那么不急不慢的样子。

第一九三章　卧薪尝胆

"先生等等,我叫人记录下来。"

勾践生怕忘了,要喊人来记,旁边范蠡急忙说:"大王,不要叫人了,我在记呢。"

勾践这才发现范蠡在记,笑了笑。

计然七策是中国历史上最著名的经商法则,按理说大家应该记住。

可惜的是,失传了。

《史记·货殖列传》中,计然的出场在管仲之后为第二位。而以经商而言,计然应该排在第一,中国商学的祖师爷非计然莫属。后来范蠡运用计然的商学原理经商,富甲一方,成为中国历史上最著名的商人陶朱公。

"计然之术""计然之策"是两个应用不太多的成语,意思是发财的办法,这两个成语,就是来自计然七策。

至今,在浙江省宁波市江北区慈城镇黄山村的计家山下,有一计然泉,想发财的人不妨去讨口水来喝。

第一九四章

折腾和被折腾

计然七策,让勾践和范蠡大开眼界。

"计先生,你太有才了,你来替我管理国家怎么样?"勾践这时候已经是计然的铁杆粉丝了,立即发出邀请。

"大王,我这人经商还行,别的不行。行军打仗、外交辞令、设计谋划、当机立断,这些范蠡最有能力。管理国家、安抚百姓,这些方面,文种最在行。所以,大王应该跟他们多沟通。"计然很谦虚,也很实在。

计然的话,让勾践想起范蠡当初的话来。从那以后,计然、范蠡与文种成为越王勾践最倚重的三个人。

"计先生,觉得大王怎样?"从勾践那里出来,范蠡问。

"坚韧不拔,一定会成功。不过,长颈鸟喙(huì,鸟兽的嘴),可与共患难,不可与共荣乐。"计然淡淡地说。

范蠡点了点头,没有说话。

400

历史往往没有想象中那么复杂，但是也没有传说中那么简单。

吴王夫差之所以接受越国的投降，还有一个很重要的原因：全力对付楚国。

就在夫差讨伐越国的同时，楚国人就已经重新向吴国人发起了挑衅。

楚军出动，包围了吴国的属国蔡国，在蔡国首都四周修筑了高两丈的隔离墙。九天之后，蔡国投降。

楚军命令蔡国迁到楚国境内的长江和汝水之间，由于担心吴军来救，先行撤军了。

吴军从越国回来，夫差决定以牙还牙，于是出兵讨伐楚国的属国陈国。吴国没有能够拿下陈国，只是抢掠了一番，就回国了。

第二年，吴军出兵前往蔡国，将蔡国搬迁到了吴国边境的州来。所以，州来之后改名为下蔡。

吴王夫差七年（前489年），释放了勾践之后，夫差再次出兵伐陈。这一次，楚昭王亲自率领楚军救援陈国。不过，楚昭王病死在军营，楚军撤军。而吴军因为粮草不继，也撤军了。

"明年咱们再攻打陈国，一定要拿下来。"回到吴国，夫差发誓要拿下陈国。

"不，大王，不要再打陈国了。"伯嚭提出反对意见，这让夫差有点儿惊奇，因为伯嚭一向都是无条件支持他的。

"为什么？"

"陈国是个小国，我们拿下它也没有什么好炫耀的，而拿不下它，就会很丢人。所以，没必要再打它。"

"不打它，那我们干什么？"

"我们要称霸啊！我们这么强的实力，不称霸对不起自己啊！"

"说得对。"夫差来劲了，称霸是他早就有的想法，不过一向没有多大信心，也没有想太深，如今伯嚭说出来，正中了他心头那块痒痒肉。

"大王，要称霸，就不能跟陈国这种小国家纠缠，甚至没必要跟楚国这类半野蛮国家计较。要记住啊，咱们吴国是周朝正宗，咱们要让中原诸侯服气，楚国、越国这样的蛮子国家服不服其实没关系。所以我建议，咱们的眼光放到北面，挺进中原。"伯嚭看夫差的表情，知道自己揣摩对了夫差的心思。

"那，先打谁？"

"咳，不一定就要先打谁啊。鲁国就在咱们北面，一向跟咱们关系也不错，这样咱们先去趟鲁国蹚蹚路。"

"那，你安排一下吧。"果然，夫差对这个建议很感兴趣。

所以，提反对意见并不可怕，关键是要投其所好。

安排这样的事，伯嚭很在行。

吴王夫差七年夏天，吴国大军北上，驻扎在吴国北部边界。随后，伯嚭派出特使前往鲁国。

"邀请我们大王来做客吧？"吴国特使对鲁国国君鲁哀公说。

"那，那就邀请吧。"没办法，鲁哀公只好邀请吴王夫差在曾地会面。现在哪个国家都能得罪，只有吴国得罪不起。

吴王夫差就这么被邀请到了曾地。

"你们要用百牢的享礼招待我们大王。"伯嚭提出要求。牢就是祭祀用的牛、羊、猪，百牢就是牛、羊、猪各一百头。

鲁国人一听就傻眼了，因为即便是周天子，也只能享受十二牢的享礼。

"那,超过标准了吧？"鲁国人解释了一遍,他们为吴王准备的是十二牢，以为已经够意思了。

其实，不用解释，伯嚭早就知道。正因为知道，他才要求百牢，要让夫差高兴。

"超什么标准？以为我们什么都不懂啊？当年范鞅在你们这里享受了十一牢，以为我不知道？他能享受十一牢，我们大王怎么不能享受百牢？"伯嚭强词夺理。

没办法，鲁国人只好答应用百牢来招待吴王夫差。

这就够了吗？伯嚭还要继续耍威风。

"那什么，你们的执政季康子怎么不来啊？瞧不起我是吗？"伯嚭还要让夫差看看吴国的威力。

"那，那什么，他，害怕。"孔子的弟子子贡回答，他是季康子的家臣，替主人找了个借口。

"我们又不是蛮子，怕什么怕？叫他来。"伯嚭不依不饶。

没办法，季康子也只好来了。

吴、鲁之会，吴王夫差感觉很爽。

"太宰，还是你博学多才，要不然，就算咱们实力强，也要被他们忽悠了。"回到吴国，吴王夫差夸奖伯嚭。

"大王，这不算什么，咱们慢慢折腾他们。"伯嚭很得意，他在想：要是我祖爷爷、我爷爷、我伯父像我这样把国君哄得高高兴兴，何至于被杀啊？

吴王夫差从鲁国回来仅仅两个月，就找到了继续折腾鲁国的借口。

原来，鲁国出兵攻打了邾国，邾国人前来求救。

"现在晋国不行了，也就是吴国能主持正义，维护世界和平了。"邾国人找了两顶高帽给夫差戴上。

夫差有些犹豫，毕竟刚刚去人家鲁国那里做过客，还享用了百牢。

"大王，讨伐鲁国。"夫差犹豫，伯嚭没犹豫。

"为……为什么啊？"夫差问。

"为什么？大国欺负小国，就要打。"

对这个回答，夫差没有想太明白，那吴国打鲁国不算大国欺负小国吗？

第二年春天，吴军出动，攻打鲁国。

以吴军的战斗力，鲁军自然不是对手，吴军连续攻下武城和东阳两城，并抓获了两名鲁国大夫。

鲁国全国震恐。

"不要再打了，吓唬吓唬他们就行了。"伯嚭又提出建议，他担心再打下去，齐国和晋国会出手救援鲁国。

于是，吴国主动提出讲和，鲁国自然求之不得，双方结盟之后，吴军撤军。

"太宰，咱们这不是白折腾一趟？"夫差有点儿想不通。

"称霸不能急，要多折腾几次，他们才会真正服气。"这是伯嚭的理论。

问题是，折腾别人，实际上也是在折腾自己。

好像老天有意要帮助吴国称霸，所以两个月以后，吴国又找到了折腾鲁国的借口。

这次的借口是齐国人帮着找到的。

原来，当初齐悼公还没有继位的时候到了一趟鲁国，结果跟季康子的妹妹一见钟情，发生了一夜情，季康子就把妹妹许配给了他，两人就非法同居了。现在齐悼公即位了，派人到鲁国接老婆回齐国，可是季康子发现妹妹竟然跟自己的叔叔乱伦，季康子怕事情被齐悼公发觉，于是就没有让妹妹去齐国。

齐悼公不知道其中的原因，以为是大舅子故意刁难，因此发誓要把老婆抢回来，这才派人来吴国，请求吴国出兵，南北夹击鲁国，帮他把老婆抢回来。

"别人的家务事，我们不好管吧？"夫差又有些犹豫。

"咱要当霸主啊,家务事更要管。"伯嚭说。实际上他就是想折腾鲁国,炫耀武力。

双方商量好,明年开春出兵,就这么定了。

到了第二年春天,齐国又来特使了。

"大王,不用麻烦你们了,我们自己解决了。"齐国特使来通知吴国不用出兵了。

原来,秋天的时候,季康子把妹妹送到齐国去了,齐悼公倒是个情种,对季康子妹妹的绯闻一点儿也不在乎,十分宠爱。

按理说,人家的家务事解决了,你这帮闲的也就可以歇着去了。可是,吴国人不这样想。

"什么?去年请我们出兵,今年又变卦了,以为打发叫花子啊?不行,我要亲自去向你们的国君问问清楚。"夫差大怒,言下之意,你们不让我们打鲁国,我们就打你们。

齐国特使有点儿发蒙,这是什么逻辑啊?

等齐国特使走了,夫差问伯嚭:"太宰,我这么对齐国人说对吗?"

"恭喜大王贺喜大王,大王的霸气越来越重了。"伯嚭一边笑,一边拍马屁。

"我知道了,霸气就是不讲理,哈哈哈哈……"夫差大笑起来。

"哈哈哈哈……"伯嚭也跟着大笑起来。

401

这边,吴王夫差在想着办法折腾北方诸侯。

那一边,越王勾践也在想办法折腾吴国。

在计然七策的指导下,越国很快恢复了元气。

"我要报仇。"越王勾践尝了一口苦胆,然后对自己的几个心腹大臣说。

谁是越王勾践的心腹大臣？范蠡、文种、计然。

"各位,现在我们用了计然的方法,国家已经富裕起来,老百姓也都很亲和,我想向吴国人报仇了,大家看怎么样？"勾践说。

一致反对。

理由很简单：吴国还很强大,我们还不够强大,而且需要更好的机会。

"那我们就这么等着？"勾践有些失望。

"不然,吴国人现在正在北上与齐、鲁争锋,想要雄霸中原,这样必然招来晋国、齐国的不满,而楚国是吴国的世仇,我们不妨暗中与楚国、晋国、齐国勾结,寻找时机,三面夹击吴国。"范蠡从外交的角度提出一条建议。

勾践没有说话,他显然还是不满意。

"大王,我听说'高飞之鸟,死于美食；深川之鱼,死于芳饵'。要讨伐吴国,恐怕要先投其所好,折腾他们,然后乘虚而入。"文种终于说话了。

"哦,说说看。"勾践看看文种,表情轻松了一些。

"我想好了,一共是七条。第一是尊天地敬鬼神,以祈求他们赐福；二是用奇珍异宝迷惑夫差,用贿赂收买他们的大臣；三是想办法拉高他们的物价,让他们的老百姓一门心思追逐利益；四是选取美女让夫差荒淫无度,不思进取；五是选取能工巧匠,帮他们建浩大工程,消耗他们的财富；六是帮助没有本事的吴国人担任吴国重要的官职,削弱其自身；七是离间吴国有见识的大臣,让吴王远离他们。这七条做到了,就可以攻打吴国了。"文种的办法很具体,显然思考了很长时间。

大家一致同意。

既然一致同意,那就开始实施。

第一件事简单,在东郊建了一个庙祭祀太阳,给太阳神取个名字叫东皇公；在西郊建了一个庙祭祀月亮,给月亮神取个名字叫西王母。在会稽祭山神，在江州祭水神。

第二件事比较麻烦，按《吴越春秋》："越王乃使木工三千余人入山伐木，一年，师无所幸。作士思归，皆有怨望之心，而歌木客之吟。一夜天生神木一双，大二十围，长五十寻。阳为文梓，阴为楩楠，巧工施校，制以规绳，雕治圆转，刻削磨砻，分以丹青，错画文章，婴以白璧，镂以黄金，状类龙蛇，文彩生光。"

简单地说，就是出动了三千木工，满世界找了两根巨木，然后对其精工细作。

木头收拾好了，然后勾践收拾了些金银珠宝，在范蠡、文种的陪同下，率领五百随从，由水路浩浩荡荡前往吴国进行国事访问。

当然，两根木头同时从水上拉过去了。

这时候正是吴国人准备攻打齐国的时候。

越国人的到来让吴王夫差非常高兴，这证明自己对越政策是多么成功，自己的人格魅力是多么无敌。

越王勾践以臣下的礼节拜见了吴王夫差，还饶有兴致地参观了当年养马的马厩和住过的石屋，表示吴、越两国要世世代代友好下去，子子孙孙友好下去。

两国领导人还就共同关心的事务进行了交流，勾践表示，越国人民支持吴国人民的争霸事业，各国只有在吴王的领导下才能实现真正的和平。

吴王夫差对越王勾践的到访表示热烈的欢迎和诚挚的感谢，重申吴、越两国一衣带水，和睦相处。两国应该取长补短，共同发展。

作为友谊的象征，越王勾践代表越国人民向吴王夫差赠送了参天巨木两棵，希望吴国就像这两根木头一样屹立于世界的最高端。

吴王夫差表示，吴国人民不会辜负越国人的厚望，这两根象征两国友好关系的木头将会成为吴国标志性建筑姑苏台的栋梁。

"我们要修建一座姑苏台，要修成第一高台，代表我们吴国人民有志气、有能力、有力气。"吴王夫差非常高兴，真的非常高兴，当即做出了这样一个伟大的决定。

"我们越国全力支持，我们还会再运木头过来。"越王勾践也非常高兴，也是真的非常高兴，他看着吴王夫差，心中暗想：修吧，折腾死你们，这两根木头就是你们的棺材板，姑苏台就是你们的坟墓。

狡猾的越国人给吴国这两根木头的目的就是让吴国人修建楼台，超乎他们预料的是，吴国人不仅要修，还要修最高的楼台。

标志性建筑，往往就是坟墓的代名词。

夫差高兴，几乎所有吴国的高层都高兴，因为礼物人人有份。

只有一个人不高兴，很不高兴。

不用猜，这个人是伍子胥。

"是豢吴也夫？"伍子胥自言自语，什么意思？这不是要养肥我们，然后再宰了我们吗？

强烈的责任感让伍子胥无法保持沉默，他要发言。

"越在我，心腹之疾也。"（《左传》）伍子胥开门见山，首先贡献了一个成语"心腹之患"，之后继续，"他们表面上顺服，实际上在悄悄地做准备，我们要早一点儿下手才行。我们攻打齐国有什么用？那块土地也不适合我们。如果我们不灭掉越国，越国就会灭掉我们。《盘庚》之诰说：'对于叛逆，要斩草除根，不留后患。'如今大王反其道而行，还想称霸，怎么可能呢？"

夫差本来很高兴，看见伍子胥发言，就有点儿不高兴，又听到这些陈词滥调，更加不高兴。

"伍子胥，你总说这些，自己不烦吗？这样吧，就派你去趟齐国，如果你能说得齐国人主动臣服，我们就不讨伐他们，怎么样？"夫差干脆给伍子胥派了个活儿，算是眼不见心不烦。

伍子胥叹了一口气，一片忠心不受待见，还给自己揽了个活儿。

越国人在吴国受到热情招待，临走，吴王夫差为他们设宴送行，别说，真有点儿依依不舍。

送行宴会非常盛大，吴国的高层绝大多数都应邀参加，只有一个人没来，那就是伍子胥，他也是眼不见心不烦。不过，他不来，夫差也高兴。

酒肉、歌舞、自吹和互吹，国宴基本上就是这样。

酒酣肉饱，吴王夫差开始谈起自己的称霸大业，说到了要讨伐齐国。

"大王，外臣范蠡有个问题想问问。"范蠡弱弱地问。

"请讲。"

"大王，吴国称霸，今后少不了北上中原。可是，路途遥远不说，中间还是山水相隔，辎重粮草运输不便，不知大王有何良策？"范蠡提问，很专业。

"这个问题提得好，这确实是个伤脑筋的问题，这次讨伐齐国之所以一再拖延，就是因为这个问题。范蠡，你有什么好建议？"夫差问。他一向欣赏范蠡，心想他或许有办法。

"大王，我有一个一劳永逸的办法。"

"啊，快说！"夫差很感兴趣，所有人都很感兴趣。

"我们吴越人擅长水运，如果挖一条大沟，连通长江和淮河，那么，岂不是南北贯通，如履平地？今后要出兵中原，轻而易举，雄霸天下，不费吹灰之力。"

范蠡说完，整个宴会厅一片寂然。

啪！吴王夫差用力一拍桌子，大声说道："好主意！好主意！"

"好主意！好主意！"一片附和声。

真的是好主意。

吴国人很高兴，真的很高兴。

越国人也很高兴，也是真的很高兴。

第一九五章

伍子胥的悲哀

  姑苏台上乌栖时,吴王宫里醉西施。吴歌楚舞欢未毕,青山欲衔半边日。银箭金壶漏水多,起看秋月坠江波。东方渐高奈乐何!

           ——唐·李白《乌栖曲》

  越王巧破夫差国,来献黄金重雕刻。西施醉舞花艳倾,妒月娇娥恣妖惑。
  姑苏百尺晓铺开,楼楣尽化黄金台。歌清管咽欢未极,越师戈甲浮江来。
  伍胥抉目看吴灭,范蠡全身霸西越。寂寞千年尽古墟,萧条两地皆明月。
  灵岩香径掩禅扉,秋草荒凉遍落晖。江浦回看鸥鸟没,碧峰斜见鹭鸶飞。
  如今白发星星满,却作闲官不闲散。野寺经过惧悔尤,公程迫麑悲秋馆。

> 吴乡越国旧淹留，草树烟霞昔遍游。云木梦回多感叹，不惟惆怅至长洲。
>
> ——唐·李绅《姑苏台杂句》

> 南宫酒未销，又宴姑苏台。美人和泪去，半夜阊门开。相对正歌舞，笑中闻鼓鞞。星散九重门，血流十二街。一去成万古，台尽人不回。时闻野田中，拾得黄金钗！
>
> ——五代·曹邺《姑苏台》

402

越国人回去了。

吴国人开始动工了，举世闻名的两大工程。

第一大工程，姑苏台。

姑苏台，建在阖闾城外西南隅的姑苏山上（今苏州吴中区境内）。姑苏山上原本有台，不过是烽火台，吴王阖闾所建。现在，吴王夫差要把它建成吴国的标志性建筑。

《吴越春秋》记载："姑苏之台，三年聚材，五年乃成，高见二百里。行路之人，道死巷哭，不绝嗟嘻之声：民疲士苦，人不聊生。"

姑苏台高三百丈，宽八十四丈，有九曲路拾级而上，登上巍巍高台可饱览方圆二百里内湖光山色，其景冠绝江南，闻名天下。高台四周还栽上四季之花、八节之果，横亘五里。

标志性建筑的建造，苦了吴国的老百姓。

姑苏台成为后人凭吊的绝佳所在，后世咏姑苏台的诗词极多，以上几首不过是随意摘取。

第二大工程，邗（hán）沟。

夫差在邗地（今江苏省扬州市）修建邗城，以此为南端，开挖运河，南起邗城以南的长江，北经樊梁湖（今江苏省高邮市附近）等一系列湖泊，折向东北，入射阳湖，再向西北经淮安入淮河，全长四百余里。

邗沟至今依然在，不过已经是京杭大运河的一段。

四百里邗沟，耗时三年完成。

作为标志性工程，邗沟是中国历史上有记载的最早的运河。

伟大的标志性建筑和伟大的标志性工程让吴国人民痛苦不已，越国人民暗自高兴。

所以，当有人赞扬我们的标志性建筑或者标志性工程的时候，他很可能不怀好意。

吴王夫差十二年（前484年）夏天，邗沟建成。吴王夫差迫不及待，率军由邗沟北上，抵达淮安，弃船登车，讨伐齐国。同时，派遣大夫徐承率领水军由海上入侵齐国。

鲁国此前与齐国交恶，因此与吴军会合，共同讨伐齐国。

吴、鲁联军一举攻占了齐国的博地（今山东省泰安市南），随后进军艾陵（今山东省济南市莱芜区东部）。在这里，齐军主力严阵以待。

吴、鲁联军与齐军展开了决战，齐军由国书率领。

吴、鲁联军的中军和下军都是吴军，把上军留给了鲁国人。

齐国人知道吴军十分生猛，战前唱挽歌写遗书，准备死战。

战斗开始，齐国人非常勇猛，结果鲁军根本抵挡不住。但是，吴国人比齐国人更猛，中军和下军先后获胜，随后前来支援鲁军，把齐国打得落花流水。

这一仗下来，吴军缴获战车八百乘，杀死齐军三千人，俘虏包括中军主帅国书在内的齐军将领六人。

吴军一点儿没客气，将俘虏全部杀死。

随手，吴军将缴获的战车全部送给了鲁国。

正面战场获得全胜，但是侧面战场上，吴军水军被齐军击败，但是吴军船头一掉，向南侵入莒国，拿下了琅琊。

夫差并没有乘胜追击，他也没有乘胜追击的意思，很简单，他要的只是齐国人服气，而不是灭掉齐国。

于是，夫差主动派人前往齐国进行和平谈判。齐国人这时候哪里还有讨价还价的资本？只得接受吴国的条件，与吴国盟誓，承认吴国的盟主地位。

吴国撤军。

吴王夫差高高兴兴回到吴国，发现范蠡早已经在等候自己。

"哦，范先生在？"吴王夫差有些意外，同时也有些高兴，他很喜欢范蠡这个人，甚至把他当成了半个吴国人来看。

"恭喜大王贺喜大王，齐国服气了，大王的霸业就在眼前啊！"范蠡先拍了一个常规的马屁，直接送到了吴王夫差的心坎上。

"这里也有越国人的功劳啊。"夫差说。他怀疑范蠡是不是专门来拍马屁的。

"我家主公时刻记念着大王的恩典，因此特地搜寻了两个绝色美女派我给大王送来，也算是锦上添花吧！"原来，范蠡是送美女来的。

"送来看看。"夫差说。他兴致不算太大，因为后宫的越国美女已经不少，审美有些疲劳，再加上这一趟鲁国和齐国也都送了美女，还没来得及一一临幸呢。

不过，夫差的眼睛很快就睁大了。

他看见了谁？西施。

三年前，勾践派人在全国搜寻美女，结果在诸暨苎萝山下找到两名美女，两个美女的家里都是以砍柴为生，这两个女孩则是帮扶父亲，在江边浣纱。两个美女，一个姓施，因家住村子的西头，因此叫作西施；另一个美女叫作郑旦，跟西施同一个村。

又是两个天仙妹妹。

不用说，两人天生丽质、纯洁美丽，不过有点儿土里土气。为此，勾践特地在土城修了别宫，派出后宫最好的宫女去培训她们。

整整三年，培训结束。

这时候再看这两个美女，举止大方，谈吐得体，妖娆中不失单纯，娇嗔里暗含风骚。举手投足魅力发散，嬉笑怒骂秋波乱颤。让你看一眼想两眼，看两眼想三眼，看三眼就想入非非。

勾践不敢去看，他怕看了就想亡国。所以，他让范蠡直接送到了吴王夫差这里，让她们来亡夫差的国。

"哇，伙计。"吴王夫差看傻了眼，禁不住一边流口水，一边情不自禁把刚从鲁国学来的口头禅用了出来。

"勾践，够意思，够意思。"吴王夫差赞不绝口地说。

从那之后，西施和郑旦就成了夫差的宠姬。

有了这样的两个美女，夫差什么也不想干了。他在姑苏山建造春宵宫，筑大池，池中设青龙舟，与西施和郑旦一同戏水；又建造了表演歌舞和欢宴的馆娃阁、灵馆等，西施擅长跳"响屐舞"，夫差又专门为她筑"响屐廊"，用数以百计的大缸，上铺木板，西施穿木屐起舞，裙系小铃，铃声和大缸的回响声，"铮铮嗒嗒"交织在一起，使夫差如醉如痴。

从美貌来说，西施和郑旦各有风采，不相上下。不过，西施更有心计，伶牙俐齿，更能讨吴王夫差的欢心，再加上跳舞跳得好，因此比郑旦更受宠。对此，郑旦有些忧郁。

时间不长，郑旦忧郁而死。这下西施更加受宠。

第一九五章　伍子胥的悲哀

关于西施，自然有许多传说。

中国历史上四大美女，西施排名第一。所谓沉鱼落雁之容，闭月羞花之貌。沉鱼说的就是西施，说她在河边浣纱的时候，鱼儿看见她都自惭形秽，只能沉到水底玩偷窥。

如今的杭州西湖，就得名于西施，原名西子湖。

关于西施的唐诗宋词更是多了去，是个诗人都要写上几句，随便附上几首。

　　家国兴亡自有时，吴人何苦怨西施。西施若解倾吴国，越国亡来又是谁？

——唐·罗隐《西施》

　　艳色天下重，西施宁久微。朝为越溪女，暮作吴宫妃。贱日岂殊众，贵来方悟稀。邀人傅脂粉，不自著罗衣。君宠益娇态，君怜无是非。当时浣纱伴，莫得同车归。持谢邻家子，效颦安可希。

——唐·王维《西施咏》

　　苎萝妖艳世难偕。善媚悦君怀。后庭恃宠，尽使绝嫌猜。正恁朝欢暮宴，情未足，早江上兵来。捧心调态军前死，罗绮旋变尘埃。至今想，怨魂无主尚徘徊。夜夜姑苏城外，当时月，但空照荒台。

——宋·柳永《西施》

403

夫差现在的心情超级好，穷兵黩武之外，还有美女陪着夜夜笙歌，纵情声色。算得上是事业有成，爱情有就。

可是，有一个人心情很不好，谁？

不用猜，还是伍子胥。

他又来了。

"臣闻五色令人目盲，五音令人耳聋。臣闻贤士国之宝，美女国之咎：夏亡以妹喜，殷亡以妲己，周亡以褒姒。"（《吴越春秋》）太直接了，伍子胥太直接了，直接把西施说成了亡国的女人，把吴王夫差比成了商纣王、周幽王。

夫差很不高兴，心想：你是屎壳郎钻到牛粪里，不活动活动显不出你来是吧？我事业这么好，泡几个小妞你也要来管？你老了泡不动了嫉妒了是吧？

"别说这些了，自古英雄爱美人，这有什么啊？人家勾践为了我好，到处找美女给我。你呢？还是别说了，回家休息去吧。"夫差也没给好脸，挥手打发了伍子胥。

伍子胥气呼呼地回家了。

没过几天，夫差在文台设宴庆功，全体大夫参加，不得请假。

酒过三巡，大家高兴，于是夫差开始行赏。

"寡人闻之，君不贱有功之臣，父不憎有力之子。今太宰嚭为寡人有功，吾将爵之上赏。"（《吴越春秋》）夫差把一等奖颁给了伯嚭，并赞扬他就是自己的管仲。

大家一同叫好，都说这是实至名归。

伯嚭清了清嗓子，准备发表获奖感言，还没等他说话，有人大声开口了。

"於乎，哀哉！遭此默默，忠臣掩口，谗夫在侧；政败道坏，谄谀无极；邪说伪辞，以曲为直，舍谗攻忠，将灭吴国；宗庙既夷，社稷不食，城郭丘墟，殿生荆棘。"（《吴越春秋》）说话的又是伍子胥，大意是忠臣受压抑，奸臣受奖赏，吴国就要完蛋，宗庙都将不保。

肃静，惊人的肃静，大家用惊诧的目光看着伍子胥，再用迷惑的目光去看夫差。

夫差气得脸色铁青,猛地一拍桌子,喝道:"老臣多诈,为吴妖孽。乃欲专权擅威,独倾吾国。寡人以前王之故,未忍行法,今退自计,无沮吴谋。"(《吴越春秋》)夫差的话也是毫不留情,大意是你这个老东西专门说我们吴国的坏话,想要独掌大权。看在我爹的面子上,今天不跟你计较,你自己回去好好反省吧。

伍子胥站起身来,说道:"我都是为了吴国好,可是你不识好人心。你要是杀了我,你就是夏桀、商纣这一类昏君了。你好好反思吧,我,我不干了!"

说完,伍子胥转身就走。

庆功宴的美好气氛被伍子胥破坏了,吴王夫差早已经没有了好心情,早早地散了宴席。

伯嚭没有走,他有话要对夫差说。

"大王,伍子胥这个人刚愎自用,喜好猜疑,不知道报恩。他现在对大王怨气很重,很可能要成为祸患。这次大王讨伐齐国,他极力阻拦。现在我们得胜而归,他又很恼火、很羞愧,结果是恼羞成怒。现在大王在中原争霸,而他在吴国,自以为是先王的老臣,如果外面勾结诸侯,内部串联同党,大王,恐怕要有所防备啊!"伯嚭的话像一根根钢针,插在夫差的心头。

说实话,夫差也有这样的顾虑。不过,当初自己能够立为太子,伍子胥出了不少力,因此夫差一直忍着,总是下不了决心。

见夫差下不了决心的样子,伯嚭又说了:

"大王,我听说上次伍子胥出使齐国是带着他儿子去的,之后把儿子就留在了齐国,托付给了鲍牧。这件事情说明他已经在做准备了。"这件事伯嚭倒没有冤枉伍子胥,他确实把儿子留在了齐国,因为他认定吴国将要灭亡。

关于这件事，夫差也是知道的。如今伯嚭说出来，他才感到事情确实有些严重了。再想想宴会上伍子胥的恶言相向，夫差终于下定了决心。

"伍子胥，你不仁，休怪我不义。"夫差一咬牙一跺脚一拍桌子一瞪眼。

伍子胥的面前是一把宝剑，这把剑的名字叫作属镂。伍子胥很熟悉这把剑，因为这是吴王阖闾的剑，吴王阖闾爱剑，常常拿出来给伍子胥欣赏。

后来，吴王阖闾死后，这把剑就成了吴王夫差的。

现在，吴王夫差派人把这把剑送到了伍子胥这里，同时带了一句话："子以此死。"（《史记》）

"什么？"伍子胥惊诧，他不是怕死，他只是没有想到自己会这样死。

伍子胥手握宝剑，光着脚站在院子里，撩起了衣服，对天狂呼。

"苍天啊！大地啊！我帮助你父亲当上了王，雄霸天下。当初你爹立太子的时候，我以死相争。可是如今你忘恩负义，恩将仇报，信任奸佞小人伯嚭，反而要赐我死，天理何在？哈哈哈哈……"伍子胥大骂之后，放声狂笑。

笑完，伍子胥对家人说："我死之后，一定要在我的坟墓上种一棵梓树，等它长大了，越国人就来了；把我的眼睛抠出来，挂在东门之上，我要看着越国人怎样攻陷吴国。"

说完，伍子胥横剑自杀。

吴王夫差知道了伍子胥的临终遗言，勃然大怒。于是，派人把伍子胥的尸体运来，割下头颅，挂在高楼上，诅咒说："日月炙汝肉，飘风飘汝眼，炎光烧汝骨，鱼鳖食汝肉。汝骨变形灰，有何所见？"（《吴越春秋》）

吴王夫差，真够狠哪！

随后，把伍子胥的尸体装在鸱夷（chī yí，皮口袋）中，投到了江里。

后来，吴国人为伍子胥建祠，祠所在的山改名为胥山，在今无锡境内。

伍子胥死得很冤吗？可以说是，因为他是为了国家好。但是，也可以说不是，因为他的性格决定了他只能是这样的命运。

所以，有的时候我们要问：夫差可以放过杀父仇人勾践，为什么却不放过恩人伍子胥？

所以，有的时候我们要想想伯嚭的那句话：我们家连续三代被杀，也许该反思的是我们自己。

伍子胥的能力不需要多说，伍子胥的毅力也不需要多说，伍子胥的直率也不需要多说，伍子胥的忠诚也不需要多说。因为，说得够多了。

说说伍子胥的性格。

恩将仇报不是夫差的专利，伍子胥也未尝不是如此，吴王僚如果在天有灵，也会这样骂伍子胥的。

俗话说世道循环，报应不爽。伍子胥鞭尸楚平王受到普遍谴责，而自己的尸体也与楚平王一样荡然无存。

其实，伯嚭对伍子胥的性格评价是很准确的：刚暴、少恩、猜贼。他很多疑，很强暴，为了目的不择手段，并且很自我。在对夫差和对伯嚭的态度上，总是以恩公自许，说话不留余地，不讲策略，这一点令人难以忍受，这也是伯嚭讲他坏话、夫差要杀他的主要原因。

伍子胥对吴国的贡献，不用说，是巨大的。但是，所有这些贡献，主要基于他向楚国报仇的需要，而确实不是为了吴国。譬如，吴国的官制一直没有记载，吴国人从夫差开始才戴帽子，才开始向中原文化靠拢。显然，伍子胥对于吴国经济文化的贡献不值一提，他的能力都用在了帮助吴国消灭楚国上了。吴国在楚国的种种暴行，导致吴军在大好形势下败退回吴国，伍子胥难辞其咎。

吴国的穷兵黩武与伍子胥有很大关系，因此夫差穷兵黩武本身也是受到了伍子胥的影响。

伍子胥的性格造就了他的成就，但是也造成了他自身的悲剧。如果方法得当，他原本可以帮助夫差遏制越国，可是他的性格却恰恰促使夫差掉进了越国人的陷阱。

至死，伍子胥还没有反思，还在抱怨。

第一九六章

夫差争霸

伍子胥死了,越国君臣暗中庆贺。

就在伍子胥自杀的当年,越国遭遇天灾,粮食歉收。

"计然,这个时候我们都该感谢你啊!虽然收成不好,可是我们储备足够,能够自力更生渡过难关,这都是你的功劳啊!"这天上朝,勾践当众表扬计然。

散朝之后,文种留下来没有走。

"文大夫,有什么事?"勾践问。

"大王,你不该表扬计然。"文种说。

"啊,为什么?"勾践有点儿糊涂了,还有点儿不高兴,难道文种嫉妒计然了。

文种笑了。

404

越国人来向吴国求援了，说是越国粮食歉收，老百姓食不果腹，恳请吴国发扬爱心和霸主的慷慨大方，支援越国一些粮食。来年丰收，一定归还。

其实，吴国收成也就一般，余粮也不多。

夫差召集会议，讨论这个问题。

大臣们各自发表意见，有说给的，有说不给的。

"太宰，你怎么看？"夫差还是犹豫，所以问问伯嚭。

"我听说'邻国有急，千里驰救'，这才是霸主的风范，不就一点儿粮食吗？我们自己勒一勒裤腰带也就过去了。"伯嚭暗中收了不少好处，所以建议借粮，反正也不用他勒紧裤腰带。

"好，借给越国一万石。"夫差决定了，反正也不用他勒紧裤腰带。

就这样，越国从吴国借到了粮食。

为什么越国要向吴国借粮食？

一切都是文种的计策。

文种要掏空吴国。

从吴国借来了粮食，文种发给了百姓。实际上，仓库里有的是粮食。

第二年，越国粮食丰收，而吴国歉收。

"该把粮食还给吴国人了。"文种说。于是，越国也准备了一万石粮食还给吴国。

吴国人很高兴，看来越国人很讲信用。

在越国人还来的粮食里，有一部分米粒非常大，看上去颜色透亮而且颗粒饱满。

"这些粮食好，我们用来做种子吧。"吴国人于是把这些大颗粒的粮食

第一九六章　夫差争霸

发给大家做种子。

这下，吴国人上当了。

原来，这些大颗粒的粮食并不是什么高产粮、杂交稻之类，这是越国人蒸过的，然后在石粉里过了一遍，看上去跟普通粮食没有两样。

可想而知，当年，吴国依然歉收，因为很多地里什么也没有长出来。

吴国遇上了饥荒。

原准备向越国人借粮，可是越国人先跑来借粮了，说越国也遇上了饥荒。

谁也没有借给谁。

但是越国人吃得很好，因为实际上他们又丰收了。

这一年，是吴王夫差十三年（前483年）。

吴国饥荒，民怨沸腾。

而越国正在热火朝天地练兵。

范蠡不知道从哪里找来了一个少女，这个少女别看年纪轻轻，可是剑术高明，据说是从一个老猿那里学到的。范蠡请她来为越军教授剑术，这就是中国历史上著名的"越女剑"。

关于"越女剑"，见于《吴越春秋》，应是最早关于剑术的记载。越女应该就是剑术的祖师奶。

同时，范蠡还从楚国挖来一个射箭的高手，此人名叫陈音，箭法十分高明，就在越军中教授箭法。

后来陈音死了，勾践十分伤心，将他隆重安葬，所葬之地，叫作陈音山。

除此之外，排兵布阵、统一号令等，都是范蠡亲自操练。

越军已经操练合格，随时可以战斗。

"各位，转眼，离我们被吴军击败已经十一年了，多蒙大家的努力，我们现在的实力应该能够报仇了。"越王勾践按捺不住，准备出兵了。

没有人反对，实际上大家早就等着这一天的到来。

这个时候，大家都看范蠡，因为他是军队的主帅。

"大王，现在打固然可以，不过，要等到明年夏天更好。"范蠡说。

"为什么？"

"根据最新情报，夫差已经定于明年夏天在黄池（今河南省封丘县境内，时属卫国）与晋国人相会，决定谁是盟主，吴军主力必然北上。吴、晋之间可能有一战，如果有，那将是两败俱伤，我们从后乘虚而入，与晋国人灭掉吴国；如果没有，我们也可以乘虚而入，抢掠一番。"范蠡果然是个帅才，练兵和情报工作两不误。

勾践点点头，从现在开始，他要倒计时了。

越国人已经悄悄地举起了刀，只要机会来到，便会毫不犹豫地砍过去。

吴国人全然不知，他们现在想的，就是争霸。

鲁国人很讨厌吴国人，他们觉得吴国人就是一群蛮子；鲁国人也很讨厌晋国人，他们觉得晋国人就是一群骗子。

突然有一天，鲁国人觉得如果让蛮子和骗子在一起的话，是不是会发生什么很有趣的事情？于是，鲁国人来忽悠蛮子和骗子了。

"大王，吴国的实力那是没的说，可是要当霸主，还要让晋国人服气。假如晋国人服了，那大家就都服了。我们帮你们与晋国人约一次会面，谈一谈这个问题怎么样？"鲁国人来忽悠吴国人。

"好啊好啊，他们不服的话，打一仗也行啊。"吴王夫差允诺。

之后，鲁国人又去了晋国。

"晋国大哥，别怪我们这么多年没来进贡了。不是我们不想来，是不敢来啊！不是怕你们，是怕吴国人啊！这些蛮子很不讲理啊，连齐国也不是他们的对手。他们派我们来约你们见面，说你们要是不敢见面就是孙子。大哥，你们的实力比吴国强多了，不用怕他们。你们要是也不敢碰他们，那没办法，我们就真不敢再认你们这个盟主了。"鲁国人又来忽悠晋国人。

这时候的晋国，智跞已经死了，赵简子为中军帅。

"谁怕谁啊？去！"赵简子说，他是打狼出身的，怕谁？

之后，鲁国人又去忽悠周王室，结果把周王室也给忽悠进来了。

405

吴王夫差十四年夏天，黄池。

周敬王的大夫单平公、晋定公、吴王夫差、鲁哀公在黄池相会了。

这次会议，被称为权力峰会。

不出意料，吴军主力和晋军主力都来到了黄池，随时准备战斗。

这次会见，鲁哀公出任相礼，也就是主持人，临时充当东道主的角色。单平公作为王室代表，主要是监督会谈过程，做一个见证人。真正会谈的主角，是晋定公和吴王夫差。晋定公的助手是赵简子，吴王夫差的助手是伯嚭。

首先，鲁哀公致欢迎词；随后单平公代表王室预祝这次峰会圆满成功，同时表示这次峰会大家都是一家人，都是周朝正宗，所以希望叔叔大爷们今后匡扶王室，共建周朝大业。

晋定公和吴王夫差也都讲了话，假惺惺地表达了对王室的尊重以及对对方的敬仰，希望大家兄弟今后多多走动。

鲁国人搞了一整套周礼给大家玩，结果过了将近十天，还没进入正题。

大家是六月下旬来的，眼看现在已经是七月初了，大家还在缅怀过去、憧憬未来，就是不说说谁才是老大。

夫差有点儿待不住了，吴军的粮草快没有了。

"这中原人怎么这么磨磨叽叽，难道放个屁也要等三天？"夫差待得腻了，尽管这次出来是带着西施来的。

"是啊，明天我催催鲁国，这又不是联欢会，告诉他再不进入正题，咱们就到鲁国去做客了。"伯嚭急忙说，他要去威胁鲁国。

两人正说话，突然有使者从国内来到，紧急求见。

"进来。"夫差下令。

坏消息，使者带来的是想不到的坏消息。

"报大王，越国人偷袭我国。"使者的第一句话，就让吴王夫差眼前一黑，差一点儿摔倒在地。

"什么？越国？勾践？偷袭我国？"夫差瞪大了眼睛，也张大了嘴巴，似乎不相信使者的话。

"什么情况？快说。"伯嚭也很紧张，大声问。

原来，吴军主力随同夫差北上以后，越军出动四万七千人，兵分两路偷袭吴国。吴国由太子友镇守阖闾城，兵力不多。太子友建议固守待援，而王孙弥庸主张出战并且擅自出动，太子友只得随后出动，结果首战吴军大胜越军第一路人马。

越军第二路由越王勾践亲自率领，范蠡指挥。受首战大胜的鼓舞，太子友率军出击，谁知这一次他们遇上了越军主力，遭遇惨败，太子友和王孙弥庸均战死。

随后，越军攻占阖闾城外城，焚烧了姑苏台。

"啊——"吴王夫差几乎崩溃。

"大王，立即撤军吗？"伯嚭问，他有点儿慌乱。

夫差拔出了剑，一把好剑。

"不。"夫差坚决地说，随后，剑挥出。

自杀？他才不会自杀。

剑影之中，七个人倒在地上，七个使者。

"大王，好剑法。"伯嚭喝彩，按理说，这个时候拍这样的马屁有点儿不合时宜，可是习惯了，顺口就说了出来。

"杀了他们，就没有人知道越国人袭击了我们。既然来了，我们就当上盟主再回去。"夫差咬着牙说，杀人灭口，就是为了当盟主。

"大王,有气魄。"伯嚭说。他原本有点儿担心,担心吴王夫差会杀了自己,因为事实已经证明伍子胥是对的。可是现在看来,自己很安全。

七月六日，盟誓的日子终于到了。

除了楚国、秦国、越国，各诸侯国都已经来到。

歃血为盟，晋国和吴国为谁先谁后发生了争执，因为谁先歃血谁就是盟主。原本还兄弟兄弟这么叫着，好像大家很亲切，到了这个时候，谁也不认谁这个亲戚了。

"在所有姬姓的国家中，我们的祖上太伯是老大，吴国该先歃血。"伯嚭代表吴王夫差发言。

"不行,历来,只要是盟会,我们就是姬姓国家的老大。"赵简子针锋相对。

争吵开始，公说公有理，婆说婆有理，谁也不能说服谁，眼看着天都黑了，还没有结果。

最后谁有理？谁有实力，谁就有理。

"算了，天都黑了。既然谁也不服谁，回去整理军队，明天中午我们决一死战，就知道谁是老大了。"赵简子发怒了，心说：这些蛮子跟我们争，打烂他们。

吴国人怕这个？楚国都被我们打烂了，你们晋国有什么了不得？

于是，不欢而散，各自回去，准备战斗。

看来，范蠡当初的预测是正确的。

吴王夫差很愤怒，也很不服。可是回到大帐，禁不住有些发慌了，毕竟家里头被越国人围着呢，如果这一仗打败了，估计连国家带老命就都交待了。

到了这个时候，必须征求大夫的意见了。

紧急会议召开，吴王夫差向大夫透露了越军偷袭吴国的事情，随后问大家："现在我们有两个选择，要么立即撤军回国，不跟晋国人盟誓；要么不跟晋国人争，让他们当盟主算了，哪个好一些？"

大夫们一个个目瞪口呆，无言以对。

还好，这个时候，还有一个保持清醒的人。

"大王，这两种选择都不好，都会损坏我们的名声。越国人会认为我们失败了，更有信心对抗我们。齐、宋这些国家也会趁火打劫，在我们回国的路上偷袭我们。而且如果让晋国当盟主，肯定就要带领我们去朝见周天子。那样的话，我们没时间去，不去又说不过去，岂不是很糟糕？所以，我们一定要盟誓并且当上盟主。"这个头脑清醒的人是王孙雒，分析利弊，说得头头是道。

"可是，晋国人要跟我们争，有什么办法？"夫差问他。

"现在，这里离晋国近，晋国人有退路，而我们没有退路。所以，我们要比晋国人更玩命。大王要激励士卒，振奋大家的士气，让大家都不怕死。那样晋国人看见我们的气势，必然害怕，就不敢跟我们决战，而把盟主让给我们。之后，我们就可以专心回国，去对付越国人了。"王孙雒想得周到，要置之死地而后生。

当晚，吴王夫差下令吴军黄昏前喂饱马，半夜时分全军穿好铠甲，缚住马嘴，以火照明，一百名士卒排成一行，共排成一百行。每十行由一名下大夫率领，竖着旌旗，提着战鼓，挟着兵书，拿着鼓槌。一百行由一名将军率领，竖着日月旗。一万人组成一个方阵，都穿着白色的战衣，打着白色的旗帜，披着白色的铠甲，带着白羽毛制作的箭，远看像一片白色的茅草花。吴王亲自拿着钺，身旁竖着白色军旗在方阵中间站立。

左军也像中军这样列阵，但都穿着红色的下衣，打着红色的旗帜，披

第一九六章　夫差争霸

着红色的铠甲，带着红羽毛制作的箭，远看像一片鲜红的火焰。

右军也像中军这样列阵，但都穿着黑色的下衣，打着黑色的旗帜，披着黑色的铠甲，带着黑羽毛制作的箭，远看像一片黑色的乌云。

中军"望之如荼"，左军"望之如火"，右军"望之如墨"，《国语》如此记载。

如火如荼，这个成语就来自这里。

吴军左中右三军共三万人，气势十足地向晋军营地进发，鸡叫时就摆好阵势，距晋军只有一里路。天还没有大亮，吴王便拿起鼓槌亲自擂鼓，敲响了铜钲、金铎和金铎，三军一起响应，齐声呐喊鼓动，声浪震动天地。

晋军刚刚起床，听到不远处的呐喊声，不禁有些胆怯。晋军急忙加强戒备，修缮营垒。赵简子也有些害怕，于是派大夫董褐前去吴军问话。

"大王，咱们不是说好了中午决战吗？再说了，我们觉得大家都是姬姓国家，还是应该友好协商。你看，你们这么一大早就到我们的军营前，这不是违反约定了吗？也不友好啊！"董褐弱弱地问，他也怕。

"别扯了，你们当盟主，还是我们当盟主，今天就要见个分晓。你现在就回去问问你们国君什么意思。"夫差表现得很强横，心里其实也在打鼓。

董褐被吓住了，不敢再说什么，转身要走。

"慢着，你不是说我们违反约定了吗？那是我们行军司马的过错，我让他来向你赔罪。"夫差拦住了董褐，然后命令手下军吏把司马兹和他的五个手下给抓来。

片刻，司马兹和他的五个手下被抓来了，跪在吴王夫差面前。

"你们得罪了晋国的客人，现在向他谢罪。"夫差下令，一人发了一把刀。

六个人毫不犹豫，挥刀自杀，血溅当场。

董褐吓傻了，这吴国人真是不把命当一回事啊！

战战兢兢，董褐回到了晋军大营。

"怎么样？"赵简子急忙问。

董褐把过程说了一遍，听得赵简子也有点发蒙。

"我看吴王的气色不太好，估计国内出了什么事。被逼到困境的人都很疯狂，不要跟他们斗了，让他做盟主算了。"董褐找个台阶，提个建议。

"嗯，好吧，不过，总不能就这么服软，太没面子了，提个什么要求给他们吧？"赵简子表示同意，可是又觉得没面子。

"那，提什么要求？"

"你看着办吧，现在就去。"赵简子把这个艰巨的任务又派给了董褐。

董褐又去了吴军阵地，不过这回没有那么害怕了，毕竟是来服软的。

可是，提什么条件呢？如果条件太苛刻，吴国人不答应怎么办？如果条件太虚，回去赵简子责备怎么办？

眼看走到了夫差的战车前，董褐眼前一亮，有了主意。

"大王，您的部队太牛了，我们国君根本不敢出来。他派我来告诉大王，你们就是盟主，我们承认了。可是呢，既然做了盟主，就要守周礼啊！那么，怎么能有两个王呢？您应该是吴伯而不是吴王，如果您不自称吴王，而是自称吴公的话，那我们真就没话说了，我们就心甘情愿让您先歃血了。"董褐的主意不错，这样晋国也有面子。

"那行，我就改称吴公吧。"吴王夫差顺坡下驴，答应得爽快。

当天，诸侯们歃血为盟，吴王夫差第一，晋定公第二。

现在，吴王夫差成了各国的盟主。

盟主的第一道命令是：大家都回国去吧。

各国虽然困惑，但是都挺高兴，谁愿意待在这里？

吴军第二天撤军，但是撤军之前，越国侵略吴国的消息已经传了过来。

"大王，现在各国都知道事情的真相了，我担心齐国和宋国趁机拦截我们。"王孙雒提出担忧。

"没关系，你和勇获率领步兵先走，假装路过宋国，吓唬吓唬他们。"吴王夫差是个有办法的人。

于是，王孙雒和勇获率领步兵先行，在宋国焚烧了宋国国都外城，吓得宋国人不敢出来。吴军大部队随后通过，进入吴国后，顺邗渠南下。

等吴军回到都城，越军早已经带着战利品回越国了。

第一九七章

东郭先生和狼

回到阖闾城，大家都感觉踏实了些。从实际情况看，越国人也就是抢掠了外城，烧了姑苏台，抢走了夫差的大船，其余的，倒说不上太大的损失。最大的损失是人，因为太子死了。

夫差有些气闷，召集大臣们来商讨对策。

"可恶的勾践，原来一直在忽悠我们，我们现在去讨伐他们怎样？"夫差问大家。

大夫们中，有支持的，有反对的。

"大王，我们连年灾害，百姓们连饭都快没得吃了。我看，我们还是先整顿好国内再说吧。"伯嚭提出反对意见，他怀疑吴军已经不是越军的对手。

"唉，"夫差叹了一口气，有气无力地说，"算了，冤冤相报何时了啊！我们也欺负越国十多年了，也差不多了。再说，现在我们已经是盟主了，何必再跟他们计较呢？和平吧。"

夫差心里也明白，如果真的跟越国开战，吴国是消耗不起的。

于是，出乎越国的意料，吴国人没有来报复，竟然派人来讲和。

"也好，我们现在也没有把握战胜他们，那就和平吧。"范蠡建议。

于是，吴、越两国签署了互不侵犯协议。

和平了，和平来得很意外。

406

吴、越之间的仇恨似乎在一夜之间抹平了。

可是，仇恨在另一个地方发酵、膨胀。

哪里？楚国。

这段仇恨，与吴国有关，与伍子胥有关。

世界上有很多事情值得去思索的，譬如太子建。

太子建很冤枉吗？如果我们对比太子建和他的弟弟们，就会发现，太子建没有当上楚王或许是这个国家的幸运。太子建的性格贪婪而不顾后果，忘恩负义而不择手段，结果被郑国人杀死了。

太子建有四个弟弟，按照排行，分别是子西、子期、楚昭王和子闾。楚平王薨之后，囊瓦曾经准备废掉太子，让子西继位，被子西严词拒绝，结果才是太子继位，也就是楚昭王。后来吴军侵入楚国，子西和子期全力辅佐楚昭王，楚国得以复国（详见第一八七章）。

到吴王夫差六年（前489年），吴国讨伐陈国。作为陈国的保护国，楚国由楚昭王亲自率军前往救援。抵达前线之后，那一天，天上有两块鸟状云彩，在太阳的两侧飘过。楚昭王不知道这意味着什么，听说周王太史很灵，于是派人去问。周太史确实很有学问，告诉楚国人："这是楚王的凶兆，不过，我有办法把这个灾难转移到楚国的令尹和司马身上。"令尹是谁？子西；司马是谁？子期。

"不行，他们是我的哥哥，怎么能害他们？"楚昭王拒绝了。

之后，楚国人占卜，占卜的结果是黄河河神作祟，应该去祭祀黄河。

"怎么可能？我们楚国只有长江和汉水，我怎么可能得罪黄河河神？"楚昭王又拒绝了。

对此，孔子赞不绝口："楚昭王通大道矣。"

不过，通大道的楚昭王还是死在陈国前线。

临死，楚昭王请来三个兄弟交代后事。

"我的儿子太小了，担当不了楚王的重任。子西哥哥，你来当楚王吧。"楚昭王要把王位传给哥哥。

子西拒绝了。

"子期哥哥，那么你当楚王吧。"

子期也拒绝了。

"子闾，两个哥哥都不当，你当吧。"

子闾也拒绝了。

楚昭王再次提出要求，到第五次的时候，子闾答应了。

当天，楚昭王薨了。

现在，该子闾当楚王了。

"两位哥哥，当初之所以答应大王，是因为不这样他就死不瞑目。现在他安心而去了，我们就共同扶立太子吧。"子闾不肯当楚王。

兄弟三人于是隐瞒了楚昭王的死讯，悄悄撤军。回到楚国，立了楚昭王的太子熊章为楚王，就是楚惠王。

看看这四个兄弟，再看看太子建，确实不可相提并论。

回想当年楚平王废太子建，恐怕并不仅是费无极从中挑拨这么简单。苍蝇不叮无缝的蛋，大致就是说太子建这样的人。

楚惠王二年，子西突然想起哥哥太子建还有个儿子在吴国，也不知道混得怎么样了。一打听，混得一般。

子西和沈尹戍的儿子叶公沈诸梁关系很好，于是跟沈诸梁商量："我想

第一九七章 东郭先生和狼

把公孙胜从吴国召回来，你觉得怎么样？"

"我听说公孙胜这个人奸诈而且喜欢惹祸，只怕他回来会引发动乱啊！"沈诸梁反对，公孙胜的事情他大概知道一些。

"我倒听说他这人说话算数，而且非常勇敢。把他安置在吴、楚边界，不就可以保卫国家？"子西的看法又不一样。

"令尹，'周仁之为信，率义之为勇'（《左传》）。切近仁爱才是信，合乎道理才是勇。说了什么都要去做，不择手段、不顾后果，这不是信，也不是勇。公孙胜就是这样的人，他还四处招募亡命之徒，一定是在图谋不轨。把他召回来，您一定会后悔的。"沈诸梁说。

看来，一个人的性格，从不同的角度看，结论是不同的。

"不，再怎么说，他也是我侄子。"

最终，子西没有听从劝告，派人悄悄去吴国接公孙胜。

公孙胜过得怎么样？

不爽，很不爽，非常不爽。

自从奶奶来了之后，祖孙二人也算是相依为命。不过，与伍子胥的关系变得非常冷。为什么与伍子胥疏远了？说起来，原因不少。

当初吴国讨伐楚国，公孙胜就曾经私下找到伍子胥，请求让自己回去做楚王，被伍子胥以吴王不同意推托了，实际上公孙胜知道，伍子胥要灭掉楚国或者摧毁楚国，根本不考虑公孙胜的问题。后来吴军拿下郢都，伍子胥鞭尸楚平王，公孙胜非常不满，毕竟那是他的亲爷爷。

公孙胜有一点跟伍子胥非常像，那就是把仇恨记得很深，他始终记得当年怎样逃出郑国，当然，不是伍子胥一路上照顾他、保护他那一段，那是恩，他不在乎。他记得的是父亲太子建被郑国人所杀的那一段，这个杀父之仇他一直刻在心间，发誓要报。

所以，当吴军拿下楚国之后，公孙胜派人去向伍子胥请求讨伐郑国，为太子建报仇。可是，伍子胥拒绝了，这让公孙胜伤心透顶，也绝望透顶。

"伍子胥，不靠你，你看我能不能报仇。"公孙胜发誓，从那之后，再没有去找过伍子胥。

而伍子胥也感觉到公孙胜的不满，于是，基本上不再往来。

两年前，奶奶死了，公孙胜更加感到孤独无助。于是，公孙胜开始在吴国招纳亡命之徒，准备报仇，他要刺杀郑国国君。

就在这个时候，楚国来人了。

"太好了，我回去。"公孙胜毫不犹豫，他早就不想在吴国待了，他恨这个国家。

"那，要不要先跟伍子胥道个别？"使者问。毕竟，这是人之常情。

"不用理他，走！"公孙胜用很不屑的语气说，连使者都有些惊讶。

就这样，公孙胜悄悄回到了楚国。

后来公孙胜偷偷回楚国的事情被伍子胥知道了，伍子胥大骂公孙胜的良心被狗吃了。而夫差知道之后，对伍子胥再添不满。

公孙胜回到楚国，子西非常高兴，对这个侄子也很照顾，把巢地作为他的封邑，级别为公，称为白公。从现在开始，公孙胜就成了白公胜。

"叔，我有一个要求。"白公胜只高兴了一下，就开始提要求。

"你说。"

"郑国人杀了我爹，我要为我爹报仇，请求讨伐郑国。"白公胜满脑子里只有报仇，对别的不感兴趣。

"这，你也看到了，国家现在百废待兴，还没有走上正轨，等等吧。放心，你爹也是我哥哥，哥哥的事情我不会忘记的。"子西没有答应，但是也没有拒绝。

就这样，白公胜到了巢地，这里是楚、吴边境，白公胜率领着楚军防御吴军。

看来，朋友变敌人和敌人变朋友都是很简单的事情。

不过，在白公胜的心里，想着的始终是向郑国人报仇。

没多久，白公胜又去找子西，要求讨伐郑国。

这一次，子西答应了，但是说要看时机。

实际上，这个时机是很难等到的，郑国可不像蔡国那么简单，以楚国现在的实力，打郑国没有什么胜算。何况，只要楚国打郑国，吴国肯定会救郑国。

又过了一段时间，恰好是晋国内乱，郑国支持中行家和范家，等到中行家和范家战败，晋国讨伐郑国，郑国只得向楚国求救。

救，还是不救？当然要救。理由很简单，首先，如果晋国灭了郑国，对楚国非常不利；其次，如果楚国不救，郑国会向吴国求救，吴国出兵，楚国当然不愿意见到；最后，从道义出发，也应该救。

子西率领楚军救郑国，晋国撤军了，于是，楚国和郑国顺势结盟。

从国家利益来说，子西的做法完全正确。

"谁是仇人？"

可是，白公胜不这么想，他在想什么？

"可恶的子西，他在忽悠我，楚国没有一个好东西。"这是白公胜的想法，他认为子西骗他回来只有一个目的，那就是利用他对抗吴国。

"郑人在此，仇不远矣。原来郑国人就在我身边，仇人就在眼前。"白公胜认定子西就是郑国人一伙的，所以，他就是仇人。不仅子西，子期也是郑国人一伙的，也是仇人。

既然确定了子西和子期就是仇人，而且就在眼前，那报仇的第一个目标重新锁定：子西和子期。

白公胜开始准备，除了从吴国带来的一帮亡命之徒以外，又继续招纳勇士。按照白公胜的计划，只需要找够五百名亡命之徒，就能动手了。

"怎么样？有没有信心？"白公胜有一个得力助手，这人叫石乞，是从吴国带来的勇士，招人的任务主要由他负责。

"很难，这年头，谁不怕死？不过呢，市场有一个杀猪的叫熊宜僚，这人厉害，如果他肯来，能顶得上五百人了。"石乞推荐了一个人，基本上，这人属于专诸级别的。

白公胜一听，石乞对这人这么推崇，一定是个能人。

于是，白公胜和石乞就来到了市场，找到了熊宜僚。随便一交谈，白公胜就发现这个人确实厉害，气质不俗，心理素质非常好，而且还很聪明。

"怎么样？跟我干，事成之后，楚国的司马就由你来干了。"利诱。

"不干，我觉得杀猪就挺好。"拒绝利诱。

"不干？那我先杀了你。"威胁。

白公胜的宝剑就放在了熊宜僚的脖子上，冷冷地散发出寒气。

熊宜僚没有看那把剑，也没有说话，只是用眼斜视着白公胜。

拒绝威胁。

白公胜有点儿傻眼。

"主公，算了，放过他吧。他不贪图利禄，不怕威胁，也就不会出卖我们去获得好处，我们走吧。"石乞建议。

借坡下驴，白公胜走了，不过，他真的很喜欢熊宜僚这个人。

这一天，白公胜正在磨剑，子平来了，他路过这里。

"胜哥，磨剑干什么？是准备对付吴国人吗？"子平问。子平是谁？子期的儿子。

"我这人一向以直率闻名，如果不告诉你，那就徒有虚名了，所以告诉你吧，我要杀你父亲。"白公胜毫不掩饰地说，一点儿不像开玩笑。

可是，世界上的事情就是这样，你越是说实话，别人就越认为你在说假话；你越是说假话，别人就越相信你。所以，为什么有的时候骗子不需

第一九七章　东郭先生和狼　　　　　　　　　　　　　　　383

要高明的骗术就能成功，那是因为他说了被骗的人想听的话。换言之，受骗的多半都属于自己骗自己。

"胜哥，说笑吧？"子平笑了，他当然不相信，世上哪有这样傻的人？

"爱信不信，反正我告诉你了。"白公胜又说，懒得搭理他。

闲聊了几句，子平很没趣地走了。

回到郢都，子平把这事情告诉了子西。

"哈哈哈哈，他就像个蛋，在我的羽翼下孵化成长，等我老死了，楚国的令尹、司马还不随他挑？"子西觉得很好笑，一点儿也不怀疑。

后来白公胜听说了子西的话，咬牙切齿地对石乞说："兄弟，我要是让这老东西善终的话，我就不是我娘养的。"

407

转眼，伍子胥被杀；转眼，黄池相会；转眼，到了吴王夫差十七年（前479年）。

夏天的时候，楚国和吴国的边防部队发生了冲突，结果白公胜率领的楚军取得了胜利。

机会来了。

白公胜派人向楚惠王提出请求，请求把缴获的吴军装备献给楚惠王。楚惠王很高兴，于是同意了。

白公胜率领三百搬运工，带着缴获的吴军装备，来到了郢都，然后上朝进献吴军装备。对于这件事情，从楚惠王到子西和子期都很重视，毕竟这么多年来没有在吴国人身上占过便宜了，确实值得庆贺。再说了，这是白公胜的功劳，大家都为他高兴。所以，那一天，子西、子期都到场了，要给白公胜捧场。

可是，白公胜的三百搬运工来到朝廷，迅速换上了吴军的装备，变成了三百精兵。

变起突然，没有人有准备。

白公胜轻而易举占领了朝廷，楚惠王被劫持为人质，子西、子期被杀。

子西被杀前，仰天长叹："我真是瞎了我的狗眼啊！怎么弄了这么个白眼狼回来啊！"

白公胜不是白眼狼，而是中山狼，子西就是现实版的东郭先生。

子西死的时候用衣服掩住脸，表示死后没脸见人；子期是个武将，奋起抵抗，终因寡不敌众，英勇牺牲。

杀了子西、子期，下一步怎么办？白公胜没想好。

白公胜的座右铭是：摸着石头过河。

"主公，杀了楚王，烧了仓库，然后你自己当楚王。"石乞的方案比较简单，属于土匪风格。

"不行，杀了楚王，会激起公愤；烧了仓库，怎么防守啊？"白公胜反对，想了想，想起一个办法来。

白公胜率领着手下那点儿人马，出其不意闯到了子闾家里，把子闾给抓来了。

"你当楚王。"白公胜下令，连商量都免了。

"我不当。"子闾不干。

"不当，不当就杀你。"

"杀了我也不当。"

白公胜一刀把小叔叔又给砍了，就这么简单。

杀了三个叔叔，可是问题还没解决。

白公胜命令把楚惠王给关进后宫的仓库，石乞亲自看守大门。

自古以来，仓库看似安全，实际上最不安全，因为不知道有多少人想尽办法要进入仓库。宫里的内侍们早就挖了一个地道，平时进去偷点儿东西方便。此时楚惠王被关在里面，内侍们挺高兴，一个叫作公阳的小内侍下半夜悄悄顺着地道钻了进去，楚惠王还小，公阳把他背了出来，悄悄地送到楚昭王夫人那里藏了起来。

第二天给楚惠王送饭的时候，才发现人丢了，白公胜非常恼火，下令立即搜查，哪里去搜？宫里藏人的地方太多了，白公胜的手下又不熟，再加上人手不多，多数人要守宫门。所以，找了一天，杳无踪影。

这下麻烦大了，人质没了。

"那什么，现在除了被杀的这几个，谁的官最大？"白公胜问。一打听，令尹和司马都死了，现在是左尹管修的官最大。

管修是谁？说起来，是管仲的后人，因为齐国内乱，来到了楚国避难，被楚昭王封在了阴地，所以是阴姓的得姓始祖，因为人品能力都不错，被子西提拔为左尹。

白公胜又搞了一次突然袭击，把管修给抓来了。

"你，从现在开始是令尹了，给我召集军队，准备讨伐郑国。"白公胜不管别的了，要召集军队讨伐郑国，报杀父之仇。

"你是谁？你有什么资格命令我？"管修不买他的账。

"你不听我的？我杀了你。"

"杀了我也不听。"

白公胜又杀了管修。

白公胜就在朝廷里折腾，也折腾不出个名堂来。

楚国的公卿逃的逃，看热闹的看热闹，竟然没有人来讨伐白公胜，这三百多号人就占领了朝廷一个多月。

终于，有人率军杀到了。谁？沈诸梁。

沈诸梁正在蔡国，听说白公胜占了朝廷，他并没有行动。等到听说白公胜杀了管修，这才决定动手，因为他知道管修的人品好比当年的伯郤宛，杀管修是要引发公愤的。

沈诸梁在方城山外召集了人马，然后杀奔郢都。

来到郢都北门的时候，有人对他说："你为什么不戴上头盔呢？你要是被叛军一箭射死了，岂不是要让大家绝望？"

沈诸梁一想，有道理，于是戴上了头盔。

刚戴好，又来了一个人，对他说："你为什么要戴着头盔呢？百姓看见你，心里就踏实了，可是你用头盔把脸遮起来，好像很怕死的样子，不是让老百姓失望吗？"

沈诸梁又一想，这话也有道理，于是把头盔又摘了下来。

进了郢都，遇上了箴尹固，也带着人马去朝廷，一问，竟然是去支援白公胜的。

"喂，没有子西和子期，楚国早就完蛋了。如今白公胜造反，你不去平叛，还去帮他，你不想活了？你全家都不想活了？"沈诸梁质问他。

箴尹固一听，有道理啊。

"那，那我加入你。"箴尹固改变主意了。

俗话说：听人劝，吃饱饭。

沈诸梁和箴尹固都能听人劝，跟白公胜形成鲜明对照。

两路人马杀到，总兵力超过三千，而白公胜还是那几个死党。战斗时间不长，白公胜的人马就抵挡不住了，于是逃到一座山上，沈诸梁率兵团团包围。

"爹啊，我给你报仇了！"白公胜对天长啸，觉得杀了子西和子期就算是给爹报了仇，随后，找了一棵树就上吊自杀了。

白公胜死后，石乞把他的尸体藏了起来。

沈诸梁的队伍很快攻上山头，石乞被活捉。

"快说，白公胜的尸体藏到哪里了？不说的话，把你煮来吃了。"沈诸梁审问石乞。

第一九七章　东郭先生和狼

石乞笑了，能跟白公胜干的人，当然不是寻常人。

"嘿嘿，造反这活儿，成功了就是卿，不成功就是死，这是当然的结局，招不招有什么区别？烧水吧。"石乞眼睛都没眨一下，想得够明白，骨头够硬。

这个道理沈诸梁也懂，所以没有再威胁他，直接烧了水把他给煮了。

平定了叛乱，沈诸梁找到楚惠王。

"叶公，你当令尹吧。"楚惠王虽然小，也知道自己能重新当上王是靠人家沈诸梁。

"不当。"沈诸梁拒绝，让子西的儿子子国担任令尹。

"那，当司马？"

"不当。"沈诸梁又找到子期的儿子子宽担任司马。

之后，沈诸梁回到封地叶，当他的叶公去了。

叶公好龙的故事说的就是沈诸梁，似乎叶公是个废物；其实恰恰相反，叶公绝对是个人物。

此次白公胜叛乱，只不过三百号人，而且没有内部策应和外部支援，就能够轻易杀死令尹和司马，并且占据朝廷一个多月，而首都居然没有人出来讨伐。由此可见，楚国已经是一盘彻头彻尾的散沙。

大国衰落啊，衰落得不成样子了。

第一九八章

吴 亡

楚国内乱，吴王夫差有了想法。

"我要趁楚国内乱讨伐他们，各位看怎么样？"夫差提出来，吴国已经很多年不打仗，又想起来了。

"好啊好啊好啊！"伯嚭为首，一致通过，大家只管拍马屁。

事情就这么定了。

吴王夫差养了一帮各国来的人，叫作舍人，暂时没有安排工作，都住在王宫附近一个院子里。

这天早上，夫差去这个院子看望大家，看见一个叫少孺子的舍人手拿弹弓在那里转，衣服弄得很湿。

"喂，你过来，衣服怎么弄这么湿？"吴王夫差觉得这人太不注意个人卫生了。

"我早上打鸟，被露水沾湿了。"少孺子回答。

"打着了吗？"

"刚要打，结果发现一个现象，我正思考呢。"

"什么现象?"

"园中有树,其上有蝉。蝉高居悲鸣,饮露,不知螳螂在其后也;螳螂委身曲附,欲取蝉,而不知黄雀在其旁也;黄雀延颈欲啄螳螂,而不知弹丸在其下也。此三者皆务欲得其前利,而不顾其后之有患也。"少孺子说了这样一番话,意思是:蝉在树上饮露水,却不知道螳螂在后面;螳螂准备捕蝉,却不知道黄雀就在旁边;黄雀准备吃螳螂,却不知道我在后面用弹弓瞄着它。我说的这三样,都是只看见眼前的利益,却不顾身后的危险。

"善哉。"吴王夫差说了这两个字,然后决定不攻打楚国了,因为他知道越国也许正惦记着吴国呢。

这一段出自《说苑》。

螳螂捕蝉,黄雀在后。这个成语,就出于这里。

408

螳螂捕蝉,黄雀在后。

明白这个道理当然很好,但是,螳螂没有捕蝉的时候,黄雀就不在后面了吗?

黄雀要吃螳螂,和螳螂捕不捕蝉没有关系。

吴王夫差显然没有明白这个道理。

从黄池回来之后,吴王夫差实际上做了反思,他并不认为自己当初放过勾践就是错误的,自己的错误在于对外战争太频繁了,国家没有休养生息的机会,这才给了越国人机会。

"大家休养吧。"夫差决定休养生息,于是马放南山,士兵们都放回家种地去了。

《吴越春秋》记载:"吴王还归自池,息民散兵。"

那么,夫差自己干什么?跑马打猎,享受西施并且和西施一同享受。

他不担心越国吗？不担心。

根据驻越国地下办事处的情报，越王勾践现在也在跑马打猎，耽于酒色。

于是，夫差安心地享受生活。

跟夫差一样，吴国的大臣们也都开始享受生活。

穷兵黩武，固然是不对的；忘记战争，也是危险的。

可是，夫差又一次低估了勾践，低估了越国人。

一切都是范蠡的诡计，他让勾践跑马打猎，但不要真正沉湎在狩猎上；让勾践饮酒寻欢，但不要真正沉湎在酒色上；让勾践和臣僚们大吃大喝，但不要忘记国家的正事。所有这些，都是做一个假象给夫差看的。

与此同时，范蠡让计然想办法，通过越国的商人在吴国买空卖空，哄抬吴国的粮价，攫取吴国的财富。

所以，尽管吴国不打仗了，却依然无法恢复元气。一来是吴王夫差缺乏具体的办法；二来是越国人在暗中搞鬼。

黄池之会之后四年，吴国竟然年年闹饥荒，到吴王夫差十八年春天，也就是白公胜叛乱的第二年，越王勾践决定讨伐吴国。

吴越大军在笠泽（今江苏吴江一带）隔水扎营。

这是吴、越两军主力在夫椒之战后的首次对决，双方都很小心。这一场战争，很可能决定今后的命运。

吴军在失去孙武和伍子胥之后，战术水平明显下降。

而越军由范蠡指挥，战术水平在吴军之上。

黄昏时分，范蠡派出上下两军分头去上游五里和下游五里，悄悄渡河。到下半夜，上下两军打着火把，擂鼓前进，夜战吴军。

吴军什么时候夜战过？多年不打仗，大家都心慌。

"越军两路夹击我们，赶快，我们分两路迎击。"吴王夫差下令，也是慌了，深更半夜的，本来应该固守大营，等待天亮。

吴、越两军两侧开战，完全靠火把照明，根本看不清人。因此，虽然吴军人数多，可是有劲使不上。

这个时候，范蠡命令越军中军悄悄过河，之后派遣五千敢死队袭击吴军中军。为什么说袭击？因为没有擂鼓，完全出其不意。

吴军中军受攻，一下子乱了阵脚，这等于被越国人分割包围了。

吴军一乱，越军中军擂响了战鼓，随后冲锋。

黑夜之中，吴军被冲得七零八落，也不知道来了多少越国人，也不知道自己是不是被包围了。

崩溃，吴军崩溃。

天亮的时候，满地的死尸，都是吴军士兵。

"撤军。"勾践下令。

这一仗，吴军主力大半被歼，不过按照范蠡的说法，这时候越国还不具备灭掉吴国的力量。所以，越军撤军。

吴王夫差二十年（前476年），越军入侵楚国。不过，这只是范蠡的计策，用来麻痹吴国人。等楚军救兵一到，越军主动撤退。

这一年，从时间上算，已经不是春秋，而是战国的第一年。不过，要把吴、越之间的恩怨讲完，需要占用战国几年时间。

第二年，吴国再受天灾，百姓竟然到了吃野菜和到海边捡牡蛎等充饥的地步。别以为那是海鲜，古时候可没人爱吃那个。

"可矣。"范蠡知道已经到了和吴国人清算一切的时间了。

秋收结束，越军全军出动，讨伐吴国。这一次，吴军根本不是越军的对手，五战连败。到十一月，越军包围了阖闾城。

越军并没有攻城，按照范蠡的策略，就是两个字："围城"。

越军没有攻城，吴军来约战了。

"回去，我们不打。"范蠡拒绝。

一天之内，吴国使者来了五次，要求决战。范蠡毫不动摇，拒绝了五次。

"范先生，打吧，难道还怕他们？"勾践有点儿沉不住气了，他想决战了。

"大王，出兵之前咱们不是商量好了吗？只围不打。怎么到了战场上就变卦呢？得到了时机就不能怠慢，时机一失就不会再来。上天赐予而不接受，灾难反而会降临到自己的头上。进退变化之中如果拿不准主意，一定会后悔的。"范蠡还是很坚决，《国语》原话是这样的："得时无怠，时不再来，天予不取，反为之灾。"

时不再来，这个成语出自这里。

天予不取，反受其害。这句名言，同样来自这里。

"好吧。"勾践同意范蠡的看法。

范蠡的策略是非常有道理的，从当时的情况看，吴军尽管连败，但是战斗力还在，此时背城一战，一定死拼，越军未必就能取得胜利。再则，吴国比越国大，越军拿下阖闾城，很难避免当年吴军在郢都所做的事情，反而会激起吴国人的愤慨，逼迫吴国人团结起来驱逐越国侵略者。

所以，范蠡一边包围阖闾城，用时间来消磨吴军的士气；另一边，在阖闾城以外的地区，赈济吴国百姓，来感化他们，用时间来同化他们。

以时间换空间，就是这个意思。

那么，范蠡不担心吴国人向其他国家求救？

当时天下有能力救吴国的其实只有三个国家，楚国、秦国和晋国，楚国和秦国都是吴国的敌人，自然不会救他们。那么，晋国呢？

吴王夫差知道，这样被包围下去就只有死路一条了，因为越国人耗得起，自己耗不起。

到了这个时候，唯一的办法就是求援了。求谁？算来算去也只有晋国，其余的大国楚、秦、齐都是仇人。

于是,吴国特使前往晋国求救。

"哎哟,盟主有难,八方支援啊!"赵简子当场表态,可是,随后说了,"可是,实在不好意思,你看,我们国君刚刚去世,国家还在丧期,不能打仗啊!"

一个"可是",葬送了吴国的希望。

其实,就算晋定公没死,晋国人也不会来救吴国的。

"那什么,这样吧,为了表达我们对盟主的敬意和我们不能救盟主的愧意,我把饮食标准再降低一档。"赵简子假模假样很惭愧的样子,因为国君死了,饮食标准已经降低了。

"元帅,您这样惩罚自己,让吴王知道了,一定很感动啊!"一个叫楚隆的手下急忙拍起了马屁。

"真的?那你去趟吴国,跟他说说。"赵简子挺得意,于是派楚隆跟着吴国使者去了吴国。

到了阖闾城外,到处是越军的包围,吴国使者偷偷溜进了城。楚隆不怕,他去找到了勾践。

"大王,吴国这样的流氓国家,早就该收拾他们了。听说贵国讨伐他们,中原各国欢欣鼓舞。我国特地派我来看看这里的情况,看有什么需要我们帮忙的,再看看吴国人有多悲惨,好让大家更高兴一点儿。"见人说人话,见鬼说鬼话。

"那行,你进去看看吧。"勾践一听挺高兴,放他进了包围圈。

于是,楚隆来见吴王夫差。

"大王,您受苦了。"楚隆说着,眼泪都快下来了。之后,把赵简子怎样自责、怎样降低伙食标准等说了一遍。

夫差不是傻瓜,听他忽悠,心想:你就忽悠吧,忽悠死我们,看你们今后忽悠谁去。

不管怎样,夫差还算客气地接待了他,临行前送了他一小盒珍珠,让他带给赵简子，算是补偿他降低饮食标准的损失。

吴王夫差绝望了。

说起来，这也是晋国最后一次忽悠吴国了。

409

越军围城，转眼围了三年。

吴王夫差二十三年十一月（前473年），阖闾城终于崩溃了，城中的军民不顾一切，开了城门，蜂拥出城投降。

不投降没办法了，城里早已经断了粮。

吴王夫差带领着一帮亲信近臣，逃上了姑苏山。

从会稽山到姑苏山，造化弄人。

到了这个时候，吴王夫差也只能投降了。

"太宰，太宰呢？"夫差想派伯嚭去，他跟越国人关系好。

伯嚭还在吗？还在就不是伯嚭了。

没办法，夫差只好派王孙雒去向越国投降了。

"大王，过去我们在会稽得罪了贵国。现在越王如果肯赦免我们的话，我们愿意臣属于大王，永永远远不敢背叛。"王孙雒说得很悲凉、很诚恳，文种在一旁看着，不由得想起自己当初在吴军大营恳求吴王夫差的场景。

看见王孙雒，勾践突然有点儿心软，他跟王孙雒还比较熟，很喜欢他。

"这个……"勾践有些犹豫，似乎想要答应他。毕竟仇恨已经过去很多年，而三年围城消磨掉的不仅是吴军的士气，也包括勾践心头的仇恨。

"大王，我听说圣人的成功，由于他能利用天时。得了天时还不成功，上天就转到相反的方面去了。现在大王迟迟不能决断，难道忘记了在会稽蒙受的耻辱吗？忘记了在吴国的三年了吗？"范蠡一看勾践要犯糊涂，急忙阻止。

"好吧，你回去吧，我们不接受投降。"勾践于是拒绝了王孙雒。

虽然被拒绝了，但王孙雒还是从勾践的犹豫中看到了希望。
于是，一次又一次，王孙雒往返于姑苏山和越军大营。
王孙雒的措辞越来越谦卑，礼节越来越恭敬，勾践真有些受不了了，文种则早已经走开了，不忍心去看，要不是范蠡在旁边盯着，勾践早就答应了吴国的求和。

"范先生，你看他们怪可怜的，答应他们吧。"勾践把范蠡拉到了内室，跟他商量。

"大王，这时候别犯糊涂啊！我问你，谁让我们一早就上朝，很晚才下班？不是吴国吗？谁跟我们争夺三江五湖的利益？不也是吴国吗？我们辛辛苦苦谋划了十多年，大王卧薪尝胆，现在却要前功尽弃，怎么可以呢？不能答应他们。"范蠡都说得急了，生怕勾践出了岔子。

"那，我都不好意思拒绝人家了，你去跟他们说吧。"勾践知道范蠡是对的，可是怕控制不住自己。

说起来，勾践也算是性情中人了。

范蠡左手提着鼓，右手拿着鼓槌，出来见王孙雒。

"过去上天给越国降下灾祸，让越国落在吴国的手中，而吴国却不接受。现在上天叫我们报复吴国。我们大王怎敢不听从上天的命令，而听从吴王的命令呢？不好意思，你回去吧。"范蠡说话可不像勾践那么犹犹豫豫。

"尊敬的范先生，古人有句话说：'不要助天作恶。'现在我们吴国的稻和蟹都已被我们吃得绝种，您还要助天作恶，不怕遭厄运吗？"王孙雒急了，他恨死了范蠡，可是还要竭力地压抑住。

"尊敬的王孙啊，越国在周朝连子爵都混不上，所以只能住在东海岸边，和鼋鼍鱼鳖相处，同水边的蛤蟆共居。我们虽然看上去像个人，实际上跟野兽没什么区别，您说的道理，我们听不懂。"范蠡懒得跟王孙雒纠缠，干脆这样说。

"那好吧，范先生一定要助天为恶，想要遭受厄运，我也没有办法。请让我再见越王一面，向他告辞。"王孙雒是个聪明人，他知道跟范蠡再说下去毫无意义，所以想找勾践做最后的努力。

"不必如此，大王已经把这事情委托给我了，你要再纠缠，那我就要得罪了。"范蠡发出威胁。

绝望，王孙雒带着绝望，回了姑苏山。

王孙雒一走，范蠡没有通报勾践，立即下令准备攻打姑苏山。

战鼓响起，勾践才知道越军要进攻了。

尽管从前勾践的脑海里都是在吴国受屈辱的画面，可是到了这个时候，望着姑苏山，勾践却有些感伤。他想起夫差不管怎样还是放过了自己，而且后来对自己也不错，自己回越国之后，吴国也并没有欺负过越国，可以说还是真心与越国友好的。

唉，夫差其实是个好人哪！勾践心想，他动了恻隐之心。

越军就要开始进攻，勾践知道，一旦战斗开始，结果就是玉石俱焚，姑苏山上将是一片尸体，有夫差的，也会有王孙雒的。

"请范先生。"勾践突然做了一个决定，派人去请范蠡。

"大王，要不要亲自指挥？"范蠡来了，他问，队伍已经准备好了。

"范先生，不要进攻。虽然不准他们投降，可是我决定给夫差一条生路。"勾践说。

范蠡没有说话，其实他已经料到了。

"给他一块地，给他几百家百姓，让他善终吧。"勾践说。这是他决定的事情，即便范蠡反对，他也不会听从了。

范蠡并没有反对，这是可以接受的方案。

第一九八章 吴亡

姑苏山上，充斥着绝望的气氛。

山下的战鼓声越来越密。

要么战死，要么自杀，没有第三个选择。

夫差是准备自杀的，绳子已经准备好了。

就在这个时候，勾践的使者到了。

难道绝处逢生了？夫差的心头又燃起一丝希望，大家的心头都燃起了一丝希望。

"大王，我家大王心怀慈悲，决定在甬东（今浙江省舟山市定海区境内）给大王一块地，享受三百家的税赋，安度晚年。"使者说话还很客气。

夫差笑了，苦笑，这不是他的希望。

"多谢越王了，我老了，不能为大王效力了。"吴王夫差拒绝了活命的希望，他决定自杀。

临上吊之前，夫差哭了。

"如果死了也就死了，那还好；如果死后有知，我还有什么脸去见伍子胥呢？"夫差放声大哭，到了这个时候，他终于明白伍子胥是对的。

临死才明白，不知是幸运还是不幸。

所有人都哭了，所有人都想起伍子胥来。

可是，晚了，一切都太晚了。

吴王夫差自缢身亡，吴国大臣们下山投降。而越王勾践也很感伤，隆重地安葬了吴王夫差。

至此，越国灭亡了吴国。

吴国，从轰轰烈烈征服越国，到窝窝囊囊被越国所灭，仅仅三十三年。

第一九九章

勾 践 称 霸

关于春秋五霸,吴王夫差一向被认为是第五霸。但是,与前面的齐桓公、晋文公、楚庄王和晋悼公对照,夫差完全不具备霸主的条件。

国家在他手中灭亡,这是最大的败笔。

黄池盟会是夫差的称霸宣言,可惜的是,那时候首都正被越国包围。从黄池回国,不是凯旋,而是逃跑。

一个更大的区别是,前面的四个人并不仅仅靠武力来征服诸侯,更多地靠的是信用,他们都具备超凡的个人魅力。因此,诸侯对他们是心悦诚服,而吴王夫差完全靠武力欺压诸侯。

所以,夫差不是春秋霸主,顶多是春秋强主。

410

越国灭了吴国,吴国的臣民们都成了越国的臣民。

现在,有两个人要特别处理。

一男一女，男的是伯嚭，女的是西施。

说起来，一个算内奸，一个算特务，都是对越国有功的人。

西施是从姑苏山上下来的。

基本上，夫差后宫的女人剩得不多了，剩下的也都瘦得不像样子，唯有西施的气色不错，依然是那么风华绝代的样子，显然是夫差特别照顾的。

处置俘虏都由范蠡来完成，一般的士兵和大臣都被释放回家，做良民去了。西施这样国家级的人物，范蠡不敢自己处置，所以请示了越王勾践。

"那什么，先送回会稽，请夫人看管，等我回去再说。"越王勾践就这么打发了西施，并没有说怎样处置。

就这样，西施暂时放下。

伯嚭不是从姑苏山上下来的，他就没有上山，而是随着难民跑回了自己的封地。

等到夫差自杀之后，伯嚭自动出现了。

"恭喜大王贺喜大王，罪臣伯嚭请求处置。"伯嚭来找越王勾践了，实际上是来投靠新的主人。

大家都很讨厌他，只有一个人勉强和他打了个招呼，这人是文种，因为两人的交往比较多。

看见伯嚭，勾践倒有点儿尴尬。这个人是个佞臣，贪污受贿，什么都干，而且背叛自己的君主和国家；可是话说回来，他又是勾践和越国的救命恩人，没有他帮助，越国早就没了。

勾践也不知道该说什么，愣愣地发呆。

"伯嚭，你这个小人，这个时候，还有脸出来见我们大王？"范蠡毫不客气，开口斥责他。

伯嚭看了范蠡一眼，并不恼火，满脸堆笑地说："此言差矣，对越国的功劳，只怕我也不比你小啊！"

勾践这个时候说话了："太宰，说起来呢，你是我们的恩人。可是，换句话说，你就是吴国的祸端。那么，你说你来想要什么？我怎么敢用你呢？"

勾践的意思，你走了就算了，别在这里待着了。

"大王，大家都以为吴国是我祸害的，其实不然。我不过是吴王的一个谋臣，决断都在吴王那里。当初在会稽我劝吴王与大王您讲和，那是为了您好，也是为了吴国好，难道那时候我就想吴国亡国？吴国之所以亡国，那是吴王穷兵黩武、不体恤百姓的结果，与我有什么关系？越国不灭吴国，楚国也会灭吴国。

"再说了，大王您有今天，那也是我伯嚭的功劳吗？当然不是，那是大王高瞻远瞩、坚韧不拔的结果。在座的各位跟我一样，都不过是为大王做了些微薄的工作。换了别人，就算是当初我同样为他出力，他能够有今天吗？

"说我害了吴国，那是在抬举我，我有这么大的能力吗？

"说来说去，大王有今天，是大王的英明；吴王有今天，是吴王的无能。在座各位如果把吴国灭亡的责任推给我，实际上就是在把越国强盛的功劳归到自己头上。

"大王如此英明，过去能为大王效力，我深感荣幸之至；如果今后还能为大王效劳，那是我的福分。如果大王鄙视嫌弃我，我也无怨无悔。"

伯嚭的一番话，说得满座鸦雀无声。

有道理吗？没有道理吗？

的确，吴国的灭亡，与伯嚭有多大关系呢？

"太宰，你说得太有道理了。人要懂得感恩，我宣布，从今天起，你就是越国的太宰。除了原有封邑保留之外，另有封赏。"勾践宣布，他很欣赏伯嚭刚才说的那段话。

伯嚭，还是太宰，越国的太宰。

关于伯嚭，史书上的记载就矛盾颇多。

《史记·吴太伯世家》："越王灭吴，诛太宰嚭。"

《史记·越王勾践世家》："越王乃葬吴王而诛太宰嚭。"

《史记·伍子胥列传》："越王勾践遂灭吴，杀王夫差；而诛太宰嚭，以不忠于其君，而外受重赂，与己比周也。"

《吴越春秋》："越王谓太宰嚭曰：'子为臣不忠无信，亡国灭君。'乃诛嚭并妻子。"

上面这些记载都说伯嚭被诛杀，真是这样吗？

谎言一大堆。

来看看真相。

《国语》中对伯嚭的下落没有记载。

《左传》："哀公二十二年：冬十一月丁卯，越灭吴。请使吴王居甬东，辞曰：'孤老矣，焉能事君？'乃缢。越人以归。"

《左传》："哀公二十四年：季孙惧，使因大宰嚭而纳赂焉，乃止。"

大宰嚭就是伯嚭。

越灭吴在哀公二十二年，两年之后，鲁哀公到越国访问，想要通过越国的帮助铲除三桓。在越国，越王勾践的太子适郢非常喜欢鲁哀公，想把自己的女儿嫁给他。客居越国的鲁国人公孙有山于是给季孙通风报信，季孙就派人给伯嚭送了很多贿赂，请他帮忙阻止了这件事。

这段记录明确地说明以下事实：首先，越国灭亡吴国两年后，伯嚭依然是太宰，当然不是吴国的，而是越国的；其次，伯嚭的风格还没有变，还是喜欢受贿；最后，伯嚭很受勾践信任，所以他才能替季孙把事情办成。

这段记载出自《左传》，因为事关鲁国，所以可信度毋庸置疑。

所以，伯嚭不仅没有死，而且过得很滋润。

对于伯嚭，也许不用太过苛责。如果你的祖上三代都在同一个地方摔倒，你也会换一条道走走。从这个角度说，伯嚭是善于反思的，反思也是成功的。

那么，为什么包括司马迁在内的史家都要篡改这段历史呢？

因为需要。

因为什么需要？

因为历史的需要。

历史，常常被历史篡改。

411

灭了吴国，越国声名大振。

按照早就确定的计划，越军北上，沿着当年吴军北上的路线挺进中原。

中原震恐，因为吴军的实力大家见过，如今越军比吴军还要强横，谁能抵挡？

越军挺进宋国的彭城，不过，他们不是来打宋国的。

"要称霸，就要显示武力；显示武力，是为了不动用武力。"这是范蠡告诉勾践的，他们都对称霸感兴趣。

早在一年前，范蠡就已经派人去了鲁国，越国人和吴国人一样，认定鲁国最适合作为召集人，与鲁国修好是称霸的条件之一。

鲁国人当然愿意当这个召集人。

所以，当越军北上的时候，鲁国的使节已经出发，召集各国诸侯到彭城参加盟会。

诸侯们去了吗？谁敢不去？

于是，彭城大会，晋国、楚国、齐国、宋国、郑国等国家全部参加。盟会上没有任何争议，大家一致推举越王勾践为盟主。勾践采纳了范蠡的建议，同样邀请周王室代表出席，宣布向周朝王室进贡，自称越公而不是越王。周元王任命勾践为伯，赐了一块祭祀用的肉。

现在，从法理上、实力上，越王勾践都是盟主。

越王勾践，春秋第五霸，名正言顺的春秋第五霸。这一年是越王勾践二十五年（前472年）。

所以，春秋五霸应该为：齐桓公、晋文公、楚庄王、晋悼公、越王勾践。

当上了盟主，勾践决定给小弟们发红包了。

淮上的那块地原本是楚国和吴国争夺了许多年的，后来一直在吴国控制之下，现在越王勾践无条件给了楚国人。

吴国还从宋国手里抢了不少地盘，勾践全部还给了宋国。

此外，为了对鲁国的组织工作表示感谢，泗水以东的一百多里地都给了鲁国。

"哇，越大哥好慷慨！"得到了好处的国家这么说，没得到的也这样说。

勾践真的这么慷慨吗？真这么慷慨。

为什么这么慷慨？这是有原因的。

越国的地盘本来就没有吴国大，现在地盘骤然扩大，管理上怕顾不过来，送出去几块地，什么也不影响，这是第一；第二，用这几块地拉拢几个邻国，对于还不稳定的新的越国来说，是合算的；第三，把原先吴国的地盘肢解掉，可以有效防范吴国人的造反。

这个主意，当然还是范蠡给出的。

越国大军浩浩荡荡，回到了越国。越国人民举国沸腾，这下算是发了战争财了。二十年前被抢走的现在都抢回来了，还多了。

回到越国的第二天，还没有来得及论功行赏，就有人来报，说是计然突然得了精神病，时哭时笑，整天胡言乱语。

"怎么刚刚灭了吴国，计先生就疯了？真是命中无福啊！"勾践有些奇怪，派人去看了，说是确实疯了，谁都不认识了。

没办法，勾践下令给了计然的儿子一块地，给计然养老。

那计然为什么疯了呢？范蠡最清楚，他是典型的装疯。

早年计然曾经对范蠡说过勾践不能共富贵，范蠡始终有些怀疑。不过两件事让范蠡相信了计然的判断，一件是勾践竟然尝了夫差的粪，这说明勾践做事已经没有心理底线，他什么都做得出来；另一件是勾践任命伯嚭为越国太宰，这等于告诉大家他现在需要的是什么样的人，也就告诉了大家他现在不需要什么样的人。

范蠡是个聪明人，他知道自己应该怎样去做。早在彭城的时候，范蠡就想过一走了之，可是想起来还有一件事必须回来做，这才跟着越军回来了。

什么事？风流韵事。

为色忘命，即便范蠡这样的人，也是如此。

范蠡早就看上了西施，早到什么时候？

《吴地书》中说："嘉兴县南一百里有语儿亭，勾践令范蠡取西施以献夫差，西施于路与范蠡潜通，三年始达于吴，遂生一子。至此亭，其子一岁能言，因名语儿亭。"

也就是说，在西施培训的三年期间，范蠡已经跟西施好上了，还生了一个孩子，孩子还很聪明。

这个说法太玄，不足信。

但是不管怎样，总之范蠡看上了西施，并且，就在西施培训的三年时间里，已经利用职权之便，与西施有了一腿。

灭了吴国，勾践把西施送回了自己的后宫，交给夫人看管。夫人不太高兴，毕竟西施风情万种，对自己是个威胁。怎么办？找个借口杀了她？有一种说法，夫人把西施沉到了西湖。不过，这个说法不足采信。

范蠡自然知道西施的处境非常危险，于是在越军北上之前就派人回来，找到了夫人，请她把西施留下来给自己处置。勾践夫人当年在吴国跟范蠡也是一个屋子相伴三年，感情没的说，既然范蠡这样说了，知道范蠡有想法有办法，于是好好养着西施。

现在，范蠡回来了。

范蠡有什么办法？最简单的办法。

"夫人，你把西施偷运出宫，交给我，然后就没事了。"范蠡去见夫人，出了这么个主意。

夫人一听，这叫什么主意啊？最傻的主意啊！没一点儿技术含量啊！

"那，大王问起来怎么说？"夫人问。

"就说西施是亡国的祸水，留着不吉祥，所以给沉到湖里去了。"

"就这么简单？大王怪罪怎么办？"

"不会，大王不是好色的人。否则，根本就不会送回来了。"

于是，当天晚上，西施被送出了后宫，由范蠡接回家中。

范蠡说得没错，过了很长时间，勾践才想起来问一问西施的事情，夫人照着范蠡教的话说了，勾践点点头，觉得夫人做得挺好。

范蠡得到了西施，盼这一天盼了十多年了，终于得偿所愿。

如果说在认识西施之前是帮助勾践打吴国的话，那么在认识西施之后，范蠡就纯粹是为了自己打吴国了，因为唯有拿下吴国，才能得到美人。

美人已在手，下一步怎么办？

一个字："走"。

范蠡走，明走不暗走。

"大王，我听说君忧臣劳，君辱臣死。当初大王受辱，而我没有去死，就是为了今天灭掉吴国。如今大功告成了，我也没脸在大王身边待下去了。"范蠡去找勾践，直言要走。

"别这样，是不是听到什么人说你坏话了？谁要是敢说你坏话，我就杀他全家。范先生，你一定要留下来，我把国家一半的税赋都分给你。如果你不留下来，我就杀了你，还杀你全家。"勾践有些吃惊，之后极力挽留，最后那两句话，半认真半开玩笑。

"我知道大王的意思了，您可以按照您的命令执行，我按照我的想法去做。"范蠡笑了，也是半认真半开玩笑的样子。

几天之后，范蠡失踪了，全家不知去向。

《越绝书》曰："西施亡吴国后，复归范蠡，同泛五湖而去。"

才子佳人，终成眷属。

据《史记》："范蠡乃装其轻宝珠玉，自与其私徒属乘舟浮海以行。"

范蠡干什么去了？弃官从商了。如今官员辞职经商被称为"下海"，就是从"乘舟浮海"而来。

范蠡后来运用计然七策，到处发财，先后改名鸱夷子皮、陶朱公和范伯，在齐国、楚国都是富甲一方。

要权有权，霸主越国的头号权臣；要钱有钱，最富的齐国的头号财主；要美女有美女，中国第一美女西施。

不贪污，不受贿，不拍马屁，不贪恋权势。

范蠡的一生，是伟大的一生，是光荣的一生，是富裕的一生，也是快乐的一生。

范蠡的一生，一个字："值"。

丢了范蠡，越王勾践悲恸欲绝。于是，命令工匠用上等的金属制成范蠡的像，每天礼拜。命令大夫们每十天也要礼拜一次。

同时，把会稽山四周三百里土地划为范蠡的封地，发誓说："后代子孙，有敢侵占范蠡这块封土的，让他在越国不得善终，天地神灵、四方的官长都可以为我的话做证。"

灭吴的三大功臣中，计然回家养老，范蠡人间蒸发，就只剩下了文种一个人。

三人当中，勾践最信赖的是范蠡，最佩服的是计然，最不放心的是文种。文种这人的性格跟伍子胥有些类似，说话不太讲究场合，也不太讲究策略，因此勾践总觉得他居功自傲。范蠡人间蒸发之后，勾践心情非常糟糕，看见文种更不高兴。

"怎么走的不是文种，是范蠡呢？"勾践有的时候这样自言自语。

实际上，范蠡在走之前曾经让人给文种送去一封信，信上这样写："飞鸟尽，良弓藏；狡兔死，走狗烹。越王为人长颈鸟喙，可与共患难，不可与共乐。子何不去？"（《史记》）

鸟尽弓藏、兔死狗烹，这两个成语，出自这里。

看了这封信，文种也就明白了计然是在装疯，范蠡为什么要走。不过，文种舍不得辛辛苦苦打拼来的地位和财产，怎么能说走就走呢？

可是，文种很快发现勾践对自己的态度越来越差，而且越来越不信任。

终于有一天，文种决定先请个病假，看看形势再决定下一步怎么办。

病假很容易就请到了，但是，没等文种想明白下一步，越王勾践就派人来了。

文种的面前是一把宝剑，这把剑的名字叫作属镂。文种很熟悉这把剑，因为这是吴王阖闾的剑。吴王阖闾死后，这把剑就成了吴王夫差的剑。勾践灭吴之后，这把剑就成了勾践的剑。

这把剑，同样也是伍子胥自杀的那把剑。

现在，越王勾践派人把这把剑送到了文种这里，同时也让使者带了几句话："子教寡人伐吴七术，寡人用其三而败吴。其四在子，子为我从先王试之。"

阴阳怪气的语气，配上阴阳怪气的话。

勾践的话什么意思？你教给我对付吴国的七条计策，只用了三条就成功了。剩下的四条啊，你去教给我爹试试吧。

勾践的爹在哪里？地下。

文种自杀了。

三大功臣都已经烟消云散，勾践实际上就已经无力称霸了。

所以，在勾践随后的时光里，越国没有再发动对外战争。

不过，勾践还是做了一件事情，一件有些奇怪的事情。

勾践对于越国的地理位置不太满意，他希望越国是一个中原国家，而不是一个蛮夷国家。于是，勾践决定迁都。

勾践迁都的原则是：越往北越好。

越国最北的地方在琅琊（今江苏省连云港市锦屏山九龙口），原本这里是莒国的地盘，后来被吴国从海上侵占，越国灭吴国之后，就继承了下来。基本上，算是一块飞地。

勾践不管这些，反正莒国随时可灭掉。于是，勾践出动战船三百艘，从海上抵达琅琊，在这里建造都城。勾践之后，越国的都城就在琅琊了。

第二〇〇章

越 亡

> 怨毒之于人甚矣哉！王者尚不能行之于臣下，况同列乎！向令伍子胥从奢俱死，何异蝼蚁。弃小义，雪大耻，名垂于后世，悲夫！方子胥窘于江上，道乞食，志岂尝须臾忘郢邪？故隐忍就功名，非烈丈夫孰能致此哉？
>
> ——《史记·伍子胥列传》

吴越春秋的历史，就是一部复仇史。

仇恨的力量是超乎想象的，就像上面太史公所说的"怨毒之于人甚矣哉"。从巫臣到伍子胥到伯嚭，再到夫差、勾践和白公胜，仇恨是他们前进的动力，报仇则是他们奋斗的目标。

在这个报仇的过程中，忍受屈辱成为一种历练，伍子胥过昭关，沿街乞讨；勾践养马尝粪，卧薪尝胆，都成为千古传奇，所以太史公说"故隐忍就功名，非烈丈夫孰能致此哉"。

但是，仇恨往往令人失去理智，失去判断，失去更远大的目标。

吴国，在几个仇恨者的帮助下迅速崛起，但是崛起的只是军事，这为他穷兵黩武创造了条件，也就为他的灭亡创造了条件。

迅速崛起，快速灭亡，吴国经历的是一个"快餐式"强国过程，之后灰飞烟灭。

那么，越国呢？在仇恨中强大起来的越国呢？

越国也无法逃脱这样的命运。

412

关于越国的灭亡，历来也是一个谜。

按《史记》，越国亡于楚威王和齐威王年间，可是，楚威王和齐威王不在同一年代，所以，这个说法自相矛盾。

如果越国亡于楚威王年间，应该是在楚威王七年（前333年），这距离勾践称霸已经一百四十年了。一百四十年间，当时第一大国越国竟然无声无息地度过，实在不可思议。何况在《史记·楚世家》中，根本没有记载楚国灭越国这段历史，而如此大事竟然没有记载，也实在是匪夷所思。

根据《史记》记载，楚简王元年（前430年），楚国灭莒。莒国距离楚国很远，要灭莒必须跨越越国，并且越国首都琅琊在莒国以北，越国本土在莒国以南，越国可以容忍中间夹着一个莒国，但是绝对不会容忍中间夹着一个楚国。

所以，楚、越之战应该在楚简王元年，楚国战胜越国，顺手灭掉了莒国，之后攻占越国首都琅琊。

也正是因为越国在几十年间迅速灭亡，所以历史上的记载很少。

年代背景交代完毕，看看越国怎样灭亡。

越王勾践称霸之后，迁都琅琊。

此时，各诸侯国都是乱作一团，忙于内部争权，各国争端相对较少。而勾践也无心讨伐，因此就在海边颐养天年。

勾践死后，越国首都依然在琅琊。

也不知道传了几辈，到了无疆为越王，决定重新称霸。

越国大军集结在淮水一带，准备北上讨伐齐国。

此时的齐国国君是齐宣公，眼看着无缘无故被讨伐，急忙派人前往越国，忽悠越国人。

"大王，没事讨伐我们干什么啊？有什么意义啊？得楚国者得天下啊！您要是不打楚国，既不能称王，也不能称霸啊！"齐国特使不怀好意，想把战火引到楚国人那边去。

"我们不是不想打楚国啊！可是现在楚军兵力集中，不好打啊！我们原本想让你们各国牵制楚国兵力，我们好打楚国。可是现在齐国和秦国支持晋国的魏家和韩家内战，没办法，我们只好先讨伐你们，解决你们的问题。"看来，越王无疆也不是没有考虑这个问题。

齐国使者一看，还得继续深入地忽悠才行。

"大王，越国之强，天下无双啊！难道您还等着我们跟您一同出兵，南北夹击，才敢跟楚国人交手？那我告诉你，韩家和魏家那是绝对不敢出兵攻打楚国的，因为他们地盘太小，一旦战败，可能就无家可归了。"齐国特使用激将法。

"那当然不会，我们并不期望你们攻打楚国啊！你们做做样子，吸引他们的一部分兵力就行了。"越王无疆开始上套了。

"那不就对了？楚国人现在兵分九路，围攻晋国，威胁齐、鲁，兵力分散在三千七百里，这还不够？大王非要等到晋国和楚国打起来再出兵的话，猴年马月了。这当口，楚军主力都在北方，越军可以从南边进攻，拿下仇、庞、长沙和泽陵，那都是楚国产粮食和出木材的地方，多实惠？再说了，楚惠王刚死，国家还不安定，多好的时机？要称王称霸啊，赶紧打楚国去吧！"

齐国使者一通忽悠，忽悠得越王无疆频频点头。

就这样，越王决定趁火打劫，不攻打齐国，攻打楚国去了。

越国东征，楚国急忙调集三军迎战。

几十年不打仗，越军的战斗力早已经不行了，而楚军时不时打个小仗，面对北方诸强，战备始终没有放松。因此，两军交战，胜负立判，越军溃败，越王无疆被活捉。

随后，楚军乘胜进攻，北边顺道拿下莒国，进占越国首都琅琊，南面占领了原先吴国的地盘，并且将越国的北部平原占领。

越国王族逃到山中、海边，分散为多个国家，有的称王，有的称君，楚国无意扫荡他们，而他们也已经无法对楚国构成威胁。

越国就这样灭亡了，不过越国残余一直到秦朝统一中国时还存在。

越国，从勾践称霸到被楚国所灭，只用了四十二年。

越国的灭亡，根本原因在于不自量力。当初越王勾践能够称霸，得益于勾践卧薪尝胆的决心，更重要的是得益于计然、范蠡和文种的全力辅佐，而这两个条件无疆都不具备。

在春秋结束之前，实际上还有一个国家因为不自量力而自寻死路，这个国家就是曹国。

有一年，曹国一个大夫做梦，梦见一帮人在曹国的祖庙里商量怎么灭了曹国，正商量呢，曹国的始祖振铎从牌位里出来了。

"各位老大，给点儿面子，等公孙强出现了再说吧。"振铎恳求大家再给自己子孙一段时间。

不知道为什么，大家就同意了振铎的请求。

这个大夫梦醒之后，出了一头的汗。

一大早，大夫就让家里人到处去找梦里所说的公孙强，可是没找到。

临死，这个大夫告诉自己的儿子："一旦听说我们国家由公孙强执政了，赶紧离开曹国。"

到鲁哀公七年（前488年），曹国国君叫曹伯阳，他喜欢打鸟，结果在曹国边境上遇上了一个打鸟的高手，一问名字，公孙强。

曹伯阳没做过那个梦，自然不知道这公孙强是国家的凶兆。两人切磋打鸟的技术，很有共同语言。说起治理国家，公孙强一套一套的，说得曹伯阳很佩服他。

"你就是我的管仲啊！"曹伯阳高兴，等于也在表扬自己就是齐桓公。

公孙强被曹伯阳作为超级人才提拔为司城，执掌国政。

公孙强喜欢谈论齐桓公、晋文公和楚庄王，告诉曹伯阳要立志称霸。同时，公孙强还有著作，讲述怎样从一个小国成为霸主。

曹伯阳非常高兴，想想看，曹国这么多年以来只能装孙子，要是能称霸，不是爽大了！

"咱们是先攻打齐国还是攻打晋国？"曹伯阳被公孙强忽悠得血脉偾张，跃跃欲试。

"别急，那是第二步了，不能一口吃个胖子啊。咱们啊，先把宋国给吞并了。"公孙强还挺稳重，不过呢，宋国也比曹国大十倍。

于是，曹伯阳和公孙强率领曹国军队讨伐宋国。

宋国虽然打不过郑国，但是什么时候也不会怕曹国啊！结果，宋国军队一个反冲锋，把曹国人打回了老窝，之后进攻曹国。

宋国打曹国，郑国不愿意了，郑国人想：宋国是我们的死敌，他们再占领了曹国，岂不是对我们不利？

于是，郑国出兵攻打宋国，宋军急忙从曹国撤军了。

到这个时候，曹伯阳和公孙强就应该看到自己的斤两了。可是，这两位不认为是郑国人救了自己，而认为这是老天爷在帮助自己。

于是，曹国又来攻打宋国。

第二年春天，宋国人实在太恼火了，再次出兵。又是一个反冲锋，曹国人又被赶回老窝。宋国人包围了曹国首都。

攻打了几天，宋灵公担心郑国人又要来攻打宋国，于是下令撤军。

大军拔营撤退，大夫子肥殿后。

子肥子肥，长得比较肥，城上的曹军就在城头上辱骂子肥，什么脏话都骂出来了，还脱裤子给他看屁股。

子肥气得满脸通红，蹲在地上不走了。

宋国大军走出一段路了，有人给宋灵公报告，说是子肥没跟上来。于是，宋灵公亲自带着人回来找，看见子肥正蹲在那儿生气呢。

"子肥，怎么回事？"

"他们骂我。"子肥指指城头上的曹国人。

"骂什么？"

"什么都骂，连我娘都骂，我娘又没有得罪他们，呜呜呜呜……"子肥哭了。

城头上，曹国人看见子肥在下面哭，哈哈大笑，然后骂得更带劲了。

"太不文明了，打仗就打仗，干什么骂人？还骂人老娘，非灭了你们不可。"宋灵公也很生气，命令大军立即返回，攻城。

曹国人猝不及防，他们知道宋国人一向是最讲信用最讲仁义的，撤军了就不会回来，即便攻城，也要等你准备好了再攻，所以，曹国人看见宋国人走了，都下城喝酒去了，谁还想到宋国人又回来了？

这一次，宋灵公气急了，也不管你准备好防守没有，开始进攻。

本来就宋军人多，曹军人少，曹军还走了很多，而宋军对于曹国人骂人都很气愤，所以，战斗很快结束。

曹国就这样被灭了，曹伯阳和公孙强双双被宋国人杀死。

第二〇〇章　越亡

所以，骂人不是个好习惯。

413

趁火打劫也不是个好习惯。

历史上，吴国三次在楚王的丧期攻打楚国，结果每次都战败；而越王无疆想在楚王的丧期攻打楚国，结果闹得国破身亡。

也是在春秋末期，一个国家也是因为趁火打劫而灭亡。这个国家，就是陈国。

陈国在被楚平王恢复之后，对楚国也算是感恩戴德。到吴王阖闾讨伐楚国，占领了郢都，曾经命令陈国背叛楚国，可是那时候陈国立场坚定，不怕威胁，站在了楚国一边。

此后，吴国多次讨伐陈国，倒也没有把陈国怎么样。

本来站队一直很坚定，也很正确。可是终于有一天，就因为动了一点儿贪念，前功尽弃了。

白公胜作乱的那一年，陈愍公觉得现在楚国很差劲，已经不可怕了。既然已经不可怕了，为什么不趁火打劫一下呢？

于是，陈国趁着楚国内乱，竟然入侵楚国，抢了楚国的麦子。

等到楚国平定了叛乱，开始回头算账的时候，第一个就想起陈国来了。

"趁火打劫？抢他们的麦子。"楚惠王的要求不高，派子西的儿子公孙朝率领楚军去抢陈国的麦子。

本来，如果陈国就认了不要麦子了，楚国人割了麦子也就回去了。可是陈国人不干，出兵跟楚国人对抗。结果一仗下来，陈军主力就泡了汤。公孙朝一看，既然这样，一不做二不休，别只抢粮食了。

于是，楚国大军一口气灭了陈国。

这一年，是鲁哀公十七年（前478年），也就是春秋结束的前两年。

一个不自量力，一个趁火打劫，曹国和陈国这两个小国就算结束了他们的历史使命。那么，是不是安分守业、老老实实就能得以善终呢？

弱小就要挨打，弱小就要被灭。

这才是真理。

诠释这个道理的是蔡国人。

蔡国人自从被吴国迁到了下蔡，彻底明白自己不过是大国的下酒菜。从那之后，蔡国人老老实实做人，再也没有过非分之想。

可是这样就能逃脱被灭的命运吗？

陈国被灭三十三年之后，楚国人终于还是来了。

就这样，蔡国灭亡了。

这就是春秋。

周敬王四十三年，鲁哀公十八年，齐平公四年，晋定公三十五年，秦悼公十四年，楚惠王十二年，宋景公四十年，卫庄公四年，蔡成侯十四年，郑声公二十四年，燕简公十六年，吴王夫差十九年，越王勾践二十年。

这一年，就是春秋的最后一年。

从周平王元年（前770年）到周敬王四十三年（前477年），春秋历时二百九十三年。近三百年来，你方唱罢我登台，各路诸侯各显其能。

春秋五霸，历来说法不一，除了齐桓公、晋文公和楚庄王之外，其余人选众说纷纭，宋襄公、秦穆公、吴王夫差、越王勾践，以及郑庄公、楚成王争夺剩下的两个席位。不过，综合打分之后，晋悼公作为黑马胜出，越王勾践也昂首入选。

这样，《说春秋》的春秋五霸就是：齐桓公姜小白，晋文公姬重耳，楚庄王熊侣，晋悼公姬周，越王勾践。

整个春秋，震撼程度排名前三的是重耳流亡、伍子胥报仇和勾践灭吴。

仇恨的力量太大，容易毁灭，毁灭了对手，也可能毁灭自己。

春秋第一能人当数管仲，第二名则是范蠡，范蠡的故事没有完，第六部仍有继续。第三名有的一争，在子产、祭足和狐偃之间争夺。

三百年来，霸主轮替，没有一个国家能够将霸主地位维持到下一个君主。所谓成也萧何，败也萧何。

齐国得益于管仲的改革政策，国家富裕、百姓富足，但是人民安于享乐，于是齐桓公之后就再也无力称霸。晋国民风彪悍、人才辈出，可是晋文公之后，争权激烈；晋悼公之后，全面腐败。内阁制是晋国强盛和人才辈出的法宝，但是也是权力斗争泛滥的温床，晋国权力斗争的残酷令人叹为观止，权力斗争的技巧成为随后几千年的范本。楚国原本拥有一个强势的中央集权，可是，地盘的扩大和时间的推移同样让这个疆域第一大的国家成为一盘散沙，在各国间斗争和国内叛乱中不堪一击。至于吴、越两国，因仇恨而强大，因残忍而无敌，这注定了东南之地不过是春秋历史的匆匆过客，只留下一段段可歌可泣的英雄故事。

现在，除了吴、越已经交代之外，来看看春秋最后一年的格局。

晋国：貌似强大，实际上政出多门，无暇外顾。智、赵、韩、魏四卿忙于化公为私，假公济私，瓜分这个国家，也就是正在搞MPO（管理层收购），化国有为私有。这个国家人才众多，不过都不为国家效力，而是效力于四大家族。其中，智家实力最强。

事实证明，晋国的内阁制太过超前。

楚国：貌似强大，貌似楚王集权，实际上楚王早已经没有了威权。在楚国，政令基本上出不了郢都，各地方各自为政。王子王孙等既得利益阶层人数太多，而人才根本没有上升的通道，令尹、司马等都是王族。人才要么被压制，要么投奔敌国。吴、越的崛起，都是楚国人才的贡献。

楚国十天被吴国所灭，楚昭王逃难无人保护，处处遇险，十分悲惨；

白公胜三百人就能政变，而偌大的郢都无人出面制止。

事实证明，楚国的王权制有些落伍。

对于晋国和楚国来说，尽管疆域广阔，但是如果没有得到好的治理，国家大未必就是好事。

这里也提出一个问题：大国怎样治理？

齐国：有财力没军力，人民富足但是国家不强。此外，陈家虎视眈眈，也在积极筹划 MPO。

秦国：地处偏僻，多年来变化不大，国君集权维持得较好。

宋国、郑国、卫国：大国的衰落让他们的日子好过一些了，但是这样的好日子还能过多久呢？他们也不知道。

诸侯混战，人民凋零。

华夏大地失去王道，进而失去霸道。那么，这个世界该走向何方，国家怎样求存，人民如何求生？

春秋末期，这些问题引发了人们的思考。于是，中国历史上的思想爆发近在眼前。老子、孔子、墨子，他们在思考拯救自己和拯救世界。子产、晏子、叔向，他们在寻找夹缝中生存的办法。

于是，圣贤迭出。进而，百家争鸣。

春秋，中华文明开始奠基。

霸主陵替，于是群雄并起。

英雄末路，于是思想者登台。

"道可道，非常道；名可名，非常名。"